Stefan Walzel

# Corporate Hospitality bei Sportevents

T0192427

**GABLER RESEARCH**

Event- und Impaktforschung

Herausgegeben von
Prof. Dr. Holger Preuß, Universität Mainz
Prof. Dr. Markus Kurscheidt, Universität Bayreuth

Die Reihe bietet ein Forum für empirische Studien zur ökonomischen Wirkungsanalyse von Großveranstaltungen in Sport, Kultur und Tourismus. Die Bände
umfassen v. a. Ergebnisberichte über Primärerhebungen, die vom Reise- und
Konsumverhalten der Eventbesucher bis zu intangiblen Werbe- und Imagewirkungen der Großereignisse reichen. Die Schriftenreihe richtet sich an Lehrende und
Studierende der Wirtschafts-, Sport- oder Tourismuswissenschaft sowie an Prak-
tiker und öffentliche Entscheidungsträger in eventbezogenen Handlungsfeldern.

Stefan Walzel

# Corporate Hospitality bei Sportevents

## Konzeption eines Wirkungsmodells

Mit einem Geleitwort von Axel Achten,
Geschäftsführer der Deutschen Sport-Marketing GmbH

**GABLER**

**RESEARCH**

Bibliografische Information der Deutschen Nationalbibliothek
Die Deutsche Nationalbibliothek verzeichnet diese Publikation in der
Deutschen Nationalbibliografie; detaillierte bibliografische Daten sind im Internet über
<http://dnb.d-nb.de> abrufbar.


Dissertation Deutsche Sporthochschule Köln, 2010

1. Auflage 2011

Alle Rechte vorbehalten
© Gabler Verlag | Springer Fachmedien Wiesbaden GmbH 2011

Lektorat: Marta Grabowski | Britta Göhrisch-Radmacher

Gabler Verlag ist eine Marke von Springer Fachmedien.
Springer Fachmedien ist Teil der Fachverlagsgruppe Springer Science+Business Media.
www.gabler.de

Umschlaggestaltung: KünkelLopka Medienentwicklung, Heidelberg
Gedruckt auf säurefreiem und chlorfrei gebleichtem Papier
Printed in Germany

ISBN 978-3-8349-3216-7

# Geleitwort

Breite öffentliche Aufmerksamkeit wurde dem Thema Corporate Hospitality erst mit dem Versand von Ehrenkarten an Politiker und Geschäftspartner im Rahmen der FIFA Fußball-Weltmeisterschaft 2006™ in Deutschland durch den damaligen Vorstandsvorsitzenden eines nationalen Sponsors zuteil. Trotz des Freispruchs durch das Landgericht und den Bundesgerichtshof ist der Einsatz von Corporate-Hospitality-Maßnahmen im Rahmen von Sportevents seitdem ein sensibles Thema in den nutzenden Unternehmen.

Corporate Hospitality hat sich in den zurückliegenden Jahren auf Unternehmensseite von einer Aktivierungsmaßnahme des Sportsponsorings hin zu einem der wichtigsten Bestandteile von Sponsoringpaketen entwickelt. So ist unter anderem ein Sponsoringengagement bei Olympischen Spielen – sei es auf nationaler oder internationaler Ebene – für Unternehmen auch aufgrund der einzigartigen Hospitality-Möglichkeiten im Rahmen dieses prestigeträchtigen Sportevents so interessant.

Die vorliegende Arbeit von Dr. Stefan Walzel widmet sich dem Thema Corporate Hospitality im Rahmen von Sportevents erstmalig in umfassender Weise. Dabei geht er der Frage nach, welche Wirkungen durch die Teilnahme an einer Corporate-Hospitality-Maßnahme beim Kunden erzielt werden können. Sehr interessant ist in diesem Zusammenhang der Ansatz, Corporate Hospitality als Geschenk aufzufassen. Gemäß der sozialen Tauschtheorie entsteht mit der Geschenkübergabe eine reziproke Beziehung zwischen Unternehmen und Kunde, die ursächlich ist für eine stärkere Kundenbindung.

Herr Walzel liefert damit einen nützlichen Ansatz, um Corporate Hospitality als Kommunikationsinstrument im Relationship-Marketing zu legitimieren. Ferner stellt er ein Wirkungsmodell von Corporate Hospitality vor, welches die Beziehungsqualität in den Mittelpunkt der Betrachtung stellt. Auch wenn aufgrund der aktuellen, rechtlichen Situation eine empirische Überprüfung des Wirkungsmodells nicht möglich ist, wird die Sportevent-Forschung mit dieser Arbeit um einen Bereich erweitert, der bislang nur unzureichend berücksichtigt wurde.

Allen Lesern wünsche ich eine anregende, informative Lektüre und dem Werk eine weite Verbreitung in Wissenschaft und Praxis.

Axel Achten
Deutsche Sport-Marketing GmbH

# Inhaltsverzeichnis

# Abkürzungsverzeichnis

| | |
|---|---|
| $A_t$ | kundenspezifische Auszahlungen |
| Aufl. | Auflage |
| BGH | Bundesgerichtshof |
| CCP | Customer Communication Profit |
| CCV | Customer Communication Value |
| CH | Corporate Hospitality |
| CL | Comparison Level |
| $CL_{ALT}$ | Comparison Level of Alternatives |
| CLV | Customer Lifetime Value |
| EnBW | Energie Baden-Würtemberg |
| $E_t$ | kundenspezifische Einzahlungen |
| fMRT | funktionelle Magnetresonanztomografie |
| GBP | Britische Pfund (Währung in Groß Britannien) |
| H | Hypothese |
| IMP-Group | Industrial Marketing and Purchasing Group |
| $I_0$ | Akquisitionsinvestition in Periode t=0 |
| ITS | Interpersonal Trust Scale |
| KKV | komparativer Konkurrenzvorteil |
| Mio. | Millionen |
| MSI | Marketing Science Institute *und auch* Marketing Research for Industry Ltd. |
| r | Kalkulationszinsfuß (Diskontierungsfaktor) |
| R | Kundenbindungswahrscheinlichkeitsfaktor |
| ROCHI | Return on Corporate-Hospitality-Investment |
| RoCom | Return on Communication |
| ROI | Return on Investment |
| ROMI | Return on Marketing Investment |
| SPOBIS | Sport-Business-Summit |
| t | Periode |
| T | voraussichtliche Anzahl der Jahre der Kundenbeziehung |
| USA | Vereinigte Staaten von Amerika |
| USD | US Dollar (Währung der Vereinigten Staaten) |
| vgl. | vergleiche |
| W | Ergebnis einer Geschäftsbeziehung |

# Abbildungsverzeichnis

# Tabellenverzeichnis

# 1 Einleitung

## 1.1 Gegenstand und Problemstellung

Die Idee von Corporate Hospitality, Sportveranstaltungen für die Beziehungs- und Kontaktpflege zu nutzen, ist nicht neu. Bereits bei den antiken Wettkämpfen der Römer[1] und Griechen gab es besondere Sitzplätze und Logen für auserwählte Gäste (Guttmann, 1981, 1986). Dieses Phänomen konnte ebenso bei Ritterwettkämpfen und Pferderennen im 19. Jahrhundert beobachtet werden (Veblen, 2007) und wurde auch bei den Olympischen Spielen 1972 in München praktiziert (Empacher, 2001).

In den zurückliegenden Jahren hat sich Corporate Hospitality einerseits zu einem wichtigen Finanzierungsinstrument für Sporteventveranstalter sowie andererseits zu einem bedeutenden Kommunikationsinstrument für Unternehmen entwickelt (Bennett, 2003; Digel & Fahrner, 2008b). Gleichzeitig ist es jedoch auch Gegenstand kontroverser Diskussionen, die sich auf Seiten des Sports am Beispiel der Aussage von Uli Hoeneß auf der Jahreshauptversammlung des FC Bayern München am 12.11.2007 zeigen lässt: „Was glaubt ihr, wer euch finanziert? [...] Die Leute aus den Logen, denen wir das Geld aus der Tasche ziehen" (Schlammerl, 2007, 34). In der Debatte mit den Mitgliedern des FC Bayern München um die Kommerzialisierung des Vereins, machte Uli Hoeneß deutlich, dass eine Eintrittskarte für sieben Euro in der Südkurve des Stadions nur aufgrund der hohen Einnahmen aus dem Verkauf von Corporate-Hospitality-Rechten an Unternehmen noch erhältlich ist.

Auf Seiten der Unternehmen fasst Dirk Huefnagels, Vorsitzender der Sponsorenvereinigung „S 20 - The Sponsors` Voice" e.V.[2], die Situation von Corporate Hospitality im Sport auf dem Sport-Business-Summit (SPOBIS) in München am 22.02.2010 wie folgt zusammen: „Das Thema Hospitality ist eine einzige Katastrophe" (Guthardt, 2010, 46). Dies bezieht sich vor allem auf die mit Corporate Hospitality verbundenen strafrechtlichen und steuerlich-rechtlichen Probleme, welche für Unternehmen große Risiken im Einsatz dieses Instruments darstellen. In einem Fall kam es bereits zu einer Anklage wegen Vorteilsgewährung. Bei der Bewertung von Corporate Hospitality, ob sich hierbei um eine strafbare Vorteilsgewährung oder um einen legitimen Einsatz

---

[1] Im Verlauf dieser Arbeit wird aus Gründen der besseren Lesbarkeit auf die Nennung beider Geschlechter verzichtet. Personennennungen beziehen sich jedoch stets auf beide Geschlechter.

[2] S 20 e.V. wurde als Interessenvereinigung der größten Sportsponsoren in Deutschland 2007 gegründet (www.s20.eu).

handelt, fehlt es an entsprechenden Erkenntnissen vor allem zu den Wirkungen von Corporate Hospitality.

Somit stellt Corporate Hospitality einerseits eine von Unternehmen stark nachgefragte Leistung dar, die für die Sporteventveranstalter gleichzeitig eine bedeutende Finanzierungsquelle ist, andererseits liegen bisher keine Erkenntnisse zum Kosten-Nutzen-Verhältnis von Corporate Hospitality vor.

## 1.2  Ziel der Arbeit

Das Ziel dieser Arbeit ist es, ein Wirkungsmodell für Corporate-Hospitality-Maßnahmen im Rahmen von Sportevents zu entwickeln, welches aus Perspektive des Unternehmens Aussagen zu den Wirkungen bei den Zielgruppen ermöglicht. Der Fokus liegt dabei auf den affektiven und konativen Wirkungen in der Zielgruppe der Kunden im Rahmen von passiven Corporate-Hospitality-Maßnahmen.[3] Wie in Kapitel 2.2.3 und 3.3 dargestellt wird, verfolgen Unternehmen mit Corporate Hospitality vor allem affektive und konative Ziele bei Kunden zu denen schon eine längere Beziehung besteht. Die meisten Unternehmen wollen eine stärkere Bindung dieser Kunden an das Unternehmen mit der Durchführung von Corporate-Hospitality-Maßnahmen erreichen. Wie sich im Laufe der Arbeit noch zeigen wird, basieren Bindungen vor allem auf latenten psychologischen und emotionalen Zuständen. Aufgrund der gelebten Emotionen im und mit dem Sport eignen sich aus Unternehmensicht insbesondere Sportevents dafür.

In Anlehnung an Hermanns (1997) umfasst die Wirkungsforschung zwei Bereiche: a) die theoretische Wirkungsforschung und b) die empirische Wirkungsforschung. Gegenstand der theoretischen Wirkungsforschung sind zum einen das Prüfen, inwieweit verschiedene Wirkungsmodelle auf Corporate Hospitality übertragbar sowie anwendbar sind, und zum anderen das Ermitteln von Ansatzpunkten für die weitere Forschung. Im Fokus der empirischen Wirkungsforschung stehen die Untersuchungen der Rahmenbedingungen, der tatsächlichen Wirkungen sowie das Aufdecken von Wirkungszusammenhängen und deren Einflussfaktoren.

---

[3]  Corporate-Hospitality-Maßnahmen im Rahmen von Sportevents können differenziert werden in aktive und passive. Aktive Corporate-Hospitality-Maßnahmen sind dadurch gekennzeichnet, dass die eingeladenen Kunden sportlich aktiv sind und die sportliche Aktivität im Mittelpunkt steht, wie es beispielsweise bei einem Golfturnier mit Kunden eines Unternehmens der Fall ist. Im Vergleich dazu sind bei einer passiven Corporate-Hospitality-Maßnahme die eingeladenen Kunden nicht sportlich aktiv, sondern beobachten als Zuschauer das sportliche Geschehen bei einem Golfturnier. In der Praxis ist zu beobachten, dass beide Ausprägungsformen auch miteinander verbunden werden (Kolah, 2004).

In dieser Arbeit geht es darum, auf theoretischer Ebene zu erforschen, welche Wirkungen durch Corporate Hospitality hervorgerufen werden können und welche Faktoren diese Wirkungen beeinflussen. Eine Wirkungsforschung anhand konkreter Corporate-Hospitality-Maßnahmen ist nicht Gegenstand dieser Arbeit, da sich eine empirische Überprüfung des zu entwickelnden Wirkungsmodells aufgrund der aktuellen strafrechtlichen Situation als nahezu unmöglich erweist. Führende Rechtsanwälte im Sport warnen Unternehmen vor jeglicher Evaluation von Corporate-Hospitality-Maß-nahmen:

> „Es sollte unbedingt darauf verzichtet werden, den ‚Erfolg' von Hospitality-Einladungen zu messen. Voraussetzung für die [strafrechtliche] Zulässigkeit der Einladungen ist gerade, dass diese keinen messbaren Erfolg beabsichtigen. Wenn ein solcher Erfolg nicht beabsichtigt ist, besteht aber auch kein Anlass ihn zu messen" (Cording, 2009, 19).

Diese Aussage stellt zunächst einen Widerspruch zum Ziel dieser Arbeit dar. Auf den nachfolgenden Seiten wird jedoch deutlich, dass Unternehmen mit Corporate Hospitality Unternehmensziele verfolgen.

Mit dem zu entwickelnden Wirkungsmodell sollen Grundlagen für die weitere Forschung in diesem Bereich gelegt werden. Insbesondere die Anwendung des Wirkungsmodells könnte dazu führen, dass vergleichbare quantitative Kennzahlen (Benchmarks) ermittelt werden, die es ermöglichen, Stärken und Schwächen beim Management von Corporate-Hospitality-Maßnahmen bei verschiedenen Sportevents zu identifizieren und möglicherweise einen Return on Corporate-Hospitality-Invest-ment (ROCHI) zu berechnen. Gleichzeitig ergeben sich daraus Handlungsempfehlungen für die handelnden Personen bei zukünftigen Maßnahmen.

## 1.3 Relevanz des Themas

Die Vorteile, welche die sozialen Funktionen des Sports[4] mit sich bringen, werden von Unternehmen seit einigen Jahren verstärkt mit einer strategischen Orientierung für das

---

[4] Das Bedürfnis des Menschen nach Anerkennung und positiver Identitätsbildung wird durch den Sport in einer einzigartigen Art und Weise abgebildet, so dass der Sport trotz seiner negativen Seiten immer noch ein Idealmodell für das soziale Leben in modernen Gesellschaften darstellt und dieses prägt (Weiß, 1999; Coakley, 2009). „Verlieren und Gewinnen, Aufstehen und Liegenbleiben, Konkurrenz und Kooperation [...] Kampf zwischen der Regel der Ritterlichkeit und dem Streben nach Leistung und Erfolg. Dies alles und vieles mehr gilt für den kleinen wie den großen Sport, für Beteiligte und Zuschauer" (Grupe, 1987, 60 f.).

Beziehungsmanagement der verschiedenen Anspruchsgruppen genutzt und in der Literatur unter dem Begriff Corporate Hospitality subsummiert.

Diese Form des Geschäftsbeziehungsmarketings geriet vor allem im Nachgang der Fußball-Weltmeisterschaft 2006 in Deutschland in den Fokus der Öffentlichkeit, als gegen den ehemaligen Vorstandsvorsitzenden der Energie Baden-Württemberg AG (EnBW), Prof. Dr. Utz Claassen, Anklage wegen Vorteilsgewährung gem. § 333 Abs. 1 Strafgesetzbuch erhoben wurde. Die EnBW war nationaler Sponsor der Fußball-Weltmeisterschaft 2006 und hatte im Rahmen dieses Sponsoringengagements Zugang zu Logen während der Fußballspiele. Wie bei vielen anderen Sportevents auch wurden wichtige Stakeholder[5] der EnBW eingeladen, um gemeinsam das Sportevent zu erleben. Zum Kreis der eingeladenen Gäste gehörten auch Politiker der Landes- und Bundesregierung sowie ein Staatssekretär, die für das Unternehmen wichtige Entscheidungsträger darstellten. Die Staatsanwaltschaft Karlsruhe sah darin eine unerlaubte Vorteilsgewährung. Mit der Anklage wurde die rechtliche Unbedenklichkeit von Corporate Hospitality allgemein, unabhängig ob im Rahmen von Sport- oder Kulturveranstaltungen in Frage gestellt (Weber & Hamacher, 2009). Trotz der Bestätigung des Freispruchs des Angeklagten durch den Bundesgerichtshof (BGH) sind rechtliche Bedenken bei den Unternehmen als Gastgeber bestehen geblieben (BGH Urteil vom 14.10.2008, 1 StR 260/08; Urteil LG Karlsruhe vom 28.11.2007, Az: 3 KLs 620 Js 13113/06).

Angesichts zunehmender Größe und Kosten von Corporate Hospitality stellt sich nicht nur Fill (2002) die Frage, wo die rechtlichen Grenzen sind und wie viel Hospitality der Gastgeber seinen Gästen anbieten darf. Juristische Grenzen in Bezug auf die Höhe der Aufwendungen gibt es bisher in Deutschland keine, so dass es der Entscheidung des Gastgebers obliegt, welche Ressourcen in Corporate-Hospitality-Maßnahmen investiert werden und in welchem Umfang. Viele Unternehmen sorgen sich jedoch auch um die Beeinflussung ihrer Mitarbeiter als Gäste von Corporate-Hospitality-Maßnahmen und damit verbundener möglicher irrationaler Entscheidungen, die nicht im Interesse des Unternehmens sind (Fill, 2002; Mastermann & Wood, 2006). Sie erlassen Comp-

---

[5] Die Umwelt eines Unternehmens setzt sich aus verschiedenen Gruppen mit unterschiedlichen Ansprüchen und Erwartungen an das Unternehmen zusammen. Diese werden als Anspruchsgruppen oder Stakeholder bezeichnet. Zu den internen Anspruchsgruppen gehören Eigentümer, Management und Mitarbeiter. Externe Anspruchsgruppen können Fremdkapitalgeber, Lieferanten, Kunden, Konkurrenten, Staat und Gesellschaft sein (Thommen & Achleitner, 2006, 50 f.).

liance-Richtlinien[6] für ihr Personal, in denen geregelt ist, was sich im tolerierbaren Bereich befindet und was nicht (Fill, 2002). Verstöße gegen diese Richtlinien können zu arbeitsrechtlichen Konsequenzen führen.

Vor allem die strafrechtliche Unsicherheit bei Corporate-Hospitality-Maßnahmen sowie die damit im Zusammenhang stehenden Compliance-Richtlinien in den Unternehmen stellen angesichts der hohen Bedeutung von Corporate Hospitality für den Sport sowie für die Unternehmen eine Gefahr für die weitere Entwicklung dieser Form des Geschäftsbeziehungsmarketings dar. Insbesondere in den letzten fünf Jahren hat Corporate Hospitality in Deutschland eine enorme Entwicklung genommen (Karle, 2009). Im Zuge der Fußball-Weltmeisterschaft 2006 in Deutschland wurden viele Stadien neu gebaut bzw. modernisiert. Dadurch wurde nicht nur die Zuschauerkapazität insgesamt erhöht, sondern auch die Anzahl der Plätze, die für Corporate Hospitality genutzt werden können (Ludwig & Jacobi, 2009). Das durchschnittliche Verhältnis von Corporate-Hospitality-Plätzen zur Gesamtzuschauerkapazität in der Deutschen Fußball-Bundesliga ist von 0,7 Prozent in der Saison 1994/95 auf 5,3 Prozent in der Saison 2008/09 angestiegen und wird für 2012/13 auf 6,9 Prozent prognostiziert (Schulte, 2008).

Diese Entwicklung spiegelt sich auch in den Einnahmen der Fußball-Bundesligavereine wider. In der Saison 2008/09 betrugen diese 110 Mio. Euro für Corporate Hospitality, was 35 Prozent der Einnahmen aus den Spieltagen und 8 Prozent der Gesamteinnahmen eines Jahres entspricht (Schulte, 2008). Unter Berücksichtigung der Kenntnis, dass 5 Prozent der Sitzplätze 35 Prozent der Spieltagseinnahmen der Fußball Bundesligisten darstellen (Schulte, 2008), ist Corporate Hospitality für die Bundesligavereine zu einem wichtigen Finanzierungsinstrument erwachsen. Auch bei anderen nationalen und internationalen Sportevents sind die Erlöse aus dem Verkauf von Corporate-Hospitality-Plätzen eine bedeutende Finanzierungsquelle (Ludwig & Jacobi, 2009; Wiedmann et al., 2007). In Anbetracht der Tatsache, dass am Fußball-Weltmeisterschaftsfinale 2006 in Berlin 18.000 Ehrengäste teilnahmen, was einem Viertel der Gesamtzuschauerzahl dieses Spiels entsprach, sprechen Digel und Fahrner (2008b, 6) von einem „Massenphänomen, das hohe wirtschaftliche Signifikanz und großes Marketingpotential hat". Corporate Hospitality hat sich für Sporteventveranstalter zu einem eigenständigen Produkt mit hoher Profitabilität entwickelt.

---

[6] „Compliance beschränkt sich deshalb nicht allein auf das Postulat der Rechtstreue des Unternehmens, sondern umschreibt die Summe der organisatorischen Maßnahmen eines Unternehmens, mit denen gewährleistet werden soll, dass sich die Geschäftsleitung wie auch die Mitarbeiter des Unternehmens rechtmäßig verhalten" (Vetter, 2008, 29).

In einer Untersuchung von Becker und Walzel (2008) wurde Corporate Hospitality von Unternehmen insbesondere in der Business-to-Business-Kommunikation und bei der Aktivierung von Sportsponsorships als wichtig bzw. sehr wichtig bewertet. Corporate-Hospitality-Möglichkeiten sind in den letzten Jahren zu einem festen und bedeutenden Bestandteil von Sportsponsoringpaketen erwachsen (Allen, O'Toole, Harris & McDonnel, 2008; Kolah, 2004; Mullin, Hardy & Sutton, 2007; Voeth, Niederauer & Schwartz, 2006). Aufgrund der Einzigartigkeit (bei vielen Sportevents in einzelner Form nicht auf dem freien Markt erwerbbar) hat sich Corporate Hospitality sogar zu einem der wichtigsten Verkaufsargumente für Sponsoringpakete entwickelt (Mullin et al., 2007; Schewe, Gaede & Schulze zur Verth, 2005). Als Ursachen für die Entwicklung von Corporate Hospitality können gesättigte Märkte, zunehmende Produkt- und Dienstleistungshomogenität, Informationsüberlastung sowie sinkendes Interesse an klassischen Kommunikationsinstrumenten verbunden mit einer zunehmenden Dialog- und Beziehungsorientierung identifiziert werden (Bruhn, 2005; Davidson & Cope, 2003; Schmid, 2006).

Die Ausgaben von Unternehmen für Corporate-Hospitality-Maßnahmen belaufen sich auf ca. fünf Prozent des gesamten Marketingbudgets pro Jahr in Großbritannien (Baxter, 2000) und durchschnittlich acht Prozent in Deutschland (Becker & Walzel, 2008). Die Quantifizierung der Corporate-Hospitality-Investitionen erweist sich in der Praxis als sehr schwierig, da diese oft in den Sponsoring-Ausgaben enthalten sind. Mullin et al. (2007) schätzen, dass etwa 25 Prozent der Sponsoring-Zahlungen in Europa den Corporate-Hospitality-Maßnahmen zugeordnet werden können. Dies würde in Anbetracht eines Sport-Sponsoring-Volumens von 2,9 Mrd. Euro im Jahr 2008 für Deutschland (pilot, 2008) Marketinginvestitionen in dieses Instrument in Höhe von 725 Mio. Euro bedeuten.

Auf Seiten der Unternehmen, welche Corporate-Hospitality-Maßnahmen durchführen, stellt sich die Frage nach dem Return on Marketing Investment (ROMI). Steigende Marketinginvestitionen haben zu einem Paradigmenwechsel geführt, in dessen Fokus der Erfolgsbeitrag der einzelnen Maßnahmen anhand quantitativer Fakten rückt (Bauer, Stokburger & Hammmerschmidt, 2006). „Accountability and ROI [Return on Investment] of Marketing Expenditures" (MSI, 2008, 2) stellen eines der wichtigsten Forschungsziele des renommierten Marketing Science Institute dar und sind Beleg für den Paradigmenwechsel. Das Interesse für Kosten-Nutzen-Messungen im Marketing gilt auch für Corporate-Hospitality-Aktivitäten (Church, 2003; Kolah, 2004).

## 1.4 Aufbau der Arbeit

Die vorliegende Arbeit gliedert sich in vier größere Einheiten (vgl. Abbildung 1.1). Nach der Einführung in die Thematik setzt sich die zweite Einheit zunächst aus einer näheren Betrachtung des Terminus „Corporate Hospitality" im Sport (Kapitel zwei) auseinander und legt damit wichtige theoretische Grundlagen für die weitere Arbeit. Dies umfasst vor allem die Analyse bestehender Definitionen des Terminus „Corporate Hospitality" sowie einer Einordnung in das Marketing und Abgrenzung zu verwandten Phänomenen. Anschließend wird im dritten Kapitel der Forschungsstand zur Evaluation von Corporate Hospitality im Sport dargestellt und diskutiert. Daran schließt sich die Entwicklung eines theoretischen Bezugsrahmens (Kapitel vier) an, in dem wirtschafts-, verhaltenswissenschaftliche und neuroökonomische Theorien auf ihren Erklärungsbeitrag für das Thema dieser Arbeit geprüft werden. Aufgrund der Theorievielfalt werden schrittweise die einzelnen theoretischen Ansätze auf Ihre Eignung geprüft und am Ende zu einem theoretischen Fundament für Corporate Hospitality zusammengefasst.

Nachdem die theoretischen Grundlagen gelegt sind widmet sich die dritte Einheit der Arbeit in einem Exkurs zunächst dem Forschungsstand des Relationship Marketings (Kapitel fünf) und anschließend dem zentralen Konstrukt der Beziehungsqualität (Kapitel sechs). Die derivate und eigenständige Modellstrukturierung der Beziehungsqualität sowie aus bisherigen Forschungsarbeiten identifizierte Einfluss-, Wirkungsgrößen und moderierende Faktoren für eine Anwendung in einem Wirkungsmodell für Corporate Hospitality werden vorgestellt und diskutiert.

Im Anschluss werden in der vierten und letzten Einheit die bisherigen Erkenntnisse aus beiden Strängen zusammengeführt und daraus ein theoretisches Wirkungsmodell für Corporate Hospitality entwickelt (Kapitel sieben) und in Kapitel acht ein Vorschlag für ein Empirisches Forschungsdesign entwickelt bevor die Arbeit mit der Schlussbetrachtung (Kapitel neun) endet.

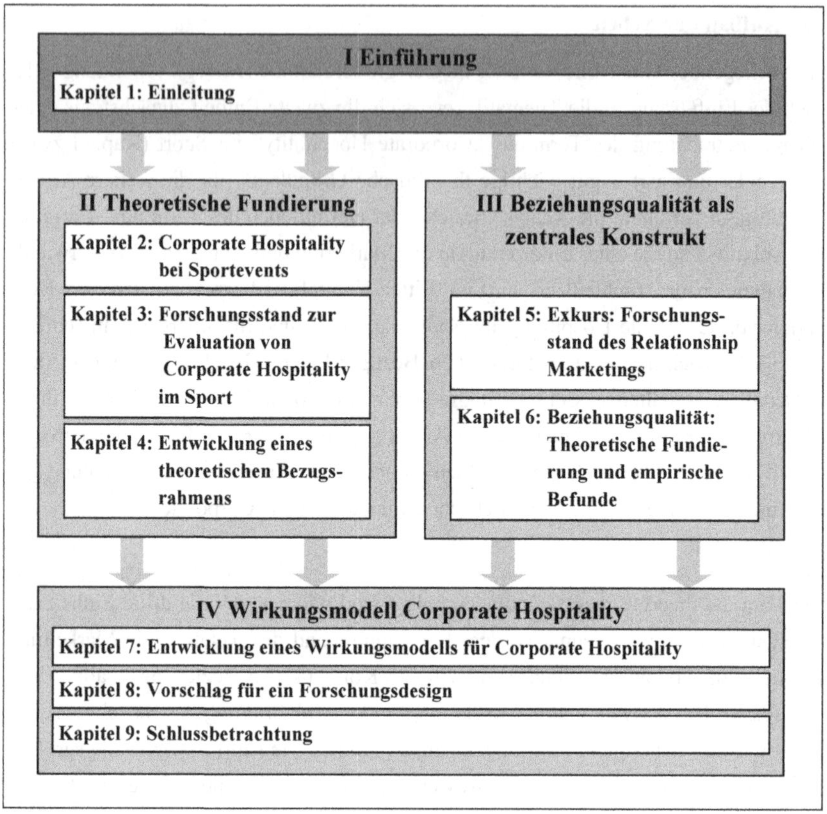

**I Einführung**

Kapitel 1: Einleitung

**II Theoretische Fundierung**

Kapitel 2: Corporate Hospitality
bei Sportevents

Kapitel 3: Forschungsstand zur
Evaluation von
Corporate Hospitality
im Sport

Kapitel 4: Entwicklung eines
theoretischen Bezugs-
rahmens

**III Beziehungsqualität als
zentrales Konstrukt**

Kapitel 5: Exkurs: Forschungsstand des Relationship
Marketings

Kapitel 6: Beziehungsqualität:
Theoretische Fundie-
rung und empirische
Befunde

**IV Wirkungsmodell Corporate Hospitality**

Kapitel 7: Entwicklung eines Wirkungsmodells für Corporate Hospitality

Kapitel 8: Vorschlag für ein Forschungsdesign

Kapitel 9: Schlussbetrachtung

Abbildung 1.1: Aufbau der Forschungsarbeit.
Quelle: eigene Darstellung.

## 2   Corporate Hospitality bei Sportevents

Die folgenden Ausführungen werden aufzeigen, dass eine umfassende Analyse von Corporate Hospitality im Rahmen von Sportevents bisher nicht stattgefunden hat. Für die Beantwortung der Forschungsfragen sowie für das Erreichen des Forschungsziels ist es daher unbedingt erforderlich, zunächst ein marketingtheoretisches Fundament zu erarbeiten, welches im Ergebnis Corporate Hospitality klar definiert, von verwandten Konstrukten eindeutig abgrenzt und in das Marketing einordnet (vgl. Abbildung 2.1).

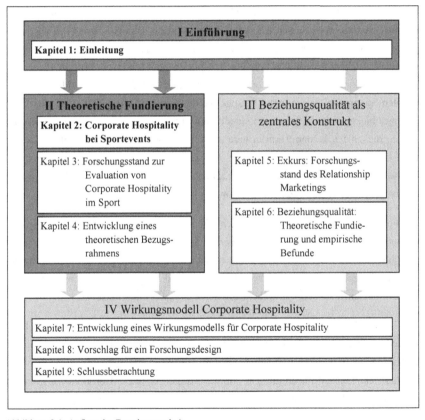

Abbildung 2.1: Aufbau der Forschungsarbeit.
Quelle: eigene Darstellung.

### 2.1   Terminus und Merkmale

Eine semantische Annäherung an den noch nicht vollständig etablierten Terminus „Corporate Hospitality" führt bei der Benutzung eines englischen Standardwörterbuchs zunächst nicht zum gewünschten Erfolg. Hospitality wird in erster Linie mit „Gastfreundschaft" ins Deutsche übersetzt. Das Wort ist zugleich aber auch die Bezeichnung der gesamten Branche des Hotel- und Gaststättengewerbes (Kotler, Bowen & Makens, 2006; Lockwood, 2000). Gleichzeitig soll der Terminus den traditionellen Servicegedanken der Branche betonen und somit ein Image vermitteln, das die Zufriedenheit des Gastes in den Fokus aller Aktivitäten stellt (Lockwood, 2000).

Durch den Zusatz „Corporate" soll verdeutlicht werden, dass ein Unternehmen als Gastgeber auftritt. Trotz der vorhandenen Gemeinsamkeiten mit dem Image sowie den Charakteristika des Hotel- und Gaststättengewerbes soll durch die Wortkombination deutlich werden, dass es sich um etwas Eigenständiges handelt. Sowohl in der englisch- als auch in der deutschsprachigen Literatur werden die Termini „Client Entertainment", „Client Hospitality", „Sport-Hospitality" und „Hospitality" in dem hier gemeinten Sinne synonym verwendet (Walzel, 2005). Während die beiden erst genannten Synonyme eine zu enge Perspektive des hier im Mittelpunkt stehenden Forschungsobjektes vermitteln, indem sie sich nur auf Kundenbeziehungen beschränken, weisen die letzten beiden Termini eine zu weite Perspektive auf. Hierunter könnten auch die Angebote beispielsweise von Speisen und Getränken für den „normalen" Sporteventzuschauer verstanden werden. Das hier im Mittelpunkt stehende Konstrukt unterscheidet sich jedoch sehr stark davon.

Im Fokus dieser Forschungsarbeit steht der Ausschnitt aus dem Gesamtbereich Hospitality, bei dem ausschließlich Unternehmen als Gastgeber für einen vorher ausgewählten Personenkreis im Rahmen eines Sportevents auftreten.[7] Diese Unternehmen sind in der Regel keine Anbieter von Hospitality Produkten und/oder Dienstleistungen, sondern bedienen sich als Gastgeber dazu meist externen Dienstleistern.

Wie in Tabelle 2.1 dargestellt, sind die Definitionen von Corporate Hospitality vielfältig und betonen die unterschiedlichen Perspektiven der Autoren. Eine allgemeingültige Definition hat sich trotz weitestgehend einheitlicher Auffassung bisher noch nicht etabliert. Gemeinsam haben alle Definitionen, dass es sich bei Corporate Hospitality um eine Maßnahme mit Entertainment-Charakter handelt. Eine klare begriffliche Abgrenzung von „Corporate Hospitality" zum sehr weit umfassenden Terminus „Hospitality" erfolgt nur in den Begriffsbestimmungen von Bennett (2003), Black-

---

[7]  Corporate-Hospitality-Maßnahmen finden auch im Rahmen von kulturellen Events, wie beispielsweise Konzerten, Musicals, Ausstellungen, statt. Nachfolgend beziehen sich die Ausführungen jedoch ausschließlich auf Corporate-Hospitality-Aktivitäten bei Sportevents.

mann et al. (2005), Dann und Dann (2005), Davidson und Cope (2003), MSI (2002) und Walzel (2005).

Tabelle 2.1: Überblick Definitionen zu Corporate Hospitality.

Quelle: eigene Darstellung.

| Autor | Definition |
|---|---|
| Andrews (2001, o. S.) | „Hosting key customers, clients, government officials, employees and other VIPs at an event" |
| Bassenge (2000, 141) | "Gegenstand sog. ‚Hospitality-Maßnahmen' ist das Verfügungsrecht des Sponsors über ein festgelegtes Kontingent an Eintrittskarten, verbunden mit der Möglichkeit, Logen, sonstige Räumlichkeiten innerhalb der Sportstätte oder Zelte bzw. andere mobile oder feste Räumlichkeiten im näheren Umfeld des Sportgeschehens zur persönlichen Betreuung geladener Zielpersonen nutzen zu können." |
| Bennett (2003, 230) | "CH [Corporate Hospitality] events typically brings host and guest into close proximity for several hours at a stretch, and create many opportunities for hosts to demonstrate shared interests with clients and similarities in values and attitudes … to stimulate guests' feelings at self-esteem; and generally to demonstrate their liking for attendees." |
| Blackmann, Smith, Rowe & Stewart (2005, 176) | "Corporate hospitality describes entertaining current or potential clients, with the aim of maintaining business or increasing profits." |
| Bruhn (1998, 82) | "Einrichtung von VIP-Lounges zur Bewirtung von Ehrengästen (‚Hospitality') unter Einbeziehung der Sportler" |
| Church (2003, 245) | "… opportunity to entertain current and potential clients and customers and to build relationships at what can be prestigious, powerful and exciting occasions. Hospitality provides sponsors in particular with the opportunity to showcase their contributions to the staging of events, thus enhancing their image by communicating to customers and potential customers the quality of their products and services." |
| Dann & Dann (2005, 1) | "… corporate hospitality is defined as being a sport event specific function, either exclusive or syndicated, which is organised by a clearly identifiable sport provider." |
| Davidson & Cope (2003, 228 f.) | "Corporate hospitality is a valuable tool used by companies to forge and foster relationships with key players, both internal and external to the company, and to raise awareness of the company or brand in influential circles." |
| Digel & Fahrner (2008a, 11) | „Sport hospitality covers this business in the environment of sports events by providing a private area or enclosure within the sports site and offering a view of the event." |
| Digel & Fahrner (2008b, 446) | „Hospitality als ‚vermarktete Gastfreundschaft' im Rahmen gesellschaftlich relevanter Events ist als eigenständiges Produkt dabei auch Gegenstand expliziter Marketing-Aktivitäten von Wirtschaftsunternehmen." |
| Getz (2000, 211) | "Hospitality refers to both the reception and service quality experienced by guests and the opportunity for sponsors to host their clients, staff and associates." |
| Hermanns (1997, 163) | "… Nutzung bestimmter Räumlichkeiten zur Betreuung ausgewählter Gäste, wie zum Beispiel wichtiger Kunden, Händlern oder Lieferanten." |
| MSI (2002, 3) | „Corporate Hospitality is defined as organised social events and activities which enable a company to build relations with current or prospective client businesses and organisations, or facilitate teambuilding amongst employees." |
| Walzel (2005, 6 f.) | „Im Sport Marketing werden unter Corporate Hospitality alle Maßnahmen verstanden, um im Rahmen eines Sportevents persönliche Kontakte zu relevanten Interaktionspartnern eines Unternehmens aufzubauen, zu pflegen und auszubauen. Kunden, Geschäftspartner, Lieferanten, Entscheidungsträger und Mitarbeiter werden auf Einladung eines Unternehmens vor, während und nach der Sportveranstaltung umfangreich betreut. Das schließt in der Regel die Anreise, den Zutritt zur Sportveranstaltung, Speisen und Getränke, Unterhaltungsprogramm, Begegnungen mit Athleten, Trainern, Offiziellen sowie Managern, Abreise und ggf. Übernachtung mit ein." |

In acht von den 14 identifizierten Definitionen wurden die Zielgruppen von Corporate-Hospitality-Maßnahmen in die Begriffsbestimmung integriert und damit definiert, für welche Bezugsgruppen Corporate-Hospitality-Maßnahmen in Frage kommen. Die einzelnen Zielgruppen stellen alle Stakeholder eines Unternehmens dar, so dass dieser Begriff als übergeordnete Zielgruppe für Corporate Hospitality definiert werden kann.

Die Absichten der gastgebenden Unternehmen sind nur zum Teil Bestandteil der Definitionen. Nicht der Geschäftsabschluss oder die Vertragsverlängerung sondern ein gute Beziehungsqualität zu den Stakeholdern steht im Mittelpunkt der Aktivitäten. Vor dem Hintergrund des Wertewandels hin zu einer Freizeit-, Genuss- und Erlebnisorientierung (Kroeber-Riel & Weinberg, 2003) sollen exklusive und einzigartige Erlebnisse dazu beitragen, die einzelnen Stakeholder stärker an das Unternehmen zu binden, um den zukünftigen Erfolg des Unternehmens zu sichern (Key Note, 2007). Im Fokus von Corporate Hospitality stehen somit zunächst psychologische Aspekte, die als Grundlage für das Erreichen gewünschter Verhaltenswirkungen anzusehen sind (vgl. Abbildung 2.2) und somit letztendlich zur Erfüllung ökonomischer Unternehmensziele beitragen (Bruhn, 2005, 2009c; Esch, Tomczak, Kernstock & Langner, 2004; Rolke & Koss, 2005).

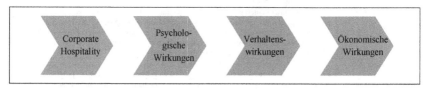

Abbildung 2.2: Erfolgskette von Corporate Hospitality.
Quelle: in Anlehnung an Bruhn, 2009c, 495.

Eine Darstellung der grundlegenden Wirkungszusammenhänge von Corporate-Hospitality-Maßnahmen erfolgte in der Literatur bisher nicht. Mit Corporate Hospitality können nur über entsprechende psychologische Wirkungen Verhaltensweisen bei den Gästen hervorgerufen werden, die sich letztendlich im ökonomischen Erfolg des Unternehmens widerspiegeln. Direkte Wirkungen von Corporate-Hospitality-Maßnahmen beispielsweise auf das Kaufverhalten als eine Form der Verhaltenswirkungen werden als sehr unwahrscheinlich erachtet. Für den erfolgreichen Einsatz von Corporate Hospitality ist das Verständnis dieser Wirkungskette von sehr zentraler Bedeutung. Die Erfolgskette stellt für den weiteren Verlauf der Arbeit eine sehr wichtige Grundlage dar und dient in Kapitel sechs und sieben als Basis für die Entwicklung eines Wirkungsmodells für Corporate Hospitality.

Ziele und Zielgruppen zusammen finden sich in insgesamt nur fünf Definitionen und sind Kennzeichen einer entsprechenden Definitionstiefe. In den Begriffsbestimmungen von Bassenge (2000), Church (2003) und Getz (2000) wird Corporate Hospitality eng mit dem Sponsoring verbunden, anstatt es als eigenständiges Kommunikationsinstrument aufzufassen. Eine klare Einordnung innerhalb des Marketings ist in keiner Definition Bestandteil. Die Begriffsbestimmungen von Bennett (2003), Church (2003) und Walzel (2005) weisen auf die Kommunikationsfunktion von Corporate Hospitality zwischen Unternehmen und Stakeholdern mehr oder weniger stark hin. Unter Berücksichtigung der einheitlichen Auffassung, dass eine Corporate-Hospitality-Maßnahme selber ein Event ist bzw. im Rahmen eines Events stattfindet und Events zu den Kommunikationsinstrumenten gehören, kann Corporate Hospitality als Kommunikationsmaßnahme aufgefasst werden.

**Zusammenfassend** betrachtet erweist sich keine der identifizierten Definitionen als geeignet für diese Arbeit. Unter Berücksichtigung der aufgezeigten Schwächen existierender Begriffsbestimmungen wird zunächst folgende Arbeitsdefinition zu Grunde gelegt:

Corporate Hospitality im Sport ist ein eigenständiges Kommunikationsinstrument, mit Hilfe dessen die Beziehungsqualität[8] zu verschiedenen Stakeholdern einer Organisation verbessert werden kann, indem besondere Sportevents in einer angenehmen Atmosphäre gemeinsam erlebt werden.

## 2.2 Corporate Hospitality als Kommunikationsinstrument

Nachdem die grundlegenden Charakteristika von Corporate Hospitality definiert wurden, stehen nachfolgend die verschiedenen Ausprägungsformen, Zielgruppen und Ziele im Fokus, anhand derer eine Abgrenzung zu verwandten Kommunikationsinstrumenten vorgenommen wird.

### 2.2.1 Ausprägungsformen von Corporate Hospitality im Rahmen von Sportevents

Bei vielen Sportevents können nicht nur Unternehmen sondern auch Privatpersonen Eintrittskarten im Logen- oder Business-Seat-Bereich erwerben. Bucht eine Privatperson Corporate-Hospitality-Maßnahmen, so handelt es sich eher um eine Eintrittskarte mit Zusatzleistungen und ist somit dem Ticketing zuzuordnen. Während eine Privatperson dies meist aus Prestigegründen tut (Wiedmann et al., 2007), kann bei einem Unternehmen in der Regel eine strategische Intention angenommen werden, da es unternehmerische Ziele damit verfolgt. Darin unterscheiden sie sich nicht nur von Privatpersonen sondern auch von einem sogenannten „Jolly", worunter ein Vergnügen auf

---

[8] „Ausmaß in dem eine Geschäftsbeziehung in der Lage ist, die Wünsche und Bedürfnisse des Kunden im Hinblick auf die Geschäftsbeziehung zu erfüllen" (Hennig-Thurau, 2001, 172).

Unternehmenskosten ohne die Verfolgung von Unternehmenszielen zu verstehen ist (Church, 2003; Mastermann & Wood, 2006).

„Providing a ticket to a football match or ball game may look like hospitality but in reality that would be a 'jolly'. What is missing is a strategic business use of hospitality and entertainment rather than a one-off event or round of golf. A product is unlikely to be seen by the visitors as corporate hospitality" (Kolah, 2004, 26).

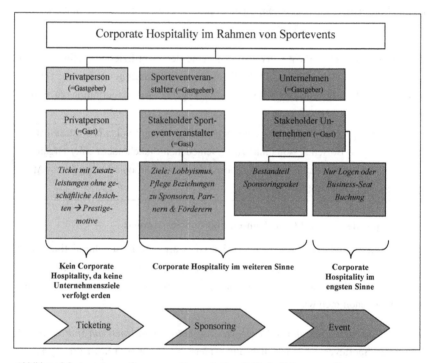

Abbildung 2.3: Ausprägungsformen von Corporate Hospitality im Rahmen von Sportevents.
Quelle: eigene Darstellung.

Corporate-Hospitality-Aktivitäten im weiteren Sinne können mit einem Sponsoring- oder Förderengagement für die Sportart bzw. das betreffende Sportevent verbunden sein. Im Detail ist hier zu unterscheiden, nach der Institution, die einlädt. Ist ein Unternehmen Gastgeber, so stellt Corporate Hospitality eine Aktivierungsmaßnahme im Rahmen eines Sponsoringengagements dar. In diesem Fall sind die Schnittstellen sowohl mit dem Sponsoring als auch mit dem Kommunikationsinstrument „Event" sehr groß. Tritt der Sporteventveranstalter als Gastgeber auf, so dient dies dem Lobbying[9] und der Beziehungspflege zu Sponsoren, Partnern und Förderern. Es ist damit sehr deutlich mit dem Kommunikationsinstrument Sponsoring verbunden. Corporate Hospitality im engsten Sinne unterscheidet sich von den anderen beiden Ausprägungsformen (vgl. Abbildung 2.3) dadurch, dass ein Unternehmen als Gastgeber auftritt, damit strategische Unternehmensziele verfolgt und keine weiteren kommunikativen Maßnahmen im Rahmen des Sportevents durchgeführt werden. In diesem Fall sind die Gemeinsamkeiten mit dem Kommunikationsinstrument „Event" am größten (Backhaus & Voeth, 2007; Wiedmann et al., 2007).

In der Literatur werden die Gäste von Corporate-Hospitality-Maßnahmen oft mit VIPs gleichgesetzt. Was den Aufmerksamkeits- und Betreuungsansatz betrifft, so werden die Gäste des Unternehmens auch so behandelt. Nicht alle eingeladenen Gäste sind jedoch gleichzeitig auch sogenannte VIPs. VIPs sind bekannte Persönlichkeiten aus Politik, Kultur und Sport, die zu Sportevents eingeladen werden, um die Attraktivität der Corporate-Hospitality-Maßnahme zu erhöhen (Brockes, 2006). Sie stellen in ihrer Funktion zur Attraktivitätssteigerung einen Teil der Veranstaltung dar und sind nicht mit den weiteren Corporate-Hospitality-Gästen gleichzusetzen.

*2.2.2 Zielgruppen von Corporate Hospitality im Sport*
In Anlehnung an den Stakeholder-Kompass von Rolke und Jäger (2009) können grundsätzlich vier Märkte eines Unternehmens identifiziert werden, deren Akteure als Zielgruppen für Corporate-Hospitality-Maßnahmen in Frage kommen: Akzeptanz-, Finanz-, Beschaffungs- und Absatzmarkt (vgl. Abbildung 2.4). „Erfolgreiche Unternehmen orientieren sich in ihrer Kommunikation vor allem an [...] den Kunden, den Mitarbeitern, den Geldgebern und den Journalisten als Advokaten der Öffentlichkeit" (Rolke & Jäger, 2009, 1031).

---

[9] Lobbying ist definiert „als direkte Beeinflussung von politischen Entscheidungsprozessen durch Personen, die nicht an diesen Entscheidungen beteiligt sind" (Althaus, 2007, 797).

Kunden, Vertriebs- und Kooperationspartner sowie Mitarbeiter stellen laut einer Studie von Sportfive (2009) die drei wichtigsten Zielgruppen für Corporate-Hospitality-Maßnahmen dar. Diese Ergebnisse decken sich zum Großteil mit den Ergebnissen von Voeth et al. (2006). Neben diesen drei Zielgruppen kommen noch Vertreter aus Medien, Politik und weitere wichtige Entscheidungsträger als Zielgruppe des Akzeptanzmarktes sowie Bankenvertreter, Inhaber und Aktionäre als Zielgruppe des Finanzmarktes in Betracht (Davidson & Cope, 2003).

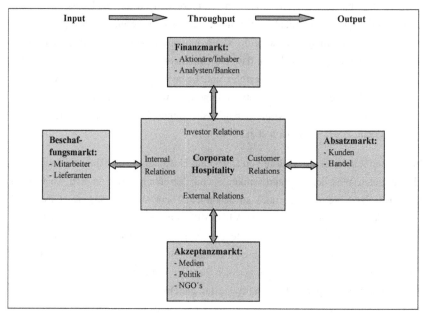

Abbildung 2.4: Stakeholder-Kompass der Dialogkommunikation für Corporate Hospitality.
Quelle: in Anlehnung an Rolke & Jäger, 2009, 1031.

Bei der Einladung von (potentiellen) Neukunden besteht in der Literatur Uneinigkeit bezüglich der Eignung von Corporate Hospitality. Während viele britische Unternehmen dem sehr kritisch gegenüberstehen, da sie diese Form der Neukundenansprache als zu aggressiv bewerten und gleichzeitig der Eindruck der Bestechung vermittelt werden könnte (BSML, 1990), halten Davidson und Cope (2003) Corporate-Hospitality-Maßnahmen für die Neukundenakquise sogar als besonders geeignet.

## 2.2.3  Ziele von Corporate-Hospitality-Maßnahmen im Rahmen von Sportevents

Ökonomische Ziele, wie beispielsweise Umsatz- oder Gewinnsteigerung, erweisen sich sowohl für Kommunikationsmaßnahmen im Allgemeinen als auch für Corporate-Hospitality-Aktivitäten im Besonderen als unzweckmäßig (Bruhn, 2009c; Marwitz, 2008; Rolke & Jäger, 2009; Steffenhagen, 2009). Corporate-Hospitality-Maßnahmen können in erster Linie psychologische Wirkungen (zum Beispiel Vertrauensaufbau, Imageverbesserung, Reputationssteigerung) hervorrufen und damit nur indirekt über Verhaltenswirkungen zu globalen bzw. ökonomischen Zielen beitragen (Kolah, 2004; Lasslop, 2003). Daher geht es in der Kommunikation allgemein und auch speziell bei Corporate-Hospitality-Maßnahmen primär darum, „geldwertes Verhalten zu ermöglichen, auszulösen, zumindestens wahrscheinlich zu machen und möglichst zu stabilisieren oder gar nachhaltig zu erzeugen" (Rolke & Jäger, 2009, 1032).

Da oft mehrere Ziele gleichzeitig verfolgt werden, kommt der Unterscheidung von Zwischen- und Einzelzielen sowie der daraus entstehenden Forderung nach einer Zielhierarchie besondere Bedeutung zu. Die einzelnen Ziele können in kognitive, affektive und konative Zielgrößen gegliedert werden (Bruhn, 2009b). Tabelle 2.2 gibt einen Überblick über die in der Literatur angegebenen Ziele für Corporate Hospitality, die nachfolgend näher beschrieben werden.

Tabelle 2.2: Ziele von Corporate Hospitality im Rahmen von Sportevents aus Unternehmensperspektive.
Quelle: eigene Darstellung.

| Kognitive Ziele | Affektive Ziele | Konative Ziele |
|---|---|---|
| Verkaufsförderung | Imageaufbau/-ausbau | |
| | Reputationsaufbau/-ausbau | |
| | Anbahnung neuer Geschäftsbeziehungen | |
| Produkt- und Leistungsdemonstration | Allgemeine Lobbyarbeit | |
| | Bindung von Kunden und Geschäftspartnern | |
| | Mitarbeiterbindung | |
| | Wettbewerbsvorteil gegenüber Mitbewerbern generieren | |

Kognitive Wirkungen geben Aufschluss darüber, inwieweit Informationen aufgenommen, verarbeitet und gespeichert wurden. **Kognitive Ziele** beziehen sich daher vor allem „auf die Wahrnehmung, Kenntnis, Erinnerung und das Verständnis von Angeboten bzw. Leistungen" (Bruhn, 2007, 172). Bezogen auf Corporate-Hospitality-Aktivitäten kommen vor allem Ziele der Verkaufsförderung in Betracht (Bezold, 2008; Davidson & Cope, 2003; Mastermann & Wood, 2006; MSI, 2002; Sportfive, 2009).

Im Detail können zum Beispiel die Wahrnehmung von Produkten oder Dienstleistungen erhöht, Informationen zu Know-how und Leistungsfähigkeit vermittelt oder sogar neue Produkte bzw. Dienstleistungen vorgestellt werden (Church, 2003). Technologieorientierte Unternehmen haben den Vorteil, dass sie oft durch den Sport ihr Knowhow und ihre Leistungsstärke demonstrieren können. Das Unternehmen Avaya stellte zum Beispiel für die Fußball-Weltmeisterschaft 2006 die Kommunikationsinfrastruktur im Rahmen des Sponsoringengagements bereit und konnte somit den eingeladenen Gästen Einsatz- und Leistungsmöglichkeiten „live" präsentieren (Weilguny, 2004). Als ein weiteres Beispiel kann die Technologiepartnerschaft von T-Systems mit dem BWM Sauber F 1 Team herangezogen werden (Weilguny, 2008).

Aufbauend auf den kognitiven Wirkungen stellen **affektive Ziele** auf Einstellungen, Präferenzen und Images ab. Bestimmte Emotionen und Sympathien zu einer Marke oder einem Unternehmen sollen hervorgerufen werden und dadurch gleichzeitig eine Abgrenzung zu anderen Produkten bzw. Firmen erfolgen (Bruhn, 2007). Mit Hilfe von Corporate-Hospitality-Maßnahmen können affektive Ziele wie Lobbying (Bezold, 2008), Imageaufbau bzw. -ausbau (Bezold, 2008; Davidson & Cope, 2003; Digel & Fahrner, 2008a, 2008b; Mastermann & Wood, 2006; MSI, 2002; Sportfive, 2009; Voeth et al., 2006) und Anbahnung neuer Geschäftsbeziehungen (Allen et al., 2008; Bezold, 2008; Church, 2003; Digel & Fahrner, 2008a, 2008b; Masteralexis, Barr & Hums, 2005; Mastermann & Wood, 2006; MSI, 2002; Sportfive, 2009; Wiedmann et al., 2007) erreicht werden. Die Bindung von Kunden und Geschäftspartnern (Allen et al., 2008; Bezold, 2008; Church, 2003; Dann & Dann, 2005; Digel & Fahrner, 2008a, 2008b; Gardiner, James & O'Leary, 2006; Kolah, 2004; Masteralexis et al., 2005; Mastermann & Wood, 2006; MSI, 2002; Mullin et al., 2007; Sportfive, 2009; Wiedmann et al., 2007; Voeth et al., 2006) aber auch von Mitarbeitern/innen (Allen et al., 2008; Bezold, 2008; Church, 2003; Digel & Fahrner, 2008a, 2008b; Gardiner et al., 2006; Kolah, 2004; Masteralexis et al., 2005; Mastermann & Wood, 2006; MSI, 2002; Mullin et al., 2007; Sportfive, 2009; Voeth et al., 2006) werden als weitere wichtige affektive Zielgrößen angegeben. Das Aufbauen sowie Verteidigen eines Wettbewerbsvorteils gegenüber der Konkurrenz wird ebenfalls genannt (BSML, 1990; Church, 2003).

**Konative Ziele** beziehen sich bevorzugt auf das Kaufverhalten der Zielgruppe(n), dass sich in Form von Probekauf, Markenwechsel oder Mehrkauf widerspiegelt (Bruhn, 2007). Während die affektiven Wirkungen innere Zustände von Menschen darstellen und schwer beobachtbar sowie quantifizierbar sind, können konative Wirkungen anhand der Verhaltensweisen von Individuen beobachtet und quantifiziert werden, zum Beispiel in Form der Kaufmenge oder des Kaufpreises. Konative Ziele sind somit den affektiven Zielen nachgelagert. Dementsprechend hängen die konativen Wirkungen von der Ausprägungsstärke der affektiven Wirkungen ab. Konative Ziele wurden daher in den identifizierten Studien nicht explizit genannt, da diese bei beziehungsorientierten Geschäftsbeziehungen fast ausschließlich nur über das Erreichen affektiver Ziele möglich ist.

In den Untersuchungen von Sportfive (2009) sowie von Becker und Walzel (2008) wird deutlich, dass Corporate-Hospitality-Maßnahmen vor allem für das Erreichen affektiver und implizit für konative Ziele genutzt werden. Kognitive Zielsetzungen bewerteten die befragten Unternehmen im Vergleich mit geringer Priorität, obwohl es meist eine wichtige Vorstufe zum Erreichen affektiver Ziele ist. Im Ergebnis beider Studien stellt eine stärkere Bindung der Kunden an das einladende Unternehmen das meist genannte Ziel von Corporate-Hospitality-Aktivitäten dar.

*2.2.4   Einordnung und Abgrenzung des Kommunikationsinstruments*

Eine Einordnung von Corporate Hospitality auf instrumenteller Ebene in die Dialog-, Marketing- oder Unternehmenskommunikation gestaltet sich schwierig. Die geringste Übereinstimmung ist mit der Unternehmenskommunikation zu verzeichnen. Sie kommt primär zum Einsatz, wenn es um Kommunikationsthemen geht, die das gesamte Unternehmen betreffen, mit dem Ziel das unternehmerische Erscheinungsbild zu formen. Jene richtet sich vor allem an die Gesellschaft, Aktionäre, Bürgerinitiativen und Politiker, weniger an Kunden (Bruhn, 2007, 2009b). Corporate-Hospitality-Maßnahmen können grundsätzlich dazu genutzt werden, um Beziehungen aufzubauen, aufrecht zu erhalten und auszubauen, welche zum Vorteil des gesamten Unternehmens sind. Diese richten sich jedoch nur an einen kleinen Kreis der in Frage kommenden Zielgruppen, nämlich an die Aktionäre und aufgrund der beschriebenen rechtlichen Situation (vgl. Kapitel 1.3) sehr bedingt an Politiker.

Corporate Hospitality tritt oft in Verbindung mit Sponsoring auf, das ein Instrument der Marketingkommunikation ist. „Die Marketingkommunikation fokussiert sich auf die Kommunikation von Produkten und Leistungen und richtet sich an aktuelle und potenzielle Kunden" (Bruhn, 2007, 98). Das Ziel der Absatzförderung ist hier von primären Interesse (Bruhn, 2009b). Große Übereinstimmung kann hier im Ziel der Absatzförderung und in der Zielgruppe der Kunden festgestellt werden. Des Weiteren können Gemeinsamkeiten mit Instrumenten der Marketingkommunikation identifiziert werden, insbesondere Sponsoring und Event.

Innerhalb der Marketingkommunikation kann Corporate Hospitality den nicht-klassischen bzw. below-the-line Maßnahmen (vgl. Abbildung 2.5) zugeordnet werden (Bennett, 2003; Bezold, 2008; Wiedmann et al., 2007). Below-the-line-Aktivitäten zeichnen sich vor allem dadurch aus, dass sie eine einzigartige Kommunikationsform darstellen. Vorhandene Schemata werden durchbrochen und erzeugen dadurch bei der Zielgruppe einen Überraschungseffekt, der mit einer hohen Aktivierung und Emotio-nalität einhergeht (Bruhn, 2007; Wiedmann et al., 2007).

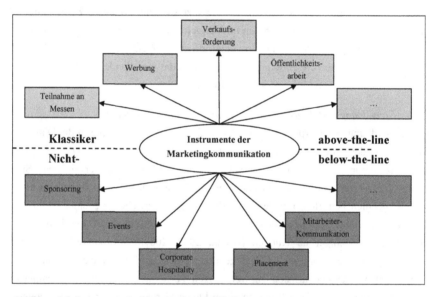

Abbildung 2.5: Instrumente der Marketingkommunikation.
Quelle: Wiedmann et al., 2007, 21.

Da Corporate Hospitality oft in Verbindung mit einem Sponsoringengagement auftritt, wird es in der Literatur als ein Bestandteil, als ein Instrument oder als eine flankieren-de Maßnahme des Sponsorings aufgefasst (Andrews, 2001; Bennett, 2003; Bruhn, 1998; Church, 2003; Hermanns, 1997; Stotlar, 2001; Wiedmann et al., 2007).Dieser Auffassung widersprechen Bertrams, Bieling und Eschweiler (2004) indem sie Spon-soring in erster Linie mit dem Belegen von Werbeflächen verbinden. Unternehmen, die nur Corporate-Hospitality-Angebote buchen, betrachten sie als Dienstleistungs-kunden des Veranstalters, Vermarkters bzw. Vereins.

Allgemein können aus Unternehmenssicht drei Erscheinungsformen von Corporate Hospitality unterschieden werden (Clark, Lachowetz, Irwin & Schimmel, 2003):

1) *Corporate Hospitality im Rahmen eines Sponsoringengagements* - Das Unternehmen erwirbt ein Sponsoringpaket inklusive Corporate-Hospitality-Möglichkeiten und wird offizieller Sponsor der Veranstaltung.[10]

2) *Einzelne Buchung von Corporate-Hospitality-Kapazitäten* - Für die offizielle Nutzung von Corporate-Hospitality-Möglichkeiten wird ein vereinbarter Preis gezahlt, ohne dass das Unternehmen als Sponsor in Erscheinung tritt.

3) *Inoffizielle Corporate-Hospitality-Maßnahme* - Es wird kein offizielles Engagement mit dem Veranstalter eingegangen, das Event aber trotzdem für Corporate Hospitality genutzt.[11]

Im Rahmen einer integrierten Marketingkommunikation[12] wollen Unternehmen oft nicht nur Corporate-Hospitality-Pakete buchen, sondern wollen das Event und ggf. Akteure in weitere Kommunikationsmaßnahmen einbeziehen, um die Wirkungen zu erhöhen (Bruhn, 2004; Clark et al., 2003; Wiedmann et. al, 2007; Zerfaß, 2007).

Mit Ausnahme der dritten Erscheinungsform erfüllt Corporate Hospitality alle Merkmale des Sponsorings (Walzel, 2005). Bertrams et al. (2004) teilen diese Auffassung unter der Bedingung, dass weitere Kommunikationsmaßnahmen (zum Beispiel Bandenwerbung) damit verbunden sind. Andernfalls stellt es eine Eintrittskarte mit Zusatzleistungen (wie beispielsweise Catering) dar.

---

[10] Bei einigen Sportevents, wie beispielsweise bei den Olympischen Spielen, sind die Corporate-Hospitality-Möglichkeiten in den Sportstätten exklusiv den Sponsoren vorbehalten, so dass ein Unternehmen bei Interesse nur durch ein Sponsoringengagement Zugang zum Corporate-Hospitality-Bereich erhält (Digel & Fahrner, 2008a, 27). Bei Olympischen Spielen erhalten die Sponsoren sogar Zugang zu den reservierten Hotelbettenkontingenten für die Olympische Familie (Church, 2003, 247).

[11] „Manche Unternehmen gehen mit ihren Gästen schick essen, sprechen dabei über Geschäftliches und laden sie danach zum Fußball ein – auf einem ganz gewöhnlichen Sitz- oder Stehplatz" (Karle, 2009, 20). Diese Erscheinungsform könnte in Anlehnung zum Sportsponsoring als Ambush-Marketing-Aktivität bezeichnet werden. "Ambush marketing is a form of strategic marketing which is designed to capitalize upon the awareness, attention, goodwill, and other benefits, generated by having an association with an event or property, without an official or direct connection to that event or property" (Burton & Chadwick, 2008, 2).

[12] „Integrierte Kommunikation ist ein Prozess der Analyse, Planung, Umsetzung und Kontrolle, der darauf ausgerichtet ist, aus den differenzierten Quellen der internen und externen Kommunikation von Unternehmen eine Einheit herzustellen, um ein für die Zielgruppen der Kommunikation konsistentes Erscheinungsbild über das Unternehmen bzw. ein Bezugsobjekt des Unternehmens zu vermitteln" (Bruhn, 2003b, 17).

Im Vergleich zur Unternehmens- und Marketingkommunikation, bei denen die Kommunikation in erster Linie einseitig erfolgt, ist die Dialogkommunikation durch eine zweiseitige Kommunikation zwischen mindestens zwei einzelnen Individuen gekennzeichnet. Es wird dabei das Ziel verfolgt, einen Dialog mit aktuellen und potenziellen Kunden aufzubauen und zu intensivieren (Bruhn, 2007). Im Fokus von Corporate-Hospitality-Maßnahmen steht aus Unternehmensperspektive die Interaktion mit relevanten Stakeholdern mit dem Ziel des Aufbaus, der Sicherung bzw. des Ausbaus von Beziehungen, um den langfristigen Unternehmenserfolg zu sichern (Bennett, 2003). Corporate Hospitality ist dementsprechend ein Instrument der Dialogkommunikation und im Speziellen eines der Beziehungskommunikation (Bruhn, 2009c). Aufgrund der Beziehungsorientierung ist es vor allem ein Instrument des Relationship Marketings, das „sämtliche Maßnahmen eines Unternehmens zur bedürfnisgerechten Gestaltung von Leistungen und Interaktionsprozessen im Rahmen von Transaktionen mit seinen Austauschpartnern, insbesondere Kunden, mit dem Ziel, langfristig profitable Bindungen aufzubauen, zu erhalten und zu intensivieren" (Lischka, 2000, 2) umfasst.

Voraussetzung für einen erfolgreichen Einsatz von Maßnahmen der Beziehungskommunikation und dementsprechend auch von Corporate Hospitality ist die Bereitschaft der beteiligten Parteien, eine Beziehung einzugehen (Diller, Haas & Ivens, 2005; Krafft, 2007). Denn trotz der zunehmenden Relationship-Marketing-Orientierung haben empirische Untersuchungen gezeigt, dass ein rein transaktionsorientiertes Marketing ebenfalls wirtschaftlich sehr erfolgreich sein kann (Krafft, 2007). Zu unterscheiden ist daher nachfolgend eine transaktionsorientierte Geschäftsbeziehung, die als eine nicht zufällige „Folge von Markttransaktionen zwischen einem Anbieter und einem Nachfrager" (Plinke, 1997, 23) definiert ist, von einer beziehungsorientierten Geschäftsbeziehung. Diese entwickelt sich „durch mehrmalige Interaktionen zwischen einem Anbieter und einem Nachfrager" (Diller et al., 2005, 93). Charakteristisch für beziehungsorientierte Geschäftsbeziehungen sind insbesondere individuelle Interaktionen zwischen den Beteiligten sowie der Investitionscharakter von Interaktionsmaßnahmen, der eine langfristige Orientierung begründet (Diller et al., 2005; Homburg & Sieben, 2004; Kuß, 2009). Daher gilt es vorab zu prüfen, ob die relevanten Kunden bereit sind, eine beziehungsorientierte Geschäftsbeziehung mit dem Unternehmen einzugehen oder nicht. Davon kann nicht automatisch bei allen Kunden ausgegangen werden.

Corporate Hospitality ist vor allem für die individuelle Kommunikation zwischen Unternehmensvertretern (Business-to-Business) geeignet (Backhaus & Voeth, 2007;

Walzel, 2010; Tomczak & Mühlmeier, 2007). Die Ursachen hierfür liegen zum einen in den sehr hohen Preisen für Corporate-Hospitality-Maßnahmen pro Person, der begrenzten Anzahl an Plätzen bei den Sportevents sowie an den fehlenden Übertragungseffekten durch die Medien. Zum anderen erfordert insbesondere das Management von Business-to-Business-Beziehungen aufgrund von multipersonalen Problemlösungs- und Entscheidungsprozessen, von aktiven Informationsverhalten sowie von hohen Interaktionshäufigkeiten maßgeschneiderte Kommunikationsmaßnahmen (Backhaus & Voeth, 2007; Voeth & Tobies, 2009).

Dies gilt angesichts des harten Kommunikationswettbewerbs und damit verbundenem sinkendem Interesse sowie Reaktanzen (Bruhn, 2003b) auch für die Kommunikation mit weiteren Stakeholdergruppen, „denn unternehmerische Handlungen finden nicht im luftleeren Raum statt, sondern sind stets in soziale Beziehungen (Relationships) und Interaktionszusammenhänge mit anderen Akteuren eingebunden" (Zerfaß, 2007, 30). Eine Vielzahl an Zielen lässt sich ohne die aktive oder passive Unterstützung wichtiger Stakeholder erst gar nicht realisieren.

**Zusammenfassend** kann festgestellt werden, dass das Konstrukt „Corporate Hospitality" erstmalig umfassend analysiert worden ist. Auf instrumenteller Ebene weist es mit der Marketing- und Dialogkommunikation die größten Gemeinsamkeiten auf. Aufgrund der Nähe zu den Marketingkommunikationsinstrumenten Sponsoring und Event wird es häufig mit einer Marketingfunktion verbunden. Bei einer singulären Betrachtung von Corporate Hospitality werden vor allem Sportevents aufgrund der starken Emotionalität des Sports gewählt, die einen ausgezeichneten, emotionalen Rahmen für die Durchführung von Corporate-Hospitality-Maßnahmen bilden. Das Ziel der Absatzförderung wird nur indirekt verfolgt. Der Aufbau, Erhalt und Ausbau von Beziehungen zu verschiedenen Stakeholdergruppen eines Unternehmens steht im Vordergrund. Die persönliche Interaktion mit den Stakeholdern steht im Mittelpunkt, so dass Corporate Hospitality in erster Linie eine kommunikative Dialogfunktion wahrnimmt und somit der Dialogkommunikation zu zuordnen ist.

Die in Kapitel 2.1 neu erarbeitete Definition kann nun wie folgt präzisiert werden:

> Corporate Hospitality im Sport ist ein eigenständiges <u>Instrument der Dialogkommuni-</u><u>kation</u>, mit Hilfe dessen die Beziehungsqualität zu verschiedenen Stakeholdern einer Organisation verbessert werden kann, indem besondere Sportevents in einer angeneh-men Atmosphäre gemeinsam erlebt werden.

## 2.3 Zusammenfassung

Gesättigte Märkte, zunehmende Produkt- und Dienstleistungshomogenität, Informati-onsüberlastung sowie sinkendes Interesse an klassischen Kommunikationsinstrumen-ten haben Unternehmen dazu veranlasst, nach neuen Möglichkeiten in der Kommuni-kation zu suchen. Im Ergebnis der bisher fehlenden Analyse zum Terminus und Merkmalen von Corporate Hospitality sowie zur Abgrenzung zu verwandten Instru-menten kann festgehalten werden, dass Corporate Hospitality die Anforderungen einer zunehmenden Dialog- und Beziehungsorientierung erfüllt. Es weist wesentliche Unter-schiede zu den Kommunikationsinstrumenten Sportsponsoring und Event auf und wird daher als ein eigenständiges Instrument der Dialogkommunikation aufgefasst. Mit Hil-fe von Corporate Hospitality kann die Beziehungsqualität zu den verschiedenen Stakeholdern einer Organisation verbessert werden, indem besondere Sportevents in einer angenehmen Atmosphäre gemeinsam erlebt werden, um den zukünftigen Erfolg des Unternehmens zu sichern. Corporate Hospitality basiert auf einer Erfolgskette, die in erster Linie psychologische Wirkungen bei den Gästen hervorrufen soll, welche im Weiteren Einfluss auf das Verhalten der Stakeholder haben und sich letztendlich im ökonomischen Erfolg eines Unternehmens widerspiegeln. Mit der Ableitung der Er-folgskette von Corporate Hospitality liegt erstmalig ein grundlegender Zusammenhang für die Wirkungen des Kommunikationsinstruments „Corporate Hospitality" vor. Die-se Erfolgskette stellt eine wichtige Basis für die Entwicklung eines Wirkungsmodells im weiteren Verlauf der Arbeit dar.

# 3 Forschungsstand zur Evaluation von Corporate Hospitality im Sport

Nachdem die theoretischen Grundlagen im Kapitel zwei gelegt worden sind, gilt es nachfolgend den aktuellen Forschungsstand zu Corporate Hospitality im Sport allgemein und im Besonderen zur Evaluation von Corporate-Hospitality-Maßnahmen aufzuarbeiten sowie auf Basis des Ziels dieser Arbeit entsprechende Forschungsfragen abzuleiten. Dazu werden zunächst der Begriff „Evaluation" analysiert (Kapitel 3.1) und anschließend Herausforderungen im Rahmen der Evaluation von Corporate Hospitality diskutiert (Kapitel 3.2).

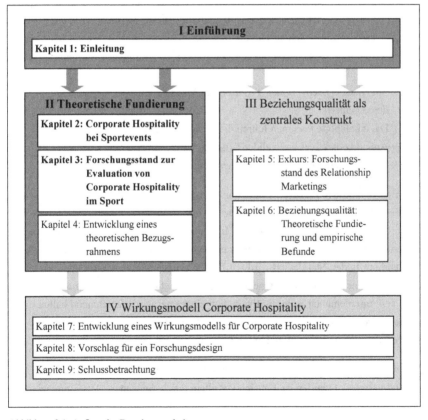

Abbildung 3.1: Aufbau der Forschungsarbeit.
Quelle: eigene Darstellung.

Im Anschluss werden in Kapitel 3.3 die relevanten Forschungsarbeiten mit ihren zentralen Ergebnissen dargestellt und auf ihre Eignung für die Lösung des vorliegenden Forschungsproblems geprüft. Auf Basis des Forschungsstandes werden entsprechende Forschungsfragen für die Zielerreichung dieser Arbeit formuliert. Im Kapitel 3.4 wird anhand des Kommunikationsmodells von Naundorf (2001) analysiert, inwieweit Wissensbestände der Kommunikationsinstrumente Sponsoring und Event für die Erreichung des Forschungsziels herangezogen werden können.

## 3.1   Der Begriff: Evaluation

Der Begriff „Evaluation" ist weder in der Wirtschafts- noch in der Sozialwissenschaft eindeutig definiert. Allgemein ist darunter zu verstehen, dass „irgend jemand irgend etwas nach irgendwelchen Kriterien in irgendeiner Weise bewertet" (Kromrey, 2003, 105). Je nachdem, in welchem Kontext der Begriff Evaluation verwendet wird, ergeben sich unterschiedliche Bedeutungen. Sie weisen jedoch folgende Gemeinsamkeiten auf (Kromrey, 2003):

1) Spezifische Sachverhalte, Programme, Maßnahmen oder Organisationen werden evaluiert;
2) Dazu befähigte Personen führen die Evaluation durch;
3) Anhand objektiver und valider Kriterien wird evaluiert;
4) Basierend auf einem systematischen Untersuchungsverfahren.

Der Begriff und der Prozess „Evaluation" haben sich in der Wirtschaftswissenschaft etabliert (Wottawa & Thierau, 2003). Dem widerspricht Stockmann (2007) teilweise, indem er feststellt, dass Evaluation als Instrument für die praktische Unternehmenssteuerung sowie für die Qualitätssicherung in profitorientierten Organisationen kaum Anwendung findet. Stattdessen wird auf betriebswirtschaftliche Instrumente wie Controlling, Balanced Scorecard, Benchmarking und Auditing zurückgegriffen, zu denen zum Teil komplementär auch die Evaluation eingesetzt wird. Zunehmend halten diese betriebswirtschaftlichen Instrumente auch in Nonprofit-Organisationen Einzug, in denen bisher noch die Evaluation dominierte.

Während vor einigen Jahrzehnten Evaluation noch synonym mit Kontrolle und Controlling verwendet worden ist, hat sich vor allem durch die weitere Ausdifferenzierung des Controlling-Begriffes (vgl. Macharzina, 2003) als bedeutende Managementfunktion vom statischen Soll-Ist-Vergleich zum dynamischen Prozess der Stellenwert geändert (Wottawa & Thierau, 2003). Eine klare Abgrenzung zwischen den Begriffen Evaluation und Controlling sowie den weiteren oben genannten Instrumenten erweist sich schon aufgrund der Vielzahl unterschiedlicher Auffassungen zu den einzelnen Begriffen als sehr schwierig. Auf eine eingehende Auseinandersetzung mit dieser Problematik wird in dieser Arbeit verzichtet, um das eigentliche Ziel nicht aus dem Fokus zu verlieren, und stattdessen auf Stockmann (2007) verwiesen.

„Verallgemeinernd lässt sich feststellen, dass Evaluation generell offener, partizipativer, umfassender, wissenschaftlicher (kausalanalytischer), weniger normativ, vom Untersuchungsfeld und den verwendeten Kriterien her breiter angelegt, methodenreicher (quantitative und qualitative Aspekte umfassend) und an ein vielschichtiges Adressatenfeld gerichtet ist. Dafür ist sie jedoch auch weniger fokussiert und hat für die Steuerungsverantwortlichen weniger Verbindlichkeit als betriebswirtschaftliche Instrumente und das Audit" (Stockmann, 2007, 100).

## 3.2  Herausforderungen an die Evaluation von Corporate Hospitality

Maßnahmen der Dialogkommunikation werden heute vor allem als Investitionen in immaterielle Vermögenswerte verstanden, die direkt (zum Beispiel Beziehungsqualität) oder indirekt (zum Beispiel Kaufverhalten) wirken können. Mit der Akzeptanz der Kausalkette, dass immaterielle Vermögenswerte den ökonomischen Erfolg eines Unternehmens wesentlich beeinflussen (Bauer et al., 2006; Deimel, 1992; Porák, 2005; Rolke & Jäger, 2009; Zerfaß & Piwinger, 2007), muss gleichzeitig die Pflicht einhergehen, entsprechende Maßstäbe zu entwickeln, an denen sich der Erfolg von Kommunikationsmaßnahmen messen lässt.

Allgemein ist die Entwicklung und Implementierung effizienter Kontrollsysteme im Marketing- und Kommunikationsbereich noch mit erheblichen Schwierigkeiten verbunden, da herkömmliche betriebswirtschaftliche Kontrollsysteme mit ausschließlich quantitativen Größen nicht anwendbar sind (Wottawa & Thierau, 2003). Die darüber hinaus allgemein identifizierten Probleme wie „mangelndes Kontrollbewusstsein seitens der Verantwortlichen", „fehlende Kontrollinstrumente", „Zeit- und Personalmangel", „Mangel an allgemein anerkannten Kriterien" und „mangelnde Qualifizierbarkeit der Erfolge" (Wottawa & Thierau, 2003, 70 f.) gelten auch für die Corporate-Hospitality-Evaluation.

Eine erste Voraussetzung für die Kontrolle und Steuerung von Corporate-Hospitality-Maßnahmen ist das Vorliegen entsprechender Informationen. „Die Identifikation und Bereitstellung sämtlicher interner und externer Informationen" (Meffert, Burmann & Kirchgeorg, 2008, 796) ist eine wesentliche Hauptaufgabe des Marketingcontrollings. Der Schwerpunkt des Kommunikationscontrollings, als eine differenziertere Form des

Marketingcontrollings, liegt erfahrungsgemäß auf der Kontrolle und Messung des Kommunikationserfolgs, um die Rationalität bzw. die Effektivität und Effizienz der Unternehmensführung sicher zu stellen (Köhler, 2006; Reinecke & Janz, 2009). Dazu stehen dem Controller verschiedene Kontrollformen (vgl. Abbildung 3.2) zur Verfügung, welche die relevanten Informationen generieren.

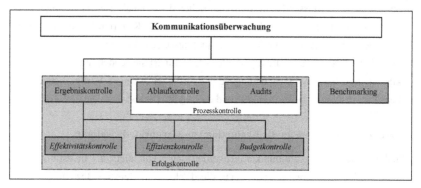

Abbildung 3.2: Formen der Kommunikationsüberwachung.
Quelle: in Anlehnung an Reinecke & Janz, 2007, 221.

Die **Ergebniskontrolle** ist eine rückblickende Soll-Ist-Analyse und liefert im Detail Informationen zur Effektivität, Effizienz und Budgeteinhaltung von Kommunikationsmaßnahmen (Köhler, 2006; Reinecke & Janz, 2009). Da die Begriffe Erfolgs-, Ergebnis- und Wirkungskontrolle aufgrund ihrer Definitionsvielfalt oft synonym verwendet werden (Marwitz, 2006), bedarf es an dieser Stelle einer Abgrenzung der einzelnen Begrifflichkeiten. Die Erfolgskontrolle umfasst nach Bruhn (2003a) sowohl die Ergebnis- als auch die Prozesskontrolle. Die Prozesskontrolle wird noch einmal differenziert in Ablaufkontrolle (operative Prozesskontrolle) und Audit (strategische Prozesskontrolle) (Bruhn, 2007; Reinecke & Janz, 2009; Zerfaß, 2007). *Wirkungskontrollen* haben die Aufgabe, die „unternehmensextern realisierten Ergebnisse" (Bruhn, 2009d, 172) zu messen. Sie widmen sich eher der qualitativen statt der quantitativen Zielmessung und sind ein wichtiger Bestandteil der Effektivitätskontrolle (Hesse & Möller-Hergt, 2007).

Im Rahmen der Effektivitätskontrolle werden die monetären und nicht-monetären Kommunikationswirkungen erfasst und den Zielen gegenübergestellt (Reinecke & Janz, 2009). Aus dem Vergleich der Soll- und Ist-Größen ergibt sich der Kommunikationserfolg bzw. -misserfolg, der zunächst den Beitrag der Kommunikationsmaßnahmen zur unternehmerischen Wertschöpfung abbildet und gleichzeitig die Basis für die zukünftige Planung und Steuerung der Kommunikationsaktivitäten bildet. Darüber hinaus werden Willkür und Zufallsabhängigkeiten reduziert (Porák, Fieseler & Hoffmann, 2007; Zerfaß, 2007). Voraussetzung dafür sind jedoch klar festgelegte und operationalisierte Ziele, was sich in der Praxis immer noch als großes Problem erweist (Reinecke, 2006). Eine damit verbundene Herausforderung ergibt sich daraus, qualitative Größen zu monetarisieren, denn monetäre Größen wie beispielsweise der Umsatz sind als alleinige Größen zur Beurteilung von Kommunikationseffektivität ungeeignet (Reinecke, 2006). Den Kommunikationserfolg unter Kosten-Nutzen-Aspekten (Zielerreichung unter Berücksichtigung der eingesetzten Ressourcen) abzubilden bzw. die Vorteilhaftigkeit eines Kommunikationsinstrumentes gegenüber anderen zu ermitteln, ist Aufgabe der Effizienzkontrolle (Reinecke & Janz, 2009).

Die Budgetkontrolle stellt die am häufigsten verwendete Form des Kommunikationscontrollings dar. Während die Kostenkontrolle die anfallenden Kosten pro Mengeneinheit erfasst, werden bei der Budgetkontrolle die kumulierten Kosten pro Zeiteinheit näher betrachtet. Ferner wird noch einmal nach dem Grad der Einhaltung des Planbudgets (formale Budgetkontrolle) und der Gegenüberstellung kommunikationsrelevanter Erfolgs- und Effizienzgrößen (inhaltliche Budgetkontrolle) unterschieden (Reinecke & Janz, 2009).

Ein statischer Soll-Ist-Vergleich durch Ergebniskontrollen allein wird dem Anspruch eines modernen Controlling-Verständnisses jedoch nicht gerecht. Dazu bedarf es zusätzlich Ablaufkontrollen, Audits und Benchmarking (Reinecke & Janz, 2009). **Ablaufkontrollen** „umfassen die Fortschritts- und Terminüberwachung bei der Entwicklung und Durchführung einer Kommunikationskampagne" (Reinecke & Janz, 2009, 1001). Sie sind im Kommunikationsbereich aufwendiger und komplexer, da es eine Vielzahl von Schnittstellen gibt (Reinecke & Janz, 2009). Während Kontrollen vergangenheitsbezogen sind, beschäftigen sich **Kommunikations-Audits** mit der Zukunft. Im Mittelpunkt steht die Analyse der Entscheidungsentstehung und des Entscheidungsablaufs, nicht die einzelnen Resultate. „Sie prüfen, inwieweit für kommende Marketingaktivitäten Rahmenbedingungen geschaffen worden sind, die Konsistenzerfordernissen und dem aktuellen verfügbaren Know-how entsprechen" (Köhler, 2006, 44 f.). Am Ende eines Marketing-Audits soll eine Antwort auf die Frage gegeben werden können, ob die entsprechenden „Voraussetzungen für die künftige Nutzung von Erfolgspotentialen" (Köhler, 2006, 45) vorhanden sind oder nicht.

**Benchmarking** ist ein Vergleichsprozess der eigenen Leistungsfähigkeit eines Unternehmens im Vergleich zu Dritten. Dafür werden Referenzmaßstäbe (Benchmarks) herangezogen, die eine Bewertung ermöglichen und somit dem Unternehmen Potenziale aufzeigen (Meffert et al., 2008). Die Entwicklung von Kommunikations-Benchmarks wird immer wichtiger. Sie stellen jedoch immer noch in Theorie und Praxis ein Hauptproblem dar (Reinecke & Janz, 2009). Daten aus Audits und Evaluationen bilden meist die Grundlage für ein Benchmarking (Stockmann, 2007).

Auf Basis der zuvor beschriebenen Kontrollformen ergibt sich die Aufgabe, die Wirkungsprozesse von Corporate Hospitality zu verstehen, deren Einflussfaktoren zu identifizieren sowie deren kausale Zusammenhänge aufzudecken (Porák et al., 2007). Mit dieser Aufgabe sind jedoch auch einige Herausforderungen zu bewältigen, die nachfolgend beschrieben werden (Hermanns & Glogger, 1995; Lischka, 2000; Mast, 2006; Porák et al., 2007):

1) *Erkenntnisproblem:* Eine eindeutige Formulierung des Evaluationsziels verbunden mit der entsprechenden Auswahl und Justierung der Methoden ist Grundvoraussetzung für jede erfolgreiche Evaluation. Das Ziel, einen Ansatz für die Messung von affektiven und konativen Wirkungen von Corporate-Hospitality-Maßnahmen bei Kunden zu entwickeln, ist bereits gegeben. Welche Erhebungsmethoden für die Wirkungsmessung geeignet sind und wie diese ggf. auszurichten sind, muss noch erarbeitet werden.

2) *Kausalitätsproblem:* Vollständige und eindeutige Ursache-Wirkungs-Beziehungen zu entdecken ist allgemein in der Kommunikation ein schwieriges Unterfangen. Das gilt auch für Corporate Hospitality und insbesondere unter Berücksichtigung des Anspruchs integrierter Marketingaktivitäten sowie der außerordentlichen Komplexität von Kommunikationsmaßnahmen im Allgemeinen.

3) *Faktorenproblem:* Sind die Faktoren bzw. Ursachen für die affektiven und konativen Wirkungen identifiziert, müssen idealerweise die Einflussstärken auf die Wirkungen ermittelt werden. Ferner müssen auch situative und/oder moderierende Faktoren als Einflussgrößen berücksichtigt werden.

4) *Messproblem:* Mit der Auswahl und Anwendung der identifizierten Erhebungsmethoden gehen meist Verzerrungseffekte in die Ergebnisse mit ein. Dem Anspruch, diese Effekte zu bestimmen und auf ein Minimum zu reduzieren, kann nicht immer vollständig Rechnung getragen werden.

5) *Effizienzproblem:* Der Nutzen aus dem zu entwickelnden Ansatz für die affektive und konative Wirkungsmessung muss in einem vernünftigen Verhältnis zu den damit verbundenen Kosten in der praktischen Anwendung stehen.

Nachdem die ersten theoretischen Grundlagen gelegt, die Aufgabe klar definiert und die damit verbundenen Herausforderungen identifiziert worden sind, soll im Folgenden eine Ist-Analyse bisheriger Forschungsarbeiten erfolgen.

## 3.3 Forschungsarbeiten zu Corporate Hospitality im Sport

Corporate Hospitality ist insgesamt bisher kaum Gegenstand wissenschaftlicher Forschung gewesen (Bennett, 2003; Digel & Fahrner, 2008a; Mastermann & Wood, 2006). Den wenigen identifizierten Arbeiten zu diesem Thema fehlt es an entsprechender Tiefe und Systematisierung. Eine allgemein akzeptierte Definition des Terminus hat sich bisher nicht etabliert. Auch fehlt es an einer klaren Einordnung innerhalb des Marketings sowie an einer Abgrenzung zu verwandten Termini (vgl. Kapitel 2). Ferner hat sich keine der identifizierten Arbeiten mit den Wirkungen und Wirkungszusammenhängen aus Corporate-Hospitality-Maßnahmen beschäftigt. Diese Tatsachen stellen gleichzeitig die Forschungslücken dar, an welche diese Arbeit anknüpft.

Die bisher vorliegenden Forschungsarbeiten zu Corporate Hospitality im Sport lassen sich in fünf Gruppen einteilen:

1) Evaluation von Corporate-Hospitality-Maßnahmen (Becker & Walzel, 2008; Bennett, 2003; Kolah, 2004; Sportfive, 2005, 2009; Tomczak & Mühlmeier, 2007; Voeth et al., 2006; Wiedmann et al., 2007);

2) Messung der Dienstleistungsqualität von Corporate Hospitality bei verschiedenen Sportveranstaltungen (im Rahmen von Abschlussarbeiten an verschiedenen Universitäten und Fachhochschulen);

3) Rechtliche Aspekte von Corporate Hospitality (Dehesselles, 2006; Egner & Jäck, 2006; Gardiner et al., 2006; Meurer, 2005; Schimke & Holzhäuser, 2008; Weber & Hamacher, 2009);

4) Angebot und Nachfrage von Corporate Hospitality (Dann & Dann, 2005; Digel & Fahrner, 2008a);

5) Ethische bzw. moralische Betrachtung von Corporate Hospitality (Barry, 1992; Fill, 2002; Ramsay, 1990; Wood, 1995a, 1995b).

Für die Erreichung des Forschungsziels dieser Arbeit sind die Erkenntnisse der ersten beiden Gruppen von besonderer Bedeutung, während die Forschungsergebnisse aus den anderen Gruppen für die Erreichung des Forschungsziels weniger relevant sind. Auch wenn die Qualität einer Corporate-Hospitality-Maßnahme die Stärke der Wirkungen beeinflusst so ist dieser Themenkomplex für diese Arbeit zunächst als eher ergänzend anzusehen. Das Ziel dieser Arbeit ist es, erst einmal ein Wirkungsmodell zu entwickeln, welches in einem der nächsten Schritte durch die stärkere Berücksichtigung der Dienstleistungsqualität weiter präzisiert werden kann.

Erste Ergebnisse bezüglich der Evaluation von Corporate-Hospitality-Maßnahmen lieferten Baxter (2000), MAPS (1998), McKenzie (1997) und Thatcher (2000). Die Untersuchungen bezogen sich ausschließlich auf den britischen Markt und ergaben u.a., dass zwei Drittel der befragten Unternehmen keine Evaluation durchführten (Baxter, 2000; MAPS, 1998). Im Widerspruch dazu stehen die Untersuchungsergebnisse von Bennett (2003). Danach führen lediglich 10 Prozent keine Evaluation durch. Im Allgemeinen stellt die Evaluation von Corporate Hospitality für die befragten britischen Marketingentscheider kein Problem dar. Die Untersuchung von Voeth et al. (2006) in Deutschland weist ähnliche Ergebnisse wie die von Bennett (2003) auf. Lediglich 9 Prozent der befragten Business-to-Business-Unternehmen kontrollieren ihre Zielerreichung nicht. Als die drei meist genutzten Methoden für die Evaluation wurden Kundenzufriedenheitsanalysen bzw. Kundenbefragungen (36%), persönliche Gespräche (18%) und Analyse der Umsatzentwicklung (10%) angegeben.

In einer Vorstudie gaben 55 Prozent der Marketing- bzw. Sponsoringentscheider der 150 größten Sportsponsoren in Deutschland (n=64, Rücklaufquote: 43%) an, Corporate-Hospitality-Maßnahmen nicht zu evaluieren, weil sie nicht genau wissen, wie sie entsprechende Wirkungen messen können (Becker & Walzel, 2008). Vor dem Hintergrund der Tatsache, dass „spontanes Feedback von Gästen" die meist genannte Methode für die Evaluation ist, muss ein strategischer Ansatz der Evaluation von Corporate Hospitality bezweifelt werden. Die „Dunkelziffer" dürfte damit weitaus höher als 55 Prozent liegen. Widersprüchlich dazu stellt sich die Einschätzung der Befragten bezüglich Effektivität und Effizienz von Corporate Hospitality dar, die insbesondere im Rahmen von Sportsponsorships als gut bewertet worden sind, obwohl entsprechende Evaluationsmaßnahmen bei der Mehrheit der Unternehmen nicht durchgeführt werden.

Insgesamt konnten neun Studien zum Managementprozess von Corporate Hospitality identifiziert werden. Diese wurden noch einmal unterteilt nach der durchgeführten Organisation in a) wissenschaftliche Institute und b) privatwirtschaftliche Marktforschungsunternehmen (vgl. Tabelle 3.1).

Tabelle 3.1: Überblick Forschungsarbeiten zur Evaluation von Corporate Hospitality im Sport.

Quelle: eigene Darstellung.

| Autor(en) (Jahr) | Vorgehensweise | Zentrale Ergebnisse |
|---|---|---|
| Bennett (2003) | In einer schriftlichen, standardisierten Befragung wurden 189 Marketingleiter in Großbritannien zum Management von Corporate-Hospitality-Maßnah-men befragt. | Corporate-Hospitality-Maßnahmen spielen in der Marketing- und Unternehmenskommunikation britischer Unternehmen eine wichtige Rolle. Die strategische Herangenswesie sowie die Kontrolle und Bewertung von Corporate-Hospitality-Aktivitäten ist bei den befragten Unternehmen sehr unterschiedlich ausgeprägt. Die Evaluation von Corporate Hospitality stellt für die meisten Unternehmen kein Problem dar. Die Ergebnisse der Clusteranalyse legen jedoch offen, dass nur wenige Unternehmen Corporate-Hospitality-Aktivitäten professionell managen. Fehlende wissenschaftliche Erkenntnisse insbesondere zu empirisch belegten Ursache-Wirkungs-Beziehungen sind als Grund zu nennen, deren Aufmerksamkeit zukünftiger Forschung gilt. |
| Voeth et al. (2006) | Für die standardisierte Befragung wurden alle Industriegüterunternehmen einbezogen, die sich als Sponsor der 1. Fußball-Bundesliga in Deutschland betätigen. Die Rücklaufquote betrug 17 Prozent (n=169). | Die Kundenbindung stellt mit Abstand das wichtigste Ziel von Unternehmen für die Durchführung von Corporate-Hospitality-Maßnahmen dar. Erstmalig wurde nach Auswirkungen von Corporate Hospitality auf Geschäftsabschlüsse gefragt. Während 8 Prozent der Befragten angaben, dass sich direkte Geschäftsabschlüsse ergeben haben, antworteten 63 Prozent, dass aufgrund von Corporate Hospitality sich indirekt Geschäftsabschlüsse ergeben haben. Zum Umfang der Geschäftsabschlüsse machten jedoch 57 Prozent der Befragten keine Angaben. Die Erfolgskontrolle im Unternehmen erfolgt vor allem anhand von Kundenzufriedenheitsanalysen/Kundenbefragungen (36%), persönlichen Gesprächen (18%) und anhand der Umsatzentwicklung (10%). Informationen zur Wirkungsmessung bei den Gästen konnten nicht identifiziert werden. |
| Wiedmann et al. (2007) | Nach der Analyse der Sekundärliteratur wurden drei leitfadengestützte Experteninterviews durchgeführt. Im Folgenden wurden 169 Corporate-Hospitality-Verantwortliche in deutschen Unternehmen mit Hilfe eines standardisierten Fragebogens schriftlich be-fragt. In die Auswertungen gingen 50 Fragebögen ein (Rücklaufquote von 30%). | Kunden, Geschäftspartner und Mitarbeiter stellen die wichtigsten Zielgruppen für Corporate Hospitality dar. Es werden vor allem langfristige Beziehungsziele mit Corporate Hospitality verfolgt, die sich an den Unternehmenszielen und der Marketingstrategie orientieren. In der Analyse- und Planungsphase dominieren ökonomische Kriterien in Bezug auf Auswahl des Events und der Sportart. Corporate-Hospitality-Maßnahmen werden häufig mit Sponsoringaktivitäten vernetzt, jedoch selten mit anderen Kommunikationsinstrumenten. Der Erfolg von Corporate Hospitality wird als sehr hoch eingeschätzt, wobei der qualitative Erfolg höher ist als der quantitative Erfolg. Umfangreiche Erfolgskontrollen hinsichtlich der Corporate-Hospitality-Wirkungen finden kaum statt. Dies trifft auch für das Hospitality-Audit und Hospitality-Informations-system zu. Unternehmen, die Ergebnis- und Prozesskontrollen durchführen, sind mit ihren Corporate-Hospitality-Aktivitäten erfolgreicher. |
| Tomczak & Mühlmeier (2007) | Es wurde eine standardisierte Online-Befra-gung zur Relevanz von Sponsoring unter 420 Schwei- | Die befragten Personen schätzen Corporate-Hospitality-Maßnahmen als etwas Besonderes für ihre Kunden ein. Sie sind ferner der Meinung, dass die eingeladenen Kunden das gastgebende Unternehmen weiterempfehlen, |

Von wissenschaftlichen Instituten durchgeführte Untersuchungen

| | | | |
|---|---|---|---|
| | | zer Unternehmen mit Sponsoringengagement durchgeführt. 86 Verkaufs- bzw. Vertriebsleiter antworteten (21%) u.a. zu Corporate-Hospitality-Wirkungen im Rahmen von Sponsoringmaßnahmen. | weiter Kunden bleiben und sogar mehr Umsätze generieren. Abwanderungsgefährdete Kunden können mit Corporate Hospitality nicht an das Unternehmen gebunden werden. |
| | Becker & Walzel (2008) | Die 150 größten Sportsponsoren in Deutschland wurden in einer standardisierten Online-Befragung zum Managementprozess von Corporate Hospitality aus Unternehmenssicht befragt (Rücklaufquote: 43 Prozent, n=64). | In nur wenigen Unternehmen werden Corporate-Hospitality-Aktivitäten professionell geplant, durchgeführt und evaluiert. Unterschiede diesbezüglich in Abhängigkeit von Berufserfahrung in diesem Bereich, Unternehmensgröße oder Budget konnten nicht identifiziert werden. Affektive und konative Wirkungen sind die am meisten verfolgten Ziele mit Corporate-Hospitality-Maßnahmen. Bei der Wirkungsmessung haben die meisten Unternehmen Probleme, da sie einerseits Probleme in der methodischen Umsetzung sehen und andererseits die Gäste damit nicht belasten wollen. Sofern Corporate-Hospitality-Maßnahmen evaluiert werden, erfolgt es zum Großteil intern durch eigene Mitarbeiter. |
| | Digel & Fahrner (2008a) | In dieser Untersuchung wurden Sekundärdaten mit Primärdaten aus 23 halbstandardisierten mündlichen Interviews mit Experten aus dem Bereich Corporate Hospitality im Sport verwendet. | Mit Hilfe der Daten wurde das Konsumverhalten von Corporate Hospitality in den Sportarten Golf, Rugby, Formel 1, Tennis, Leichtathletik und Fußball beschrieben und miteinander verglichen. Des Weiteren haben sie fünf Typen von Corporate-Hospitality-Konsumenten identifiziert: „ticket centred type", „red carpet type", „five-star cuisine/luxury/ wellbeing type", „business centred type" und „experience/ adrenaline type". |
| Von Marktforschungsunternehmen durchgeführte Untersuchungen | Kolah (2004) | Mit Hilfe einer standardisierte Telefonumfrage wurden in Großbritannien sowohl Unternehmen als Gastgeber als auch Gäste zum Corporate-Hospitality-Management befragt. Die Anzahl der Befragten sowie die Rücklaufquote sind nicht erwähnt worden. | Im Mittelpunkt der Studie steht die Messung der Dienstleistungsqualität von Corporate-Hospitality-Maßnahmen. Dabei wird deutlich, dass Gastgeber und Gäste unterschiedliche Erwartungen, Ziele und Motive haben. Während die Gäste über gute Beziehungen vor allem Umsätze sichern oder sogar ausbauen wollen, steht bei den Gästen das geschäftliche nicht im Vordergrund. Auf die Frage, ob die Gäste den Gastgeber nach einer Corporate-Hospitality-Aktivität positiver beurteilen, stimmten nur 16 Prozent der befragten Gäste zu, während 53 Prozent der Gastgeber glauben, dass dies zutrifft. Die Motive für die Teilnahme an einer Corporate-Hospitality-Maßnahme unterscheiden sich im Alter. Die 25- bis 34-jährigen Gäste betrachten es als gute Möglichkeit für ihre berufliche Entwicklung, im Alter von 35-54 werden Corporate-Hospitality-Maßnahmen als normaler Bestandteil der unternehmerischen Landschaft aufgefasst und bei den 55- bis 64-jährigen ist das Erleben des Events das prägende Motiv. Allgemein wurde die Sportbegeisterung als schwächster Grund für die Teilnahme angegeben. |
| | Sportfive (2005) | Mit Hilfe einer standardisierten Telefonbefragung wurden 480 Personen von Unternehmen als Nutzer von Logen und Business-Seats in Fußballstadien in Berlin, Bielefeld, Dort- | Mit Corporate-Hospitality-Maßnahmen verfolgen die befragten Unternehmen (80%) vor allem das Ziel der Kundenpflege bzw. Kundenbindung. Die Zielgruppe der Kunden stellt dabei mit 93 Prozent die wichtigste Zielgruppe dar. 38 Prozent der Befragten haben diese Form der Kommunikation bereits anderen Unternehmen empfohlen, weitere 20 Prozent haben die Absicht es zu tun. |

|  |  | mund, Hamburg und Nürnberg zur Nutzung befragt. | Weitere und detailliertere Angaben zur Evaluation von Corporate Hospitality wurden nicht gemacht. |
|---|---|---|---|
| Sportfive (2009) |  | Im November 2008 wurden 360 Gäste sowie 109 Gastgeber von Corporate Hospitality mittels eines standardisierten Online-Fragebogens befragt. | Kunden, die mit dem Ziel der Kundenpflege bzw. Kundenbindung eingeladen werden, stellen die wichtigste und größte Zielgruppe dar. Erstmalig wurden Gäste und Gastgeber zu verschiedenen Aspekten von Corporate-Hospitality-Maßnahmen befragt. Während für die Gastgeber die „Hochwertigkeit des Events", die „Exklusivität der VIP-Tickets" sowie die „Möglichkeit, eine Begleitperson mitzubringen" die drei wichtigsten Auswahlkriterien darstellen, sind auf Seiten der Gäste das „persönliche Interesse", der „Termin des Events" sowie die „Beziehung zum Gastgeber" die drei wichtigsten Entscheidungsgründe für die Zusage oder Ablehnung einer Einladung. Interessant in diesem Zusammenhang ist, dass die befragten Gäste im Durchschnitt 24 Einladungen zu Corporate-Hospitality-Maßnahmen im Jahr erhalten, wovon 51 Prozent von Interesse sind und 41 Prozent der Einladungen letztendlich angenommen werden. 72 Prozent der befragten Gäste antworteten, dass sich aus Einladungen zu Corporate-Hospitality-Maßnahmen schon einmal Ansätze für gemeinsame Projekte, Kooperationen oder Geschäfte entwickelt haben. |

Sechs von neun Untersuchungen wurden von **wissenschaftlichen Instituten** durchgeführt, davon zwei durch Universitäten im Ausland (Bennett, 2003; Tomczak & Mühlmeier, 2007). Digel und Fahrner (2008a) fokussieren sich in ihrer Untersuchung sehr stark auf das Konsumverhalten von Corporate-Hospitality-Gästen in unterschiedlichen Sportarten und kamen im Ergebnis zu fünf Konsumententypen. Diese Erkenntnisse sind insbesondere für die Planung und Durchführung von Corporate-Hospitality-Maßnahmen sehr interessant. Im Rahmen der Untersuchung von Tomczak und Mühlmeier (2007) war der Bereich Corporate Hospitality nur ein kleiner Bestandteil der Gesamtuntersuchung zum Schweizer Sportsponsoring Markt. Den Ergebnissen fehlt es daher an entsprechender Tiefe. Die verbleibenden vier Untersuchungen (Becker & Walzel, 2008; Bennett, 2003; Voeth et al., 2006; Wiedmann et al., 2007) widmen sich der Evaluation von Corporate-Hospitality-Maßnahmen in den gastgebenden Unternehmen. Wirkungskontrollen, Ursache-Wirkungs-Beziehungen und Methoden der Evaluation sowie die Rückkopplung der Erkenntnisse für den Managementprozess sind jedoch nicht Gegenstand dieser Studien.

Die drei Studien der **privatwirtschaftlichen Marktforschungsunternehmen**, wovon zwei aus dem gleichen Hause stammen, fehlt es im Vergleich zu den von den wissenschaftlichen Instituten durchgeführten Untersuchungen an inhaltlicher Tiefe in Bezug auf die Untersuchungsgegenstände. Unter Berücksichtigung der Kenntnis, dass die Firma Sportfive selber Logen und Business-Seats in vielen deutschen Fußballstadien vermarktet, wird der Eindruck verstärkt, dass die Untersuchungen sehr stark vertriebs-orientiert angelegt sind. Dies trifft teilweise auch auf die Untersuchung von Kolah (2004) zu, die in Zusammenarbeit mit dem Catering-Anbieter Sodexho durchgeführt wurde. Für den operativen Managementprozess von Corporate-Hospitality-Maß-nahmen erweist sich die umfangreiche Studie von Kolah (2004) als sehr empfehlens-wert.

Ein systematischer und fundierter Ansatz für die Evaluation von Corporate Hospitality konnte in keiner der diskutierten Studien identifiziert werden. Ferner hat sich keine der bekannten Forschungsarbeiten tiefgründig mit den Wirkungen bzw. der Wirkungskon-trolle von Corporate-Hospitality-Maßnahmen auseinandergesetzt. Es ist daher zu kon-statieren, dass Corporate Hospitality bisher kaum Gegenstand ernsthafter wissen-schaftlicher Forschung gewesen ist (Bennett, 2003; Digel & Fahrner, 2008a; Hartland, Skinner & Griffiths, 2005; Mastermann & Wood, 2006; Wiedmann et al., 2007).

Unter Berücksichtigung der Zielstellung dieser Arbeit sowie des dargestellten For-schungsstands können für diese Arbeit folgende Forschungsfragen abgeleitet werden, die es im weiteren Verlauf zu beantworten gilt:

| |
|---|
| 1) Welche affektiven und konativen Wirkungen können durch Corporate-Hospitality-Maßnahmen im Rahmen von Sportevents hervorgerufen werden? |
| 2) Anhand welcher Größen können die affektiven und konativen Wirkungen von Corporate Hospitality im Rahmen von Sportevents gemessen werden? |
| 3) Wie sieht ein Wirkungsmodell von Corporate-Hospitality-Maßnahmen im Rahmen von Sportevents aus, d. h. welche Einflussgrößen, welche Wirkungszusammen-hänge und welche Moderatoren sind zu berücksichtigen? |

Als Ursachen für den geringen Entwicklungsstand der Forschung konnten folgende Faktoren identifiziert werden:

1) Corporate Hospitality hat sich erst in den letzten Jahren und zudem auch noch sehr schnell entwickelt, so dass die wissenschaftliche Forschung in diesem Be-reich mit der tatsächlichen Entwicklung nicht Schritt hielt (Bennett, 2003).

2) Die Heterogenität der Ziele und Zielgruppen sowie die Komplexität und Viel-falt an Wirkungen erschweren die Messung und Bewertung von Corporate-Hospitality-Maßnahmen (Collett, 2008).

3) Des Weiteren handelt es sich aufgrund der strafrechtlichen und steuerlich-rechtlichen Bedenken um eine Thematik, die für viele Unternehmen ein Tabu

darstellt und damit für wissenschaftliche Forschung nur schwer zugänglich ist (Walzel, 2010).

4) Dem meist erfahrungsbasierten Wissen fehlt es an entsprechender Systematisierung (Digel & Fahrner, 2008a) und stellt somit eine denkbar ungünstige Grundlage für die weitere wissenschaftliche Bearbeitung dar.

5) Bei den Gästen handelt es sich um sehr sensible Zielgruppen von Unternehmen, die von Seiten der Gastgeber nur sehr ungern für Evaluationsmaßnahmen hinzugezogen werden (Walzel, 2010).

Ziel ist es, nachfolgend aus theoretischer Perspektive einen Rahmen für die Evaluation von Corporate Hospitality zu entwickeln. Der Fokus liegt dabei auf den affektiven und konativen Wirkungen bei den Kunden.

## 3.4  Corporate-Hospitality-Wirkungskontrolle

Es wurde bereits herausgearbeitet, dass die Effektivitätskontrolle letztendlich ein Soll-Ist-Vergleich der Kommunikationswirkungen ist. Im Mittelpunkt des Interesses stehen daher in erster Linie die Ex-post-Messung von Wirkungen (Bruhn, 2007) sowie das Feststellen von Zusammenhängen von Kommunikationsmaßnahmen und gemessenen Effekten. Von Wirkungen kann nur dann gesprochen werden, wenn Reaktionen vorliegen und diese auf einzelne Kommunikationsaktivitäten zurückzuführen sind. Die Kausalität von Maßnahme und Wirkung stellt eine grundlegende Bedingung für die Erfolgsmessung dar (Marwitz, 2008; Porák et al., 2007).

In der jüngeren kommunikationswissenschaftlichen Literatur findet das Modell der vier Wirkungsebenen von Naundorf (2001) starken Zuspruch und scheint sich als Standardansatz für Kommunikationswirkungen zu etablieren. Danach weist der Erfolg kommunikativer Maßnahmen allgemein vier Wirkungshierarchien auf: Output, Outgrowth, Outcome und Outflow (Naundorf, 2001; Porák, 2005; Rolke & Jäger, 2009). Einige Autoren, darunter Mast (2005) sowie Zerfaß und Pfannenberg (2005), gehen von drei Ebenen aus. Die Outgrowth-Ebene wird von ihnen als schwer abgrenzbar zur Output-Ebene eingestuft. Sie beschränken sich daher auf eine Wirkungsebene für die Übertragung der Kommunikation. Während auf den ersten beiden Ebenen (vgl. Abbildung 3.3) geprüft wird, wie erfolgreich die Kommunikationsübertragung verlief, sollen auf den letzten beiden Ebenen die tatsächlichen Wirkungen der Kommunikationsaktivitäten ermittelt werden.

„Das Phänomen der Kommunikation hängt nicht von dem ab, was übermittelt wird, sondern von dem, was im Empfänger geschieht. Und dies hat wenig zu tun mit übertragender Kommunikation" (Maturana & Valera, 1987, 221). Während sich in der Vergangenheit Wirkungskontrollen in der Kommunikation sehr stark auf die Output-Ebene beschränkten, wird mit den vier Ebenen der Kommunikationswirkung erstmalig sichergestellt, dass die Wirkungsmessung wirklich dort ansetzt, wo die Kommunikationsbotschaften ankommen und Veränderungen hervorrufen sollen, nämlich beim Rezipienten bzw. hier beim Gast (Zerfaß & Piwinger, 2007).

Nachfolgend wird das Modell von Naundorf kurz vorgestellt und auf allen vier Ebenen geprüft, inwieweit die Wissensbestände aus den verwandten Instrumenten, Sponsoring und Events, zur Wirkungskontrolle von Corporate Hospitality herangezogen werden können.

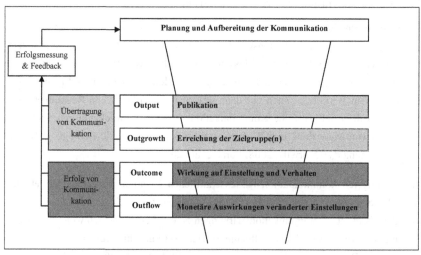

Abbildung 3.3: Ebenen der Erfolgsmessung von Kommunikation.
Quelle: Porák, 2005, 169 in Anlehnung an Naundorf, 2001.

Auf der **Output-Ebene** werden die Kommunikationsaktivitäten des Unternehmens für die Zielgruppe(n) rein quantitativ erfasst. Bei Sponsoringmaßnahmen kann die operative Umsetzung auf der Output-Ebene mit Hilfe von Prozesskontrollen (Ablaufkontrollen und Audits) erfolgen (Porák, 2005). In der Praxis hat sich die prozessorientierte Sponsoring-Kontrolle jedoch noch nicht durchgesetzt, so dass diese in erster Linie auf wissenschaftlicher Ebene stattfindet (Marwitz, 2006). Die einzelnen Bestandteile des

Sponsoring- und auch Event-Audits (Prämissen-Audit[13], Ziel- und Strategie-Audit[14], Maßnahmen-Audit[15] und Organisations-Audit[16]) könnten sich jedoch aufgrund ihrer Offenheit, Flexibilität, Realitätsnähe und einfachen Anwendbarkeit grundsätzlich für eine Anwendung auf Corporate-Hospitality-Maßnahmen eignen (Drengner, 2003; Marwitz, 2006; Zanger & Drengner, 2009). Im Vergleich zu anderen Kommunikationsinstrumenten kommt der Ablaufkontrolle bei Events eine besondere Bedeutung zu, da kleine Fehler aufgrund der Einmaligkeit von Events langfristige Wirkungen haben können (Bruhn, 2005). Dies gilt auch für Corporate-Hospitality-Maßnahmen. Wird die Einladung zu einer Corporate-Hospitality-Maßnahme beispielsweise an die falsche Person zugestellt, so ist einer der wenigen Plätze vergeben. Es können nicht die gesetzten Ziele bei der betreffenden Zielperson erreicht werden.

Die Prozesskontrolle von Corporate-Hospitality-Maßnahmen erfüllt eine sehr wesentliche Funktion innerhalb der Evaluation. Wie auch im Event-Marketing misst die Ergebniskontrolle zwar den Erfolg bzw. Misserfolg einer Maßnahme, die Ursachen dafür können jedoch nur durch das Audit und die Ablaufkontrolle identifiziert werden (Burmann, 2002; Zanger & Drengner, 1999). Klassische Größen wie beispielsweise Fernsehsendezeit oder Reichweiten spielen für die Wirkungsmessung von Corporate Hospitality auf der Output-Ebene keine Rolle. Als quantifizierbare Größen für den Output von Corporate-Hospitality-Maßnahmen könnten folgende Größen herangezogen werden, die in erster Linie aus dem Eventbereich stammen und wichtige Erklärungsvariablen für die spätere Bewertung der Wirkungen darstellen: 1) Zahl der Einladungsannahmen bzw. -ablehnungen, 2) Kontaktdauer vor, während und nach dem Event, 3) Verweildauer der Gäste beim Sportevent, 4) Stornierungsrate, 5) Nicht-Erscheinen-Rate, 6) Qualität der teilgenommenen Gäste (Scoring), 7) Zufriedenheit mit dem Event, 8) Verständlichkeit der Botschaft bzw. Inhalte (Bruhn, 2005).

---

[13] Hier werden grundsätzliche Annahmen und Prämissen sowie die Einhaltung strategischer Unternehmensvorgaben wie bspw. Ziele, Strategien oder Corporate Identity/Corporate Design geprüft (Marwitz, 2006).

[14] Die gesteckten Ziele und Strategien werden in Bezug auf Operationalisierung, Vollständigkeit, Realisierbarkeit sowie deren zeitliche, inhaltliche und formale Integration betrachtet (Marwitz, 2006).

[15] Der Bezug der Planungen, der Maßnahmen, dessen Budgetierung sowie deren Kompatibilität zu den gesetzten Zielen und Strategien werden hier reflektiert (Marwitz, 2006).

[16] Im Organisations-Audit wird „die systematische Gestaltung der Planungs-, Durchführungs- und Kontrollprozesse, der eingesetzten Methoden sowie der Informations- und Prozessabläufe sowie der aufbau- und ablauforganisatorischen Regelegungen" hinterfragt (Marwitz, 2006).

Auf der **Outgrowth-Ebene** wird die quantitative und qualitative Wahrnehmung der Kommunikationsaktivitäten durch die Zielgruppe(n) ermittelt, welche die Grundlagen für den Kommunikationserfolg bilden. Kognitive Wirkungen (Aufmerksamkeit, Erinnerungswirkung) stehen hier im Mittelpunkt des Interesses (Porák et al., 2007) und können durch Einzelbefragungen, Gruppengespräche, Experteninterviews, Mediawerte, Blickaufzeichnungen, Recall- und Recognition-Tests gemessen werden (Porák, 2005). Bei Events besteht Uneinigkeit im Einsatz von Recall-Tests. Während Nufer (2002) die Nennung von Unternehmen, Marken, Produkten oder Sponsoren für die Wirkungskontrolle von Events befürwortet, steht Lasslop (2003) der Anwendung kritisch gegenüber. Er verweist dabei auf zwei Gründe: 1) Die begrenzte Reichweite von Events macht einen Vergleich mit anderen Kommunikationsinstrumenten unbrauchbar; 2) Eventteilnehmer sind sich in der Regel darüber bewusst, wer Ausrichter des Events ist. Ein Vergleich von Kommunikationsinstrumenten macht daher keinen Sinn. Für Corporate-Hospitality-Maßnahmen erweisen sich Recall- und Recognition-Tests als unbrauchbar, da vor allem affektive und konative Wirkungen mit diesem Kommunikationsinstrument angestrebt werden und diese mit den Methoden nicht gemessen werden können.

Der Sponsoring-Kommunikationsprozess weist zwei Besonderheiten auf (Bruhn, 2004; Drees, 1992), die auf Corporate-Hospitality-Maßnahmen nicht oder nur bedingt zu treffen. Während beim Sponsoring nur kurze Botschaften[17] mit geringem Informationsgehalt und auch nur in eine Richtung[18] übermittelt werden können, besteht bei Corporate Hospitality aufgrund der Interaktion zwischen gastgebendem Unternehmen und dem Gast eine viel höhere Kontakthäufigkeit und -dauer, wodurch komplexere Botschaften sowie mehr Informationen von beiden beteiligten Parteien (sofortige und direkte Rückmeldung) aufgenommen werden können. Als zweite Besonderheit im Sponsoring nennt Drees (1992), dass Botschaften nicht mit voller Aufmerksamkeit wahrgenommen werden. Auch bei Corporate-Hospitality-Maßnahmen werden die Kommunikationsbotschaften nur indirekt vermittelt und entziehen sich sowohl der Beobachtung und zum Großteil auch dem Bewusstsein des Rezipienten.

Auf der **Outcome-Ebene** erfolgt die Wirkungsmessung der aufgenommenen Informationen in Bezug auf Wissen (kognitive Wirkungen), Emotionen, Einstellungen (affektive Wirkungen) und konkretes Verhalten (konative Wirkungen) (Porák, 2005; Porák

---

[17] Streng genommen erfolgt lediglich eine Darstellung des Marken- bzw. Firmennamens und/oder Marken- bzw. Firmenlogos (Bruhn, 2004, 1602).

[18] Eine Rückmeldung erfolgt höchstens über das Kaufverhalten. Eine entsprechende Kausalität ist jedoch schwer nachweisbar.

et al., 2007). Die meisten Unternehmen zielen mit Corporate-Hospitality-Maßnahmen auf affektive und konative Wirkungen ab, welche Gegenstand der Outcome-Ebene sind und im Mittelpunkt dieser Arbeit stehen (Porák et al., 2007). Da vor allem emotions- und erlebnisorientierte Ziele verfolgt werden, kommt der Messung affektiver Wirkungen innerhalb der Wirkungskontrolle besondere Bedeutung zu. Die affektive Wirkungskontrolle basiert auf der zentralen Annahme, dass durch das Event hervorgerufene positive Emotionen sich auch positiv auf das Objekt (zum Beispiel Unternehmen) auswirken (Drengner, 2003).

Als Methoden für die affektive Wirkungsmessung haben sich Kundenbefragungen, Kontaktzahlen, Besucherbeobachtungen, subjektive Einschätzungen, Mitarbeiterbefragungen, Checklisten, externe Gutachten, Auswertungen der Medienberichte sowie Laborexperimente als geeignet erwiesen (Burmann, 2002; Geßler & Eggert, 2004; Porák, 2005; Zanger & Drengner, 2003). Für die Messung konativer Wirkungen kommen grundsätzlich die gleichen Methoden in Frage. Aufgrund des Status der Gäste und der damit verbundenen Sensibilität verzichten viele Unternehmen jedoch auf Befragungen und erst recht auf Labor- und Feldexperimente bei Corporate-Hospitality-Maßnahmen (Walzel, 2010).

Bei der Wirkungskontrolle von Events wird zwischen event- und senderbezogenen Wirkungen unterschieden (Lasslop, Burmann & Nitschke, 2007). Gegenstand eventbezogener Wirkungen sind das emotionale Erleben, der wahrgenommene Event-Marken-Fit und die Einstellung zum Event. Die Qualität und Quantität dieser drei Kriterien bestimmen im Wesentlichen die senderbezogenen Wirkungen. Steigen die eventbezogenen Wirkungen, so nimmt annahmegemäß auch die Verarbeitungsquantität und -qualität der Eventbotschaften zu (Burmann & Nitschke, 2005; Drengner, 2003; Lasslop, 2003; Nufer, 2002).

Eine Ausnahme stellt der Event-Marken-Fit dar. Übersteigt der Fit einen kritischen Punkt, so ist der Fit zu groß und die Eventteilnehmer/innen werden mit einer zu großen Anzahl an bekannten Reizen konfrontiert, die eine Abnahme der Kommunikationswirkungen zur Folge haben (Lasslop et al., 2007). Für die Messung senderbezogener Wirkungen schlagen Zanger und Drengner (1999) drei Messzeitpunkte vor, die sicherstellen, dass mögliche Veränderungen als Differenz auf Basis einer Nullmessung (1. Messung) kurz- und langfristig (2. & 3. Messung) erfasst werden können. Zusätzlich empfehlen sie, eine Kontrollgruppe heranzuziehen, um spezifische Änderungen von allgemeinen Veränderungen abzubilden (Drengner, 2006; Zanger & Drengner, 2009).

Änderungen in den Verhaltensabsichten aufgrund des Einsatzes von Sponsoring und Event konnten nachgewiesen werden, jedoch sind konkrete Verhaltensänderungen, welche kausal auf einzelne Aktivitäten zurückzuführen sind, bisher nicht abschließend nachgewiesen worden (Bruhn, 2003a; Cornwell & Amis, 2005; Fullerton, 2007; Hermanns & Marwitz, 2008; Huber & Matthes, 2007; Huber, Regier, Vollhardt & Matthes, 2005; Meenaghan, 2005; Smith, 2008).

Die Wirkungsmessung von Events und Sponsoring ist ebenfalls mit Messproblemen verbunden. So kann die Datenerhebung während des Events aufgrund technischer Gründe (zum Beispiel Lautstärke) nicht möglich sein. Weiterhin könnten die Teilnehmer es als störend empfinden, wenn sie während des Events zum Beispiel befragt werden. Eine Erhebung unmittelbar nach dem Event erfordert eine Vielzahl von Interviewern, um möglichst viele Antwortbögen zu generieren (Durchführungsproblem). Schriftliche Erhebungen im Nachhinein weisen den Nachteil auf, dass die Eindrücke vom Event bereits wieder verblasst sind (Zeit-Wirkungs-Problem).

Ferner treten auch in der Event-Evaluation Zurechnungsprobleme auf, die durch die Forderung nach einer integrierten Unternehmenskommunikation verschärft werden. Eine isolierte Messung von Kommunikationswirkungen durch Events erweist sich als außerordentlich schwierig. Nicht zu vergessen sind hierbei die Komplexität des Instruments Event sowie deren Vielschichtigkeit in Bezug auf Zielgruppe, Eventtypen und Inszenierungsmöglichkeiten. Ferner können externe (Stör-)Einflüsse zu einer Verzerrung der Eventwirkungen führen. Faktoren, wie beispielsweise Maßnahmen der Konkurrenz oder Schwankungen des Konsumklimas, können den Kommunikationserfolg positiv oder negativ beeinflussen. Durch die Berücksichtigung von Kontrollgruppen sowie durch ergänzende Laboruntersuchungen können externe (Stör-)Einflüsse identifiziert sowie erklärt werden. Alle genannten Punkte machen daher eine standardisierte Wirkungsmessung von Sponsoring und Event nahezu unmöglich (Bruhn, 2009d; Burmann, 2002; Hermanns, 1997; Lasslop, 2003; Marwitz, 2006; Zanger & Drengner, 1999). Sowohl der theoretische als auch der empirische Kenntnisstand sind bis heute unbefriedigend (Drengner, 2003, 2007; Nufer, 2007). Dennoch sind die Erkenntnisse und Erfahrungen in Bezug auf die Messung und Bewertung von Einstellung, Image, Konsumentenverhalten sowie Kunden- und Mitarbeiterbindung für die Erfolgsmessung von Corporate-Hospitality-Maßnahmen aufgrund der dargestellten Gemeinsamkeiten (vgl. Kapitel 2.2.1) der Konstrukte „Corporate Hospitality", „Sponsoring" und „Event" hilfreich.

Auf der vierten und letzten Ebene, der **Outflow-Ebene**, werden die Wertbeiträge der durchgeführten Kommunikationsmaßnahmen auf den Unternehmenswert bzw. die monetären Auswirkungen des Outcomes gemessen (Porák, 2005). „Eine eindeutige Rückführung bestimmter Umsatz-, Gewinn- oder Unternehmenswertanteile oder -veränderungen auf bestimmte Kommunikationsmaßnahmen kann derzeit als sehr schwierig, wenn nicht als unmöglich betrachtet werden" (Porák et al., 2007, 543). Dies gilt auch für Corporate-Hospitality-Maßnahmen. Auch wenn Bezold (2008) Kennzahlen aus dem Messe- und Ausstellungscontrolling, wie beispielsweise Umsatzveränderungen, Anzahl von Neukunden oder Geschäftsabschlüsse, vorschlägt, so können diese nur dann herangezogen werden, wenn zweifelsfrei feststeht, dass diese auf Corporate-Hospitality-Aktivitäten zurückzuführen sind (Voeth et al., 2006).

Konkrete Ergebnisse zu Auswirkungen von Corporate Hospitality auf Beschaffungs- und Entscheidungsprozesse liegen bisher nicht vor. Dies geht einher mit einem Defizit an allgemeinen Forschungsergebnissen zu Auswirkungen von Interaktionen in Business-to-Business-Beziehungen (Backhaus & Voeth, 2007). Daraus ergibt sich die große Schwierigkeit, intangible Größen messbar und rechenbar („Accountability") zu machen (Clark, 2001; Lischka, 2000).

Ungelöst ist bisher sowohl im Sponsoring als auch im Eventbereich das Problem, die erzielten Kommunikationswirkungen in monetäre Größen zu übertragen, um einen Vergleich zu anderen Kommunikationsinstrumenten zu ermöglichen (Drengner, 2007; Lasslop, 2003). Selbst ein intrainstrumenteller Vergleich ist aufgrund unvergleichbarer Bedingungen und Umstände nicht problemlos (Lasslop, 2003). Zanger und Drengner (2009) halten Kommunikationswirkungen sogar für nicht monetär quantifizierbar. Eine direkte Effizienzbewertung ist somit nicht möglich. Indirekte Effizienzbewertungsmodelle oder Scoring-Modelle, wie sie Lasslop (2003) und Lasslop et al. (2007) vorschlagen, erfüllen bisher noch nicht die Anforderungen einer Wirtschaftlichkeitsmessung im engsten Sinne (Porák, 2005; Zanger & Drengner, 2009). Adäquate Instrumente und Methoden für die Wirkungsmessung von Sponsoring und Event auf der Outflow-Ebene gibt es bis dato ebenso wenig wie für Corporate Hospitality (Porák, 2005; Porák et al., 2007).

Der bisherige Forschungsstand zur Evaluation von Corporate Hospitality hat aufgezeigt, dass es sowohl inhaltliche als auch methodische Probleme in Kontrolle und Bewertung gibt. Ansätze für die Messung von affektiven und konativen Wirkungen konnten nicht identifiziert werden. Nach Berücksichtigung der Forschungsarbeiten zur Evaluation aus dem Sponsoring sowie Eventbereich und deren Prüfung auf einen möglichen Transfer auf Corporate Hospitality muss festgestellt werden, dass diese nicht ausreichen, um das vorliegende Forschungsproblem zu lösen.

## 3.5 Zusammenfassung

Ein systematischer und fundierter Ansatz für die Evaluation von Corporate Hospitality liegt bisher nicht vor. Wirkungen von Corporate Hospitality stellen einen weißen Fleck auf der Landkarte wissenschaftlicher Forschung dar. Die wenigen wissenschaftlichen Auseinandersetzungen können eher als beschreibend charakterisiert werden. Zu den Wirkungen und zur Wirkungskontrolle von Corporate Hospitality konnte keine Forschungsarbeit identifiziert werden, obwohl die Wirkungsforschung einen der wesentlichsten Bestandteile der Evaluation darstellt. Die mit der Evaluation allgemein und mit Corporate-Hospitality-Maßnahmen im Speziellen verbundenen Herausforderungen werden durch den hohen Rechtfertigungsdruck von Seiten der Unternehmensführung und der Öffentlichkeit noch verschärft (Bezold, 2008; Davidson & Cope, 2003; Mastermann & Wood, 2006; Piwinger & Porák, 2007). Eine Annäherung über die Evaluationserkenntnisse der Kommunikationsinstrumente Sponsoring und Event, die einige Gemeinsamkeiten mit Corporate Hospitality aufweisen, liefert interessante Ansätze, jedoch berücksichtigen diese nicht ausreichend die Besonderheiten von Corporate Hospitality. Daher gilt es, folgende Forschungsfragen zur Zielerreichung dieser Arbeit zu beantworten:

1) Welche affektiven und konativen Wirkungen können durch Corporate-Hospitality-Maßnahmen im Rahmen von Sportevents hervorgerufen werden?
2) Anhand welcher Größen können die affektiven und konativen Wirkungen von Corporate Hospitality im Rahmen von Sportevents gemessen werden?
3) Wie sieht ein Wirkungsmodell von Corporate-Hospitality-Maßnahmen im Rahmen von Sportevents aus, d.h. welche Einflussgrößen, welche Wirkungszusammenhänge und welche Moderatoren sind zu berücksichtigen?

# 4 Entwicklung eines theoretischen Bezugsrahmens

Nachdem die theoretischen Grundlagen für diese Arbeit erarbeitet worden sind, gilt es nachfolgend darum für Corporate-Hospitality-Maßnahmen im Sport einen theoretischen Bezugsrahmen zu entwickeln. Dieser Theorierahmen stellt eine wichtige Grundlage für die Entwicklung des Wirkungsmodells von Corporate Hospitality dar, die im weiteren Verlauf der Arbeit mit den theoretischen und empirischen Ergebnissen des zentralen Konstrukts der Beziehungsqualität (vgl. Kapitel sechs) verknüpft und in ein Modell integriert werden (vgl. Abbildung 4.1).

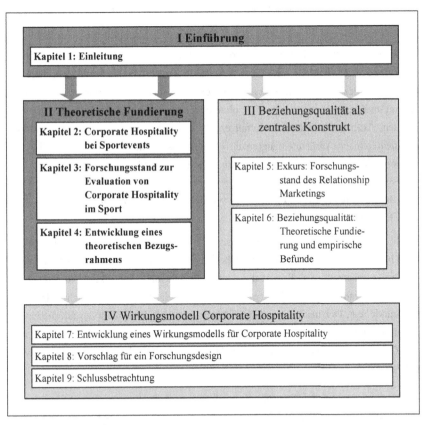

Abbildung 4.1: Aufbau der Forschungsarbeit.
Quelle: eigene Darstellung.

Trotz der in den letzten Jahren erzielten Fortschritte gibt es keine allgemeine und generell akzeptierte Kommunikationstheorie (Bruhn, 2007; Meffert, 2000; Meffert et al., 2008). Die vielen Ansätze unterscheiden sich zum Teil nicht nur erheblich in ihren Prämissen und theoretischen Grundlagen, sondern widersprechen sich teilweise sogar. Vor diesem Hintergrund erscheint es notwendig, einen theoretischen Bezugsrahmen für Corporate Hospitality zu begründen. Ein theoretischer Bezugsrahmen stellt die Vorstufe einer ausgereiften Theorie dar, in der die Beziehungen von Variablen zueinander noch wenig präzisiert sind und nicht der Anspruch auf Vollständigkeit erhoben wird. Den Nachteilen der geringeren Präzision und fehlenden Konsistenz stehen jedoch die Vorteile der Flexibilität und Vielfalt gegenüber (Nitschke, 2006).

Bei einer ersten theoretischen Annäherung an das Phänomen „Corporate Hospitality" wird sehr schnell deutlich, dass Wissensbestände aus verschiedenen Wissenschaftsgebieten herangezogen werden müssen, um dem Anspruch einer umfassenden theoretischen Fundierung gerecht zu werden, ohne dabei den Anspruch der Vollständigkeit zu erfüllen. Aufgrund der Theorievielfalt ergibt sich die Herausforderung, den Umfang der theoretischen Ansätze einzugrenzen. Andernfalls würde die hohe Komplexität des Phänomens die Entwicklung eines Wirkungsmodells erheblich einschränken.

## 4.1 Kundenbeziehungen im Rahmen wirtschaftswissenschaftlicher Erklärungsansätze

Da die Verhaltensannahmen der Neoklassik für viele Fragestellungen zu unrealistisch sind, hat sich basierend auf den Schwächen der Neoklassik mit den neoinstitutionellen Erklärungsansätzen (u.a. Prinzipal-Agenten-Theorie und Transaktionskostentheorie) ein neues Paradigma entwickelt, welches ebenfalls die mikroökonomischen Theorien zu Grunde legt. Der Institutionenbegriff beschränkt sich dabei nicht nur auf die Unternehmung und deren organisatorische Ordnungen, sondern bezieht explizit den Markt, das Geld, die Sprache, rechtliche Aspekte sowie soziale Normen mit ein (Bayón, 1997).

### 4.1.1 Prinzipal-Agenten-Theorie

Informationsasymmetrien und Unsicherheiten stellen grundlegende Tatbestände wirtschaftlicher Aktivitäten dar und sind zugleich Gegenstand der Analyse der Prinzipal-Agenten-Theorie (Jensen & Meckling, 1976). Das Verhalten der beteiligten Personen in einer Geschäftsbeziehung zwischen Anbieter (Unternehmen) und Nachfrager (Kunde) kann mit Hilfe der Prinzipal-Agenten-Theorie erklärt werden (Bruhn, 2001). Die

Rollenverteilung ergibt sich aus dem Informationsstand über einen Sachverhalt. Das anbietende Unternehmen – zugleich Gastgeber einer Corporate-Hospitality-Maßnahme – verfügt in der Regel über mehr Informationen zu seinen Produkten bzw. Dienstleistungen wird daher als Agent bezeichnet.[19] Der Prinzipal – zugleich Gast und Kunde – ist aufgrund eines Informationsdefizits im Vergleich zum Agenten in einer stärker abhängigen Position (Grund, 1998).[20]

Grundsätzlich werden drei Arten von Unsicherheiten in der Prinzipal-Agenten-Theorie unterschieden (Bruhn, 2009a):

1) *Hidden Characteristics* – Diese Form tritt insbesondere bei komplexen Leistungen sowie Dienstleistungen auf, da eine Partei die Leistung „aufgrund eines hohen Anteils an Erfahrungs- und Vertrauenseigenschaften häufig nicht vor Inanspruchnahme beurteilen" (Bruhn, 2009a, 27) kann. Damit könnte die Geschäftsbeziehung für die eine Vertragspartei mit einem erheblichen Risiko verbunden sein. Diese Situation kann zu „Adverse Selection" führen, d.h. dass im Zeitverlauf gute Leistungsanbieter vom Markt verschwinden, da der Kunde sich aufgrund der Leistungsunsicherheit für günstigere aber schlechte Anbieter entscheidet (Grund, 1998).

2) *Hidden Intentions* – Bei dieser Form von Unsicherheit treten im Laufe einer Geschäftsbeziehung Absichten einer Partei zu Tage, die bei Vertragsabschluss bereits vorhanden waren, jedoch der anderen Partei nicht mitgeteilt wurden. Trotz des vertragskonformen Verhaltens erleidet der Geschäftspartner Nutzennachteile, weil versprochene Leistungen zurückgehalten werden. Diese Situation wird als „Hold up" bezeichnet.

3) *Hidden Actions* – Nach dem Eingehen einer Geschäftsbeziehung kann aus kognitiven, Zeit- oder Kostengründen das Verhalten des anderen Vertragspartners nicht beurteilt werden. Daraus ergeben sich für beide Seiten Möglichkeiten, Handlungen vorzunehmen, die dem anderen Geschäftspartner verborgen bleiben und dem eigenen Vorteil dienen (Moral-Hazard-Situation). Diese Situation

---

[19] Auch bei Corporate-Hospitality-Maßnahmen verfügt der Agent (gastgebende Unternehmen) über mehr Informationen in Bezug auf die Corporate-Hospitality-Maßnahme als der Prinzipal (Gast). Um positive Überraschungen und damit möglichst einhergehende positive Emotionen zu erzeugen, werden dem Gast nur die wichtigsten Eckdaten der Corporate-Hospitality-Maßnahme mitgeteilt. Der Gastgeber kennt den genauen Ablauf. Er weiß beispielsweise wann und wo es zu einem Treffen mit den Athleten des sportlichen Wettkampfs kommt. Dies wird dem Gast in der Regel aufgrund des Überraschungseffektes vorher nicht mitgeteilt.

[20] Eine klare Rollenverteilung erweist sich in der Praxis meist als schwierig, da in Abhängigkeit von der Situation die Rollenverteilung unterschiedlich sein und unter Umständen auch wechseln kann (Bayón, 1997; Bruhn, 2001; Grund, 1998).

unterscheidet sich im Vergleich zum „Hold up" dadurch, dass die nachteiligen Handlungen nach Abschluss der Geschäftsbeziehung nicht offenbart werden.

In den meisten Fällen verfügt der Prinzipal im Vergleich zum Agenten über weniger Informationen und ist aufgrund dessen gegenüber diesem benachteiligt. Dieses Informationsdefizit kann sich auf die Leistungsfähigkeit und/oder auf das Verhalten des Agenten (Leistungswillen) beziehen (Bayón, 1997). Ein Informationsmangel über die Leistungsfähigkeit des Agenten (Hidden Characteristics) ist insbesondere bei der Auswahl des Geschäftspartners problematisch. „Das daraus resultierende Problem der Fehlauswahl (adverse selection) kann über screening des Prinzipals oder über ein signaling der guten potentiellen Agenten überwunden werden" (Bayón, 1997, 41). Unter Signaling wird dabei die Bereitstellung glaubwürdiger Informationen durch den besser informierten Marktteilnehmer zu Gunsten des schlechter informierten Marktteilnehmers verstanden. Beim Screening versucht der schlechter informierte Marktteilnehmer, über die andere, besser informierte Partei Informationen zu bekommen. Beide Instrumente verlieren im Laufe der Dauer einer Geschäftsbeziehung auf beiden Seiten an Bedeutung (Bruhn, 2009a).

Corporate-Hospitality-Maßnahmen können als Signaling- und Screening-Aktivitäten betrachtet werden, die aufgrund von besserem Wissen über die jeweils andere Partei zur Reduktion von Informationsunsicherheiten beitragen. Dadurch kann Entscheidungsunsicherheit reduziert und Vertrauen aufgebaut werden, dass ein wichtiger Indikator für die Qualität von Geschäftsbeziehungen darstellt. Ferner können durch Corporate-Hospitality-Aktivitäten die Vorteile einer langfristigen Geschäftsbeziehung gegenüber dem Agenten kommuniziert werden. Denn der vorhandene Vorteil aufgrund von Informationsasymmetrie führt nur kurzfristig zum Erfolg (Grund, 1998).

Die beiden anderen möglichen Auswirkungen von Informationsmängeln (Hidden Intention und Hidden Action) treten erst im Laufe einer Geschäftsbeziehung auf. Auswirkungen eines Informationsdefizits beim Prinzipal auf das Verhalten des Agenten in Form von „Hidden Intentions" und „Hidden Actions" sind in dieser Arbeit von zentraler Bedeutung. Im Kern geht es um die Frage, mit welchen Anreizen der Agent zu einem Verhalten im Sinne des Prinzipals motiviert werden kann (Bayón, 1997).

Corporate Hospitality kann eine Präventions- und Belohnungsfunktion erfüllen. Zum einen können Corporate-Hospitality-Maßnahmen als eine Form der Belohnung für nicht opportunistisches Verhalten des Agenten gegenüber dem Prinzipal aufgefasst werden. Opportunismus – als Begriff für das Verfolgen von Eigeninteressen mit (Arg)

List (Williamson, 1991) – basiert auf Informationsvorsprüngen einer Partei zum Nachteil der anderen Partei. Zum anderen können durch die Interaktionen bei Corporate-Hospitality-Maßnahmen auf beiden Seiten nicht nur Informationsasymmetrien abgebaut, sondern unter Umständen Anzeichen opportunistischen Verhaltens frühzeitig identifiziert werden. Die Vorteile aus einer langfristigen Geschäftsbeziehung können nur dann generiert werden, wenn sowohl Prinzipal als auch Agent auf opportunistisches Verhalten verzichten (Schmitz, 1997).

Aufgrund der Immaterialität sind insbesondere Dienstleistungen mit Unsicherheiten bezüglich der Qualitätsbewertung verbunden (Woratschek, 1999). Unter Berücksichtigung der Tatsache, dass auch materielle Leistungen zunehmend mit Dienstleistungen verbunden sind, hat sich mit dem Ansatz der „Service-Dominant Logic for Marketing" (Vargo & Lusch, 2004) ein Perspektivenwechsel vom produktorientierten zum serviceorientierten Marketing entwickelt. Aus der Bewertungsunsicherheit von Dienstleistungen für den Kunden resultiert für den Anbieter die Konsequenz, geeignete Maßnahme zur Reduktion dieser Unsicherheiten zu ergreifen. Dazu zählen u.a. Kommunikationsmaßnahmen wie Corporate Hospitality, die das Vertrauen in den Anbieter und dessen Reputation stärken können (Woratschek, 1999). Corporate-Hospitality-Maßnahmen im Rahmen von Sportevents können als Dienstleistung eines Unternehmens für den Kunden aufgefasst werden. Gelingt es dem Unternehmen mit Hilfe von Corporate Hospitality seine Dienstleistungsorientierung gegenüber dem Kunden positiv zu demonstrieren, können grundsätzlich die Unsicherheiten bei der Bewertung auch von anderen Dienstleistungen des gastgebenden Unternehmens reduziert werden.

Ferner unterscheiden sich Dienstleistungen in Bezug auf den Grad der Individualisierung und Integrativität (Woratschek, 1999). Voraussetzung für ein hohes Maß an Dienstleistungsindividualisierung ist, dass der Dienstleister die Wünsche und Bedürfnisse seines Kunden kennt, um eine möglichst „maßgeschneiderte" Dienstleistung anbieten zu können. Inwieweit der Kunde in den Dienstleistungprozess integriert wird, gibt der Grad der Integrativität wieder. Der Dienstleistungsnehmer wird zum Co-Produzenten und bestimmt damit die Dienstleistungsqualität mit. Der Grad der Individualisierung und Integration einer Dienstleistung wird wesentlich duch die Beziehungsqualität zwischen beiden Parteien bestimmt, welche durch Corporate-Hospitality-Maßnahmen beeinflusst werden kann.

In der Gesamtbetrachtung kann eine Corporate-Hospitality-Maßnahme aufgrund des Dienstleistungscharakters besonders gut als „Showcase" für die Dienstleistungsorientierung des Unternehmens aus Kundensicht dienen. Die im Zusammenhang mit Dienstleistungen verbundenen Unsicherheiten können dadurch reduziert und das Vertrauen in das anbietende Unternehmen gestärkt werden.

**Zusammenfassend** kann die Vorteilhaftigkeit von Geschäftsbeziehungen mit Hilfe der Prinzipal-Agenten-Theorie teilweise erklärt werden. Die vorteilhaften Wirkungen von Corporate-Hospitality-Maßnahmen beschränken sich hier größtenteils auf die Reduzierung von Informationsasymmetrien, wodurch Entscheidungsunsicherheiten bei der Auswahl von Vertragspartnern reduziert und Möglichkeiten für opportunistisches Verhalten auf beiden Seiten eingeschränkt werden. Der Prinzipal-Agenten-Ansatz liefert weder eine Erklärung für den Verlauf von Geschäftsbeziehungen über einzelne Transaktionen hinaus noch unterscheidet er verschiedene Beziehungsphasen. Des Weiteren trägt der Theorieansatz auch nicht dazu bei, einen Einfluss von Corporate Hospitality auf die Beziehungsqualität zu erklären und diese in ein Kosten-Nutzen-Verhältnis zu setzen (Bruhn, 2009a).

*4.1.2 Transaktionskostenansatz*

Mit dem Transaktionskostenansatz (Coase, 1937; Williamson, 1975) werden die mit der Anbahnung, Abwicklung, Kontrolle, Anpassung und Auflösung von Verträgen verbundene Kosten sowie mögliche Opportunitätskosten berücksichtigt (Picot, 1982). Unter Kosten werden nicht nur monetär erfassbare Größen, sondern auch „alle ökonomisch relevanten Nachteile, wie etwa aufzuwendende Zeit, Mühe und dergleichen" (Picot, 1991, 145) verstanden. Vornehmlich handelt es sich dabei um Informations- und Kommunikationskosten (Picot & Dietl, 1990). Ziel ist es, die kostenminimale Koordinationsform für die entsprechende Transaktion zu finden (Williamson, 1985). Dabei kommen folgende Formen in Betracht: Hierarchie (vertikale Integration), Geschäftsbeziehung (Kooperation) und Marktwettbewerb (Konfrontation) (Homburg & Bruhn, 2008). Je spezifischer, unsicherer und häufiger eine Transaktion ist, umso vorteilhafter erweist sich eine kooperative Geschäftsbeziehung (Klee, 2000). Dem Konstrukt „Vertrauen" sowie „Weiterempfehlungsverhalten" kommt aufgrund ihres transaktionskostenmindernden Potenzials besondere Aufmerksamkeit zu. Dieses Potenzial entfaltet sich jedoch erst mit zunehmender Dauer einer Geschäftsbeziehung, so dass die Höhe der Transaktionskosten in Relation zur aktuellen Phase einer Geschäftsbeziehung steht (Helm, 2006).

Diese Auffassung wird von Mattmüller und Tunder (1999) durch die Bestimmung des Transaktionswerts bekräftigt. Dieser ergibt sich aus der Differenz des Transaktionsnutzens sowie der Transaktionskosten. Besondere Aufmerksamkeit liegt hier auf dem Transaktionsnutzen, der sich nicht nur aus dem Gewinn (Anbieter) bzw. dem Nutzen (Nachfrager) der Leistung, sondern auch durch zusätzlichen Nutzen aus der Transaktion beispielsweise in Form von Mehrwissen über den Nachfrager bzw. Anbieter (Zahlungsgewohnheiten, Produktwünsche o.ä.) ergibt. Beide Parteien können aufgrund der Art und Weise des Transaktionsablaufs auf zukünftige Transaktionen schließen und somit Unsicherheit und damit verbundene Transaktionskosten mindern (Bruhn, 2009a). Aufgrund von individuellen Bewertungsmaßstäben unterscheidet sich der Transaktionswert bei gleichen Transaktionen von Individuum zu Individuum. Selbst bei einem negativen Transaktionswert zu einem bestimmten Zeitpunkt kann es zur Durchführung einer Transaktion kommen, wenn die Aussicht auf Ausgleich bei zukünftigen Transaktionen besteht (Mattmüller & Tunder, 1999).

Die Entstehung von Transaktionskosten kann auf Umweltfaktoren (Spezifität und Unsicherheit der Transaktion) sowie auf Humanfaktoren (begrenzte Rationalität und Opportunismus der Individuen) zurückgeführt werden (Williamson, 1975). Während die Umweltfaktoren durch Beziehungsmaßnahmen nicht direkt beeinflussbar sind, stellt die Annahme der begrenzten Rationalität der Individuen einen zentralen Ansatzpunkt dar. Simon (1997) beschreibt das wirtschaftliche Verhalten von Individuen als grundsätzlich rational intendiert. Aufgrund unvollständiger Informationsbeschaffung sowie begrenzter kognitiver Fähigkeiten des Menschen wird die Absicht, rein rationale Entscheidungen zu treffen, jedoch eingeschränkt. Beide Aspekte bieten somit beziehungsorientierten Maßnahmen die Möglichkeit, auf Entscheidungen von Individuen einzuwirken.

Auch der zweite Humanfaktor, Opportunismus, stellt einen Ansatzpunkt für die theoretische Fundierung dar. Das Bestreben der handelnden Personen nach einem Ausgleich von Informationsungleichgewichten ist gemäß Coase (1937) mit Transaktionskosten verbunden. Informationen können daher Werte zugeordnet werden und stellen somit für Unternehmen eine wichtige Ressource dar. Die Übermittlung von Informationen erfolgt durch Kommunikation. Die Art und Weise der Informationsvermittlung wird durch den Beziehungsaspekt bestimmt und damit gleichzeitig wie die Informationen aufzufassen sind. Insofern beeinflussen sich Kommunikation und soziale Beziehungen der beteiligten Personen gegenseitig (Piwinger & Porák, 2007). Beziehungsmaßnahmen fördern die Interaktion zwischen Unternehmen und Kunden. Außerdem können sie dazu beitragen, einseitige Informationsvorsprünge abzubauen und opportunistisches Verhalten auf beiden Seiten zu reduzieren. Kosten für die Informationsbeschaffung sowie Verhaltenskontrolle können auf beiden Seiten gesenkt werden.

Der transaktionsökonomische Ansatz trägt **zusammenfassend** wesentlich zur theoretischen Fundierung von Corporate Hospitality bei, indem er rein rationale Entscheidungen ausschließt und damit weitere Einflussgrößen auf das Verhalten mit einbezieht. Die Transaktionskostentheorie liefert grundlegende Erklärungen für die Vorteilhaftigkeit von Geschäftsbeziehungen sowie für die Profitabilität langfristiger Geschäftsbeziehungen. Diese beschränken sich jedoch in erster Linie auf transaktionsorientierte Geschäftsbeziehungen und gelten nicht zwangsläufig für beziehungsorientierte Geschäftsbeziehungen (Picot, 1991). Der Transaktionswert einer Corporate-Hospitality-Maßnahme wird bei einer isolierten Betrachtung unter Berücksichtigung der eingesetzten Ressourcen (Zeit, Geld) für beide Seiten zunächst negativ sein, jedoch könnte dieser mit der Aussicht auf höhere Transaktionswerte bei zukünftigen Transaktionen aus der Geschäftsbeziehung akzeptiert und deren Einsatz theoretisch legitimiert werden. Für die grundsätzliche Erklärung des Einflusses von Corporate Hospitality auf die Qualität von Geschäftsbeziehungen kann der Transaktionskostenansatz herangezogen werden. Die verschiedenen Koordinationsformen können als unterschiedliche Beziehungsarten aufgefasst und somit erklärt werden, jedoch handelt es sich dabei ausschließlich um vertraglich geregelte Beziehungen. Für eine tiefer gehende Fundierung in Bezug auf den Einsatz von Corporate Hospitality in bestimmten Geschäftsbeziehungsphasen sowie deren Einfluss auf den Verlauf von Geschäftsbeziehungen reicht der Transaktionskostenansatz nicht aus (Bruhn, 2009a).

Sinkende Transaktionskosten können von beiden Geschäftspartnern realisiert werden, woraus sich die Vorteilhaftigkeit für beide Seiten ergibt. Während bei vielen anderen Ansätzen die Effektivität im Mittelpunkt steht, ist die Effizienzorientierung in der Transaktionskostentheorie als Stärke einzuschätzen (Klee, 2000). Aus der Effizienzorientierung kann ferner das Eingehen von langfristigen Geschäftsbeziehungen begründet werden. Trotz der realitätsnäheren Verhaltensannahmen vermag die Transaktionskostentheorie weder komplexe noch vielschichtige und vor allem multipersonale Austauschbeziehungen ausreichend zu beschreiben und zu erklären (Klee, 2000).

### 4.1.3 Zwischenfazit

Die wirtschaftswissenschaftlichen Erklärungsansätze, hier die Prinzipal-Agenten- und Transaktionskostentheorie, haben gezeigt, dass das menschliche Verhalten nicht rein rational bestimmt ist, Beziehungsaspekte eine Rolle in der Entscheidungsfindung spielen und Vorteile für beide Parteien mit sich bringen können. Die Vorteile dieser Beziehungsaspekte beschränken sich bei der Prinzipal-Agenten-Theorie noch sehr stark auf einzelne Transaktionen. Für eine theoretische Begründung von Geschäftsbeziehungen und deren Vorteilhaftigkeit über einzelne Transaktionen hinaus reicht diese Theorie nicht aus. Die Transaktionskostentheorie weist hier einen höheren Erklärungsbeitrag auf, indem neben dem Konstrukt „Vertrauen" auch indirekte Effekte, wie zum Beispiel die Weiterempfehlung, Berücksichtigung finden. Dieser Nutzen wird nun den Kosten von Transaktionen gegenübergestellt und mit vergleichbaren Austauschprozessen verglichen. Dadurch kann die Vorteilhaftigkeit von Geschäftsbeziehungen unter Effizienzgesichtspunkten erstmalig auch quantitativ erklärt werden. Komplexe, vielschichtige und multipersonale Austauschbeziehungen, wie sie auf den Business-to-Business-Märkten zu beobachten sind, können die wirtschaftswissenschaftlichen Erklärungsansätze jedoch nicht ausreichend erklären.

**4.2   Verhaltenswissenschaftliche Erklärungsansätze von Kundenbeziehungen**

Den ersten Ansatz zur verhaltenswissenschaftlichen Erklärung von Kommunikationsphänomenen überhaupt stellt das Stimulus-Response-Modell (S-R-Modell) dar (Bruhn, 2007; Felser, 2007; Trommsdorff, 2004). Dieser behavioristische Ansatz berücksichtigt jedoch nur beobachtbare Größen und keine internen menschlichen Prozesse. Des Weiteren kann die Annahme, dass der gleiche Reiz stets zu einer identischen Reaktion führt (Watson, 1968), aufgrund personen- und situationsspezifischer Bedingungen nicht aufrecht gehalten werden (Glogger, 1999).

Die Schwächen des S-R-Modells haben zur Entwicklung von verschiedenen Stimulus-Organism-Response-Modellen (S-O-R-Modellen) geführt (Jacoby, 2002). Diese lassen sich unterteilen in 1) kognitive Ansätze und 2) neobehavioristische Ansätze. Da bei Corporate-Hospitality-Maßnahmen ähnlich wie bei Events „emotionale Prozesse und Einstellungen eine zentrale Rolle spielen" (Lasslop, 2003, 47) werden nachfolgend vor allem die affektiv- und konativ-orientierten Ansätze berücksichtigt.

Die neobehavioristischen Forschungsansätze nutzen Theorien aus den Bereichen der Psychologie, Soziologie und/oder Sozialpsychologie zur Erklärung von marketingrelevanten Sachverhalten. Innerhalb des neobehavioristischen Paradigmas lassen sich zwei Theorieansätze unterscheiden: a) psychologischer Ansatz und b) sozialpsychologischer Ansatz (Bruhn, 2009a). Der psychologische Ansatz beschränkt sich ausschließlich auf die isolierte Sichtweise der Kunden, so dass dieser Ansatz nachfolgend unberücksichtigt bleibt. Aufgrund des zu erwartenden Erklärungsbeitrags werden im Folgenden die

Austausch-, Interaktions- und Netzwerktheorie, welche dem sozialpsychologischen Ansatz zu zuordnen sind, näher betrachtet.

### 4.2.1  Allgemeine und soziale Austauschtheorie

Grundsätzlich kommen drei Austauschformen in Betracht. Dem nutzenorientierten Austausch liegt das Prinzip „Güter gegen Geld" bzw. „Güter gegen andere Güter" zu Grunde und ist rein ökonomisch orientiert und dementsprechend als „ökonomischer Tausch" bezeichnet. Es können jedoch auch symbolische Werte (zum Beispiel Image, Anerkennung, Sicherheit) ausgetauscht werden. In diesem Fall handelt es sich um einen symbolischen Austausch bzw. sozialen Tausch. Die dritte und letzte Austauschform ist eine Mischung aus ökonomischem und sozialem Tausch (Bruhn, 2009a).

Die soziale Austauschtheorie basiert im Wesentlichen auf den Arbeiten von Thibaut und Kelley (1959), Homans (1961) sowie Blau (1964). Sie stellt das Grundgerüst für die Erklärung des Entstehens sowie Festhaltens an sozialen Austauschprozessen und mithin auch Geschäftsbeziehungen dar (Klee, 2000). Zentraler Gegenstand der sozialen Austauschtheorie ist der Austausch von Werten. Der Austausch von Werten kann zu unterschiedlichen Zeitpunkten stattfinden und basiert auf dem Prinzip der Balance der ausgetauschten Werte (Reziprozität). Die Übervorteilung des anderen ist nur von kurzfristigem Erfolg, da langfristig negative Konsequenzen damit verbunden sind, womit grundsätzlich die Entstehung und das Festhalten an Geschäftsbeziehungen erklärt werden kann. Das Ergebnis guten Geschäftsbeziehungsmanagement sind Bindungen zwischen Unternehmen und Kunden, die unterschiedliche Ausprägungsformen aufweisen können und eines der wichtigsten Ziele von Corporate-Hospitality-Maßnahmen darstellen (vgl. Kapitel 2.2.4). Zu unterscheiden ist im Detail zwischen Gebundenheit (unfreiwillige Bindung, zum Beispiel aufgrund fehlender Konkurrenz) und Verbundenheit (freiwillige Bindung) (Bliemel & Eggert, 1998).

Im Gegensatz zu dem in den Wirtschaftswissenschaften weit verbreiten „Homo oeconomicus" und den damit verbundenen Eigennutzannahmen sind viele Handlungen von Menschen primär durch Reziprozität motiviert (Falk, 2002; Stegbauer, 2002). Positive Reziprozität stellt eine soziale Norm dar, die oft nicht bewusst wahrgenommen wird (Cialdini, 2004), auf die Menschen jedoch vertrauen können. Dies wurde spieltheoretisch vielfach bewiesen (Diekmann, 2004; Dufwenberg & Kirchsteiger, 2004; Fehr & Gächter, 2000; Fehr, Gächter & Kirchsteiger, 1997; Gneezy, Güth & Verboven, 2000; Henrich et al., 2004; Ockenfells, 1999). „Insofern relativiert Reziprozität die nach der Prinzipal-Agenten-Theorie zu erwartenden Konsequenzen der Informationsasymmetrie, insbesondere opportunistisches Verhalten" (Fantapié Altobelli & Hoffmann, 2006, 55). Reziprokes Verhalten setzt zum einen ein gewisses Mindestvertrauen voraus (Luhmann, 2000), indem man sich auf die Wirkungskraft der sozialen Reziprozitätsnorm verlässt, stellt jedoch gleichzeitig auch die Grundlage für die Entstehung von Vertrauen und damit die Basis für den Aufbau einer dauerhafter (Geschäfts-)Beziehung dar, die entsteht, wenn die Gegenleistung erbracht wurde (Fantapié Altobelli & Hoffmann, 2006). Reziprozität und Vertrauen sind eng miteinander verbunden. Adler (2001) sieht in dem Konstrukt „Reziprozität" sogar eine kognitive Erklärung für Vertrauen, insbesondere Vertrauen auf soziale Normen.

Belk (1979) legte mit seiner Arbeit die bedeutendsten Grundlagen für die theoretische Erklärung des Einflusses von Geschenken auf Geschäftsbeziehungen. Basierend auf der Erkenntnis von Mauss (1990)[21], dass Geschenke niemals kostenlos sind und einen reziprozitären Tausch begründen, fasst Belk Geschenke als Form eines sozialen Austauschs auf. Der Schenkende verbindet mit der Übergabe des Geschenks die Erwartung einer zukünftigen Gegenleistung (Reziprozität). Der Zeitpunkt und eine genaue Spezifikation der Gegenleistung sind bei der Geschenkübergabe jedoch nicht definiert (Blau, 1964). Basierend auf diesen Aspekten kann die Teilnahme an einer Corporate-Hospitality-Maßnahme als Geschenk des Unternehmens (Gastgeber) an den Kunden (Gast) aufgefasst werden.

Für Boulding (1981), Begründer der „Grants Economics", ist jede Form der Zuwendung (u.a. auch Geschenke) eine Art von Austausch. Zur Unterscheidung von Zuwendungen und Austauschtransaktionen zieht er den Nettowert heran. Ist kein Abfall des Nettowertes für eine der beteiligten Austauschparteien zu verzeichnen, dann handelt es sich um eine reine Austauschtransaktion. So bald jedoch der Nettowert für eine Partei geringer ist als für die andere, liegt eine Zuwendung vor, die impliziter oder expliziter Natur sein kann (Boulding, 1981).

Aufbauend auf Bouldings „Grants Economics Theory" entwickelten Brown, Horvath und Neuberger (1998) eine Transaktionsmatrix, die zwölf verschiedene Formen von Transaktionen vom reinen ökonomischen Austausch bis hin zu expliziten Zuwendungen unterscheidet. Basierend auf der Transaktionsmatrix von Brown et al. (1998) wäre eine Einladung zu einer Corporate-Hospitality-Maßnahme sowie die Teilnahme entweder ein impliziter Tausch ohne vertragliche Grundlage oder ein explizites Geschenk

---

[21]  Die Erstausgabe des Beitrags von Mauss erschien 1950 in Frankreich in „Sociologie et Anthropologie" und wurde erstmalig 1954 ins Englische übersetzt. Die für diese Arbeit zu Grunde liegende Literaturquelle stammt jedoch aus dem Jahre 1990.

(Brown et al., 1998). Der Transaktionsprozess des impliziten Tauschs basiert auf impliziten Verträgen. Die Teilnahme an einem Sportevent und damit verbundener Leistungen, beispielsweise Catering, stellen die Tauschleistungen des Unternehmens als Gastgeber dar. Mit der Annahme der Einladung und der Teilnahme akzeptiert der Eingeladene, dass zu einem späteren Zeitpunkt eine noch nicht genau definierte Gegenleistung vom Gastgeber erwartet werden kann (Prinzip der Reziprozität). Weder der Zeitpunkt noch die Gegenleistung ist im Vorfeld klar definiert. Eine Garantie auf das Erbringen der Gegenleistungen gibt es ebenso wenig wie eine rechtliche Durchsetzbarkeit.

In den meisten Fällen würde eine Ablehnung der Einladung ohne triftige Gründe auf sachlicher Ebene als mangelndes Interesse an einer Beziehung und auf persönlicher Ebene als eine Abneigung der einladenden Person bzw. Unternehmung ausgelegt werden (Buss, 1985; Mauss, 1990). Nur in den seltensten Fällen ist der Grund für die Ablehnung darin zu sehen, dass sich der Eingeladene nicht in der Lage sieht, eine entsprechende Gegenleistung zu erbringen (Stegbauer, 2002).

Die Motivation des gastgebenden Unternehmens ist in der Förderung der Geschäftsbeziehung zu dem Gast bzw. zu dessen Organisation zu sehen. Da es sich um eine implizite Austauschtransaktion handelt, gibt es nach Erbringung der Gegenleistung keinen Geber und auch keinen Begünstigten, d.h. der Nettowert ist auf beiden Seiten der Gleiche (Brown et al., 1998). Kennzeichnend für diesen impliziten, reziprozitären Tausch (auch sozialer Tausch genannt) ist das Fehlen ökonomischen Kalküls (Buss, 1985).

Geschenke sind oft mit Korruption verbunden. Sofern das gastgebende Unternehmen mit der Einladung eine konkrete Erwartungshaltung an den Gast verbindet (zum Beispiel Auftragsvergabe im Rahmen einer laufenden Ausschreibung), muss von einem ökonomischen Kalkül ausgegangen werden. Ist dem Gast die Erwartungshaltung des Unternehmens bekannt und verhält er sich dementsprechend, so liegt ein rein ökonomischer Tausch vor (Buss, 1985), der zugleich den Tatbestand der Korruption erfüllt (Beltramini, 1996). Für Stegbauer (2002) liegt Korruption vor, wenn eine Gegenleistung erbracht wird, die dem Korrumpierten gar nicht gehört – diese bestenfalls verwaltet –, und der Zugang zu der Gegenleistung lediglich aufgrund seiner Position erfolgt. „Sie [die Korruption] kommt allzu oft maskiert daher, kaschiert durch ‚moralische' Tauschformen. Sie ist getarnt durch Gegenseitigkeitsbeziehungen, die durch persönliche Freundschaften und durch Vertrauen gekennzeichnet sind" (Stegbauer, 2002, 68).

Auf Basis der Betrachtung des ökonomischen Kalküls sind grundsätzlich vier Ausprägungsformen denkbar, die in Tabelle 4.1 dargestellt sind. Neben der bereits beschriebenen Ausprägung des ökonomischen Tausches gibt es noch die Möglichkeit, dass der
Gast nicht der konkreten Erwartungshaltung des gastgebenden Unternehmens entspricht. In diesem Fall handelt es sich um einen (bedingten) sozialen Tausch. Der Gast
fühlt sich dem gastgebenden Unternehmen verbunden, ist jedoch nicht willens, die
konkrete Erwartungshaltung zu erfüllen. Eine andere Konstellation des (bedingten)
sozialen Tauschs liegt vor, wenn vom Gastgeber keine konkrete Erwartungshaltung
mit der Teilnahme an einer Corporate-Hospitality-Maßnahme verbunden ist, der Gast
jedoch bereit wäre diese zu erfüllen, sofern es eine solche gäbe. Als Ursachen hierfür
kommen Abhängigkeiten, zum Beispiel in Form von einseitiger Gebundenheit
(=unfreiwillige Bindung) aufgrund von Verträgen in Betracht. Der perfekte soziale
Tausch liegt dann vor, wenn der Gastgeber mit der Teilnahme des Gastes keine konkrete Erwartungshaltung verbindet. In diesem Fall kann auch von einer beiderseitigen
Verbundenheit bzw. dem beiderseitigen Willen zu einer freiwilligen Bindung gesprochen werden.

Tabelle 4.1: Ausprägungsformen des sozialen und ökonomischen Tausches aufgrund von Corporate-
Hospitality-Maßnahmen.

Quelle: eigene Darstellung.

| Gastgeber \ Gast | Der konkreten Erwartungs- haltung des Gastgebers würde nicht entsprochen | Erwartungshaltung des Gastgebers wird entsprochen |
|---|---|---|
| Keine konkrete Erwar- tungshaltung gegenüber dem Gast | = sozialer Tausch (beiderseitige Verbunden- heit) | = bedingter sozialer Tausch (einseitige Gebundenheit des Gastes & einseitige Verbundenheit des Gastge- bers) |
| Erwartung einer ganz konkreten Gegenleistung vom Gast | = bedingter sozial- ökonomischer Tausch (einseitige Verbundenheit des Gastes & einseitige Gebundenheit des Gastge- bers) | = ökonomischer Tausch (Bestechung) |

Corporate-Hospitality-Maßnahmen können somit als Austausch aufgefasst werden, die
in Abhängigkeit von den Erwartungshaltungen beider Parteien rein ökonomischer Natur sein können, wenn die genau definierte Gegenleistung des Gastgebers für die Teilnahme durch den Gast erfüllt wird. Der Austausch kann aber auch rein sozialer Natur
sein, wenn beide Seiten keine spezifischen Erwartungshaltungen an die andere Partei
haben. In diesem Fall liegt eine beiderseitige Verbundenheit bzw. eine freiwillige Bindung vor. Eine Mischform aus sozialem und ökonomischem Tausch liegt dann vor,

wenn die konkrete Erwartungshaltung des Gastgebers durch den Gast nicht erfüllt wird. In diesem Fall liegt ein bedingter sozial-ökonomischer Tausch vor. Hat der Gastgeber gegenüber dem Gast keine konkrete Erwartungshaltung obwohl der Gast bereit wäre, eine spezifische Gegenleistung zu erbringen, ist ein bedingter sozialer Tausch gegeben.

Um die Vorteilhaftigkeit einer gesamten Geschäftsbeziehung zu beurteilen, führten Thibaut und Kelley (1959) einen Bewertungsmaßstab ein, den Comparison Level (CL), der dem Nutzen aus einer Beziehung die entsprechenden Kosten gegenüberstellt. Der Nutzen aus einer Geschäftsbeziehung wird hier sehr weit definiert. So fließen soziale Aspekte, wie beispielsweise Vertrauen, Anerkennung und Zuneigung, mit ein (Klee, 2000). Allgemein werden im CL die Erwartungen aus der bestehenden Geschäftsbeziehung sowie aus anderen Geschäftsbeziehungen berücksichtigt. Positive Erfahrungen erhöhen den CL, während sich negative Erfahrungen senkend auswirken. Für den Vergleich wird jedoch noch ein zweiter Bewertungsmaßstab herangezogen, der „Comparison Level of Alternatives" ($CL_{ALT}$). Dieser ergibt sich aus den Erwartungen der bestmöglichen Alternative. Das Ergebnis einer Geschäftsbeziehung (W), das sich aus dem gesamten Nutzen abzüglich aller dazugehörigen Kosten (inklusive Wechselkosten) ergibt, wird nun mit beiden Maßstäben verglichen. Drei Ausprägungen sind prinzipiell denkbar (Plinke, 1997):

1) $CL < CL_{ALT} < W$        (Geschäftsbeziehung ist attraktiv und unabhängig)
2) $CL_{ALT} < CL < W$        (Geschäftsbeziehung ist attraktiv und abhängig)
3) $CL_{ALT} < W < CL$        (Geschäftsbeziehung ist unattraktiv und abhängig)

Söllner (1993) erweiterte den Ansatz von Thibaut und Kelley um das Konstrukt „Commitment". Commitment definiert er als die Stabilität einer Geschäftsbeziehung, welche sich aus dem Input (alle Investitionen und Anstrengungen in den Aufbau und Erhalt einer Beziehung) und dem Output dieser ergibt. Der gebundene wertmäßige Betrag in einer Geschäftsbeziehung wird als „Amount at Stake" bezeichnet, welcher im Falle einer Auflösung der Geschäftsbeziehung verloren geht.

Die soziale Austauschtheorie weist **zusammenfassend** einen „relativ hohen Allgemeinheits- und Abstraktheitsgrad" (Klee, 2000, 36) auf, die jedoch den Vorteil für eine mögliche Integration weiterer Theorieansätze bietet. Die grundlegenden Verhaltensprämissen der sozialen Austauschtheorie sind stark ökonomisch geprägt und realitätsnah. Trotz der ökonomischen Sichtweise ist die Betrachtungsperspektive weit genug, um soziale Nutzenelemente zu berücksichtigen. Der Nutzen aus dem Austausch be-schränkt sich somit nicht nur auf materielle Werte. Ferner steht nicht der Nutzen aus einzelnen Austauschprozessen isoliert im Fokus, sondern er ergibt sich langfristig über die Gesamtdauer einer Beziehung. Aus dieser langfristigen Sichtweise ergibt sich die Investitionsperspektive von Plinke (1989), der Maßnahmen zu Gunsten von Ge-schäftsbeziehungen als Investitionen betrachtet. Ein weiterer wichtiger Aspekt in der Gesamtbeurteilung ist die Berücksichtigung verfügbarer (Beziehungs-)Alternativen. Im Vergleich zu anderen Ansätzen bleibt der Blick auf vorhandene oder auch fehlende Alternativen nicht unberücksichtigt (Klee, 2000). Mit der Fokussierung auf die Stabili-tät von Austauschbeziehungen wird eine Schnittstelle zur Kundenbindung offensicht-lich, die eine außerordentlich wichtige Zielgröße für Maßnahmen des Beziehungsmar-ketings darstellt. Zusammenfassend werden mit der sozialen Austauschtheorie die so-zialen Aspekte im Beziehungsverhalten betont und die Entstehung sowie der Fortbe-stand sozialer Beziehungen erklärt (Bruhn, 2009a).

## 4.2.2 Interaktionstheorie

Die Interaktionstheorie fand zunächst vor allem im Industriegütermarketing Anwen-dung. Für die Erklärung von Entscheidungsprozessen im Industriegüterbereich reichen das SR- und SOR-Paradigma nicht mehr aus, da die Interaktionen zwischen den Par-teien nicht ausreichend berücksichtigt werden (Klee, 2000; Meffert, 2000). Das Er-gebnis einer Geschäftsbeziehung ergibt sich aus dem Zusammenspiel beider Parteien. Eine isolierte Betrachtung der einzelnen Beziehungsseiten ist daher wenig zweckmä-ßig (Backhaus & Voeth, 2007). Empirische Studien belegen, dass bei Transaktionen im Industriegüterbereich die Interaktionen zwischen den Parteien eine herausragende Rolle spielen (Backhaus & Büschken, 1997a, 1997b). Der Analyse dieser Interaktio-nen sowie der sozialen Beziehungen der Beteiligten untereinander widmet sich der Interaktionsansatz. Er wurde wesentlich durch den Ansatz der IMP-Group (Industrial Marketing and Purchasing Group) geprägt, der die Interorganisationstheorie sowie neue Institutionenökonomik in die Marketingwissenschaft integriert (Calaminus, 1994).

Maßnahmen des Beziehungsmarketings zielen auf die Beziehungsqualität des Kunden gegenüber dem Unternehmen ab und können daher den qualitativen Aktivitäten in ei-ner Geschäftsbeziehung zugeordnet werden. Während bei quantitativen Maßnahmen Aspekte wie beispielsweise Menge und Preis im Vordergrund stehen, rückt bei den qualitativen Aktivitäten der Informationsaustausch unter kommunikationswissen-schaftlicher Perspektive in den Fokus (Backhaus & Voeth, 2007). Mit dem Interaktionsansatz wird die „Existenz dauerhafter und von persönlichen Kontakten getragener Geschäftsbeziehungen in den Mittelpunkt aller Betrachtungen" (Klee, 2000, 42) gestellt.

In Abhängigkeit von der Anzahl der Beteiligten (zwei oder mehr als zwei) sowie von der Art der Beteiligten (Personen oder Organisationen) lassen sich vier Interaktionsansätze unterscheiden: 1) Dyadisch-personaler Interaktionsansatz, 2) Multipersonaler Interaktionsansatz, 3) Dyadisch-organisationaler Interaktionsansatz und 4) Multiorganisationaler Interaktionsansatz.

Beim dyadisch-personalen Interaktionsansatz steht die wahrgenommene Ähnlichkeit zwischen beiden Parteien im Vordergrund. Eine Reihe von empirischen Studien (vgl. Backhaus & Voeth, 2007) belegen, dass die Ähnlichkeiten beider Seiten in demographischer, kognitiver und persönlicher Hinsicht entscheidend für das Ergebnis eines Interaktionsprozesses sind. Als weitere Aspekte haben kongruentes Rollenverhalten, Engagement der beiden Seiten und der Umgang mit Macht (in Form von Beeinflussung der anderen Partei) Einfluss auf den Interaktionsprozess (Backhaus & Voeth, 2007).

Mit der Zunahme der Beteiligten steigt auch die Komplexität von Geschäftsbeziehungen. Die sich aus den Beziehungen zwischen mehreren Personen ergebenden Probleme (zum Beispiel Statusprobleme, Verschiebung von Machtverhältnissen) kennzeichnen den multipersonalen Interaktionsansatz (Backhaus & Voeth, 2007; Bruhn, 2009a).

Die Beziehungen der handelnden Personen zu ihren jeweiligen Organisationen (zum Beispiel Unternehmen) sowie die Beziehung zwischen den betreffenden Organisationen haben maßgeblichen Einfluss auf das Ergebnis sowie auf die Intensität einer Geschäftsbeziehung und finden bei den organisationalen Interaktionsansätzen Berücksichtigung (Backhaus & Voeth, 2007).

Die komplexeste Form der Interaktion stellt der multiorganisationale Interaktionsansatz dar, der durch die Beteiligung von mehr als zwei Organisationen gekennzeichnet ist und den Übergang zum Netzwerkansatz charakterisiert (Backhaus & Voeth, 2007).

Interaktionen werden im Wesentlichen durch vier Faktoren bestimmt: 1) den Interaktionsprozess selbst, 2) die beteiligten Parteien, 3) die Umwelt und 4) die Atmosphäre, in der die Interaktion stattfindet (Håkansson, 1982). Voraussetzung für eine erfolgreiche Interaktion bilden die Rahmenbedingungen (Umwelt, Atmosphäre sowie die grundsätzliche Interaktionsbereitschaft bei den Parteien). Sind die Rahmenbedingungen gegeben, so wird der Erfolg durch den Verlauf des Interaktionsprozesses determiniert. Qualität und Quantität des Prozesses hängen wiederum von sechs Größen ab: 1) „Sympathie und Ähnlichkeit beteiligter Personen", 2) „Know-how und Macht", 3) „wahrgenommenes Risiko", 4) „Vertrauen und Nähe", 5) „Anpassung", 6) „evolutionärer Zustand einer Geschäftsbeziehung" (Backhaus & Voeth, 2007, 117). Verläuft auch der Interaktionsprozess erfolgreich, so profitieren alle Beteiligten davon nachhaltig.

**Zusammenfassend** wird im Vergleich zu den wirtschaftswissenschaftlichen Erklärungsansätzen statt der Transaktion die Interaktion zwischen den beteiligten Parteien einer Geschäftsbeziehung in den Mittelpunkt gestellt. Der kurze Abriss zum Interaktionsansatz macht bereits deutlich, dass dieser für eine wissenschaftliche Fundierung des Managements von Kundenbeziehungen nicht unberücksichtigt bleiben darf. Trotz der Beschränkung auf einen kleinen Ausschnitt der Interaktionsbeziehungen in den dyadisch-personalen Ansätzen verweist Klee (2000, 44) darauf, dass diese jedoch über ein „beachtliches verhaltenswissenschaftliches Theoriepotential" verfügen, welches auch empirisch nachgewiesen wurde. Mit Hilfe der Erkenntnisse aus den dyadisch-personalen Ansätzen kann die Vorteilhaftigkeit von Kommunikationsmaßnahmen auf die Geschäftsbeziehungsqualität begründet werden. Ferner können Beziehungen zu verschiedenen Anspruchsgruppen einer Organisation erklärt werden, die in einem direkten Verhältnis zu ihr stehen. Unterschiedliche Beziehungsphasen oder -verläufe lassen sich mit dem Ansatz jedoch nicht erklären. Für die zunehmend komplexeren Interaktionsmodelle der IMP-Group liegen bis heute noch keine abschließenden und empirisch belegten Erklärungszusammenhänge vor (Calaminus, 1994). Dies liegt vor allem daran, dass die entsprechenden Prozesse für die Forschung nur schwer zugänglich sind und es an adäquaten Methoden der Datengenerierung mangelt (Backhaus & Voeth, 2007). Beide Probleme sind allgemeingültig für die Interaktionsforschung.

*4.2.3 Netzwerktheorie*

Der Übergang vom Interaktions- zum Netzwerkansatz ist fließend. Insbesondere beim multiorganisationalen Interaktionsansatz erweist sich eine klare Trennung als schwierig (Klee, 2000). Ein Netzwerk besteht aus einem „Geflecht sozialer, ökonomischer oder politischer Beziehungen" (Schubert, 1994, 46), das nicht zum Selbstzweck existiert, sondern den Netzwerkmitgliedern zum Erreichen unternehmerischer Ziele dient. Netzwerke entstehen als Konsequenz aus den Interaktionen mehrerer Organisationen und entwickeln sich aufgrund dessen auch weiter (Calaminus, 1994). In den Ursprüngen ist das Netzwerkmodell vor allem durch drei Variablen gekennzeichnet: Ressourcen, Akteure und Aktivitäten. Während Håkansson (1987) die Beziehungen im Modell implizit berücksichtigt, integriert Gemünden (1990) diese als vierte Variable in das Modell und hebt somit die besondere Bedeutung der Beziehungen hervor.

Die beteiligten Organisationen werden als soziale Systeme verstanden (Backhaus & Voeth, 2007), in denen die Beziehungen zwischen den Personen im Mittelpunkt stehen und nicht deren Verhalten (Klöter & Stuckstette, 1994). Das Verhalten der Individuen wird vielmehr aus den sozialen Beziehungen heraus interpretiert, wobei soziale Netzwerke eine Vielfalt von Beziehungstypen aufweisen.

Während bei der Interaktionstheorie nur direkte Beziehungen betrachtet wurden, bezieht der Netzwerkansatz explizit indirekte Beziehungen ein, die aufgrund der personellen und der organisationalen Verflechtungen zustandekommen. Zentrales Anliegen ist es, die knappen Ressourcen, welche verteilt bei den Netzwerkmitgliedern liegen, innerhalb des Netzwerkes optimal und zum Vorteil aller Beteiligten zu distribuieren (Klee, 2000). „Auf Metaebene werden die sich im Zeitablauf verändernden direkten und indirekten Beziehungen zwischen den Netzwerkmitgliedern in ihrer Anzahl, Intensität, Verknüpfung und inhaltlichen Ausprägung genauer untersucht" (Bruhn, 2009a, 35). Netzwerke lassen sich anhand folgender Merkmale charakterisieren: 1) „Kooperation zwischen Netzwerkmitgliedern", 2) „Vertrauen in die Reziprozität der Netzwerkbeziehungen", 3) „Macht der Netzwerkmitglieder", 4) „mehr oder weniger stark ausgeprägte wirtschaftliche Abhängigkeit" (Bruhn, 2009a, 35 f.). Anhand dieser Merkmale lässt sich auch die Beziehungsqualität der Netzwerkmitglieder analysieren und bestimmen.

Auf organisationaler Ebene stellt nicht der Markt oder die Hierarchie, sondern das Netzwerk die Arena für das Beziehungsmanagement dar (Grund, 1998; Klee, 2000). Es unterscheidet sich vom Markt und der Hierarchie vor allem in vier Punkten:

1) Vertrauen spielt in Netzwerkbeziehungen eine außerordentliche große Rolle und ist das zentrale Kommunikationsmittel im Vergleich zu Preisen (Markt) und Verfahrensregeln (Hierarchie);

2) Im Falle von Fehlverhalten sinkt in Netzwerken die Reputation des Betreffenden, während Zwang in der Hierarchie und rechtliche Durchsetzung auf dem Markt als Sanktionen herangezogen werden;

3) Die Verhandlungsatmosphäre auf Märkten bzw. in der Hierarchie wird als sachlich und ggf. misstrauisch bzw. formell/bürokratisch beurteilt, in Netz-

werken ist dagegen eine offene und zum gegenseitigen Vorteil bedachte Atmosphäre zu beobachten;

4) Während Akteure auf einem Markt unabhängig und in einer Hierarchie abhängig sind, weisen die Parteien in einem Netzwerk Interdependenzen auf (Grund,
1998; Schubert, 1994).

Mit der Betrachtung indirekter Beziehungen werden Wirkungsgrößen wie beispielsweise Referenzwirkungen und Mund-zu-Mund-Kommunikation besonders berücksichtigt. Mittelbare Effekte aus Geschäftsbeziehungen erhalten dadurch eine zentrale Bedeutung im Beziehungsmanagement. Ferner wird durch den Netzwerkansatz die strategische Perspektive betont, denn dem Auswahl- und Priorisierungsmanagement von
Beziehungen (Portfolio-Management) kommt eine große Bedeutung zu, um einer
„Relationship-Marketing-Myopia" entgegenzuwirken. Das Netzwerkmanagement wird
daher als integraler Bestandteil der Unternehmensführung verstanden (Klee, 2000).

**Zusammenfassend** liegt mit dem Netzwerkansatz erstmalig ein theoretischer Bezugsrahmen für die Beziehungsanalyse zu sämtlichen Stakeholdern (direkte Beziehungen)
eines Unternehmens sowie zwischen ihnen (indirekte Beziehungen) vor (Bruhn,
2009a). Die meisten wissenschaftlichen Arbeiten zum Netzwerkansatz sind formal-
abstrakt und deskriptiv. Fehlende empirische Ergebnisse, hohe Komplexität und mas-
sive Operationalisierungsprobleme schwächen den theoretischen Ansatz (Klee, 2000).
Als weiterer Nachteil ist die zeitpunktbezogene Messung ex-post zu nennen (Klöter &
Struckstette, 1994). Ferner hat dieser Forschungsbereich sich mit einem grundlegenden Problem auseinanderzusetzen: „Einerseits führt eine immer ausgedehntere Betrachtung von Netzwerken interagierender Partner zu immer höheren Erklärungsbei-
trägen, andererseits werden die Netzwerkstrukturen immer weniger fassbar" (Backhaus & Voeth, 2007, 117). Trotz der vorgebrachten Kritik stellt es eine sehr gute Basis
für die Entwicklung eines theoretisch fundierten und empirisch abgesicherten Ansatzes
dar (Klee, 2000).

*4.2.4 Zusammenfassung*

Während die wirtschaftswissenschaftlichen Theorien Geschäftsbeziehungen aus der
Durchführung von Transaktionen heraus erklären und diese Beziehungen sich mit zunehmender Anzahl an ökonomischen Tauschprozessen entwickeln, weisen die verhaltenswissenschaftlichen Theorien eine andere Logik auf. Insbesondere bei komplexeren
Beschaffungs- und Entscheidungsprozessen spielt die Interaktion zwischen den Beteiligten eine außerordentlich wichtige Rolle. Die Interaktion wird maßgeblich durch Be-

ziehungsaspekte bestimmt, die sich wiederum gegenseitig beeinflussen. Damit begründen gute Beziehungen zwischen den Beteiligten erst das Zustandekommen von Transaktionen. Ferner betrachten die verhaltenswissenschaftlichen Theorien die Parteien in Geschäftsbeziehungen nicht isoliert, sondern fassen sie als eine Einheit auf.

Mit Hilfe der sozialen Austauschtheorie können Corporate-Hospitality-Maßnahmen als eine Form des sozialen Austauschs erklärt werden. Dabei werden Werte zwischen Gastgeber und Gast ausgetauscht, die ebenfalls dem Prinzip der Balance der ausgetauschten Werte unterliegen. Diese Reziprozität gilt auch bei Geschenken und bildet eine hervorragende theoretische Grundlage für die Entstehung von Bindungen aufgrund von Corporate Hospitality. Diese Bindungen können freiwilliger (Verbundenheit) oder unfreiwilliger Natur (Gebundenheit) sein. Bindende Aspekte wie Vertrauen, Anerkennung, Zuneigung und Commitment werden in der sozialen Austauschtheorie explizit in die Bewertung von Geschäftsbeziehungen einbezogen.

Die Interaktionstheorie baut auf diesen Bindungsaspekten auf und betrachtet die Arena der Interaktionen zwischen den Parteien genauer. Neben dem Interaktionsprozess, der u.a. durch Faktoren wie Vertrauen und Zuneigung bestimmt wird, kommt den Rahmenbedingungen der Interaktion (Umwelt, Atmosphäre sowie grundsätzliche Interaktionsbereitschaft der Parteien) besondere Aufmerksamkeit zu, da sie die Voraussetzungen für den Interaktionsprozess bilden. Mit zunehmender Anzahl an beteiligten Personen und/oder Organisationen wird die theoretische und empirische Erklärung der Interaktionsprozesse jedoch immer schwieriger.

Die Komplexität steigt noch einmal mit der Netzwerktheorie, in der nun auch indirekte Beziehungen zu weiteren Stakeholdern mit einbezogen werden. Vertrauen stellt hier das zentrale Kommunikationsmittel dar und ist zugleich die wichtigste Grundlage. Die Regulierung von Fehlverhalten erfolgt über die Reputation der Netzwerkmitglieder. Die Reputation ist ihr wichtigstes Kapital in einem Netzwerk. Ferner ist die Atmosphäre durch Offenheit sowie gegenseitiges Verständnis geprägt. Die Netzwerkmitglieder sind sich der Interdependenzen im Netzwerk bewusst. Im Rahmen der Netzwerktheorie kommen Größen wie der Referenzwirkung sowie der Mund-zu-Mund-Kommunikation besondere Aufmerksamkeit zu. Diese müssen als indirekte Wirkungen in die Bewertung von Geschäftsbeziehungen mit einfließen.

Mit Hilfe der verhaltenswissenschaftlichen Theorien kann die Entstehung von Geschäftsbeziehungen, das Festhalten an diesen (Bindungen) sowie die Vorteile aus geschäftlichen Bindungen sehr gut erklärt werden. Des Weiteren werden konkrete Kriterien (Reziprozität, Wahrnehmung, Vertrauen, Anerkennung, Zuneigung, Commitment, Ähnlichkeit, Nähe, Sympathie, Anpassungsfähigkeit, Rollenverhalten, Machtumgang, Engagement) geliefert, die für einen empirischen Nachweis notwendig sind. Schwierigkeiten ergeben sich jedoch aus der Konzeptionalisierung und Operationalisierung sowie Datengewinnung dieser Kriterien, da diese das Ergebnis psychologischer Wirkungen sind. Außenstehende können diese nicht beobachten und selbst die betreffenden Personen können diese oft nur schwer beschreiben. Hinzu kommt noch die hohe Komplexität aufgrund der Vielzahl der Faktoren, insbesondere in Netzwerken. Kritiker bemängeln die fehlende Abgrenzung zu einzelnen Fachdisziplinen sowie die Gefahr von Dilettantismus aufgrund der Interdisziplinarität (Wiedmann, 2004).

## 4.3 Kundenbeziehungen aus der Perspektive neuroökonomischer Erklärungsansätze

Die ersten Forschungsansätze des Neuromarketings gehen auf Herbert Krugmann vor mehr als vierzig Jahren zurück (Raab, Gernsheimer & Schindler, 2009). Garry Zaltmann war es jedoch, der Ende der neunziger Jahre an der Harvard Universität den Weg für die heutige Neuromarketingforschung ebnete. Er fand heraus, dass ca. 95 Prozent aller Gedankengänge unbewusst ablaufen und stellte damit die Erforschung des Unbewussten in das Zentrum zukünftiger Arbeiten (Zaltmann, 2004). Kenning, Plassmann, Deppe, Kugel und Schwindt (2005) identifizierten im Jahr 2005 knapp 50 Forschungsgruppen zur Neuroökonomie bzw. zum Neuromarketing weltweit. Aufgrund der großen Fortschritte in der Neurowissenschaft[22] hat sich in den letzten Jahren mit der Neuroökonomie ein neuer Denkansatz in der Verhaltensforschung entwickelt (Meffert et al., 2008; Pepels, 2009).

Die Neuroökonomie basiert auf den Erkenntnissen der Ökonomie, Neurowissenschaft sowie Psychologie und versucht diese miteinander zu verbinden. Ziel der Neuroökonomie ist es, „die Gedanken- und Gefühlswelt der Menschen zu erforschen und zu erklären, um sie dann in ökonomischen Modellen abbilden zu können" und so „die vorhandene Kluft zwischen den äußerst starren, theoretisch-ökonomischen Denkmodellen des ‚homo oeconomicus' und dem lebendigen, tatsächlichen Handeln des ‚homo vivens' zu schließen" (Raab et al., 2009, 4).

---

[22] Die Neurowissenschaft stellt eine komplexe und noch sehr junge interdisziplinäre Wissenschaftsdisziplin dar, die aus der Verschmelzung verschiedener biologischer, medizinischer und psychologischer Disziplinen hervorging. Sie kann in Neurobiologie, Neurophysiologie und Neuropsychologie aufgegliedert werden und beschäftigt sich mit dem Aufbau sowie der Funktionsweise des biologischen Nervensystems (Raab et al., 2009, 2).

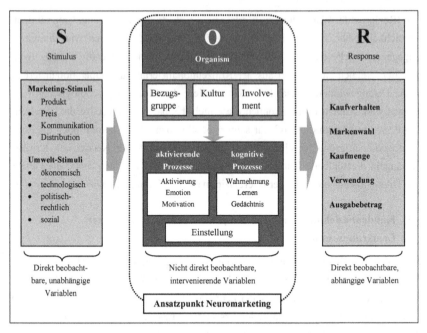

Abbildung 4.2: „Black-Box" des S-O-R-Modells als Ansatzpunkt für die Neuromarketingforschung.

Quelle: in Anlehnung an Raab et al., 2009, 11.

Das Neuromarketing stellt ein Teilgebiet der Neuroökonomie dar, das sich vor allem der Erforschung kognitiver und affektiver Prozesse sowie von Emotionen zur Erklärung menschlichen Verhaltens widmet (Möll, 2007; Pepels, 2009; Raab et al., 2009). Dazu werden die Erkenntnisse und Erfahrungen aus der Neurowissenschaft, der Kognitionswissenschaft und der Marktforschung miteinander verknüpft. Häusel (2006, 19) betont ausdrücklich, dass nur durch die Kombination der drei Disziplinen eine „praxisrelevante Erklärungskraft" entsteht. Ziel des Neuromarketings ist es, mit Hilfe der technischen Möglichkeiten die Reaktion von Menschen auf Marketingstimuli zu erforschen und zu erklären. Im Kern geht es um Einblicke in die sogenannte „Black-Box" des grundlegenden S-O-R-Modells (vgl. Abbildung 4.2), um mit Hilfe der Erkenntnisse eine höhere Effektivität und Effizienz der Marketingaktivitäten zu erzielen (Domning, Elger & Rasel, 2009; Esch & Möll, 2009; Raab et al., 2009). Einen Überblick über Forschungsarbeiten im Bereich Neuromarketing sind bei Kenning, Plassmann und Ahlert (2007b), Schilke und Reimann (2007) sowie Möll (2007) zu finden, die drei Forschungsrichtungen identifizieren: 1) Markenforschung, 2) Kommunikationsforschung und 3) Kaufentscheidungsforschung.

Hauptgegenstand des neurowissenschaftlichen Erklärungsansatzes ist die Informationsverarbeitung und insbesondere die unbewusste[23] Wahrnehmung und Verarbeitung von Informationen sowie hierdurch ausgelöste Reaktionen. Die Aufmerksamkeit stellt dabei das zentrale Differenzierungskriterium dar (Behrens & Neumaier, 2004). Auch wenn die bewusste Aufnahme von Informationen einen stärkeren Einfluss beispielsweise auf das Image eines Unternehmens oder auf eine Marke hat (Behrens & Neumaier, 2004), ist jedoch die Anzahl der unbewusst wahrgenommenen Reize sehr viel größer (Raab et al., 2009). In diesem Zusammenhang stellt sich die Frage, ob die Vielzahl der unbewusst aufgenommenen Reize einen stärkeren Einfluss auf das menschliche Verhalten hat als die wenigen bewusst aufgenommenen Informationen.

Reaktionen und Prozesse im Gehirn des Menschen auf vorgegebene Reize werden in der Neurowissenschaft beispielsweise mit Hilfe der funktionellen Magnetresonanztomografie (fMRT) im Zeitverlauf analysiert.[24] Gehirnaktivitäten sind mit einer Durchblutungsänderung sowie vermehrtem Sauerstoffverbrauch verbunden. Diese physiologischen Veränderungen können mit Hilfe der fMRT sichtbar gemacht und gemessen werden. Anhand der aktivierten Gehirnareale sowie anhand der Aktivierungsstärke können Schlussfolgerungen in Hinsicht auf Wirkungen getroffen werden (Domning et al., 2009; Esch & Möll, 2004).

Das menschliche Gehirn weist zwei Funktionssysteme auf. Kahneman und Frederick (2002) sprechen von „System 1" (auch implizites System oder Autopilot) und „System 2" (auch explizites System oder Pilot). Das implizite System ist in der Lage, Informationen im Umfang von 11 Millionen Bits pro Sekunde zu verarbeiten. Über das Auge können bis zu 10 Millionen Bits verarbeitet werden. Das Auge stellt damit die größte Informationsquelle im Vergleich zu den anderen Sinnesorganen dar (Scheier, 2008). Da es parallel, hoch effizient und weitgehend unbewusst arbeitet, hat es sich zu einem effizienten Handlungs- und Entscheidungssystem entwickelt. Im Vergleich kann das explizite System lediglich 40-50 Bits pro Sekunde verarbeiten und arbeitet seriell. Das Nachdenken über Probleme findet hier statt und kann daher als bewusstes Arbeitsgedächtnis des Menschen bezeichnet werden. Anhand der möglichen Informationsaufnahme beider Systeme wird schon deutlich, über welche Leistungsfä-

---

[23] Die physiologischen und funktionellen Voraussetzungen für eine Bestimmung von Bewusstsein bzw. Unbewusstsein sind keineswegs eindeutig definiert. Allgemein kann von Bewusstsein gesprochen werden, wenn Menschen über diese Handlungen, Gedanken und Verhaltensweisen berichten können (Domning et al., 2009, 53; Raab, 2009, 159 ff.).

[24] Für eine detaillierte Beschreibung dieses sowie weiterer Verfahren wird auf Raab et al. (2009, 179 ff.) sowie Kenning et al. (2007, 56 ff.) verwiesen.

higkeit das implizite System im Vergleich zum expliziten verfügt. In Untersuchungen wurde offengelegt, dass explizite und implizite Wirkungen zum gleichen Untersuchungsgegenstand teilweise stark voneinander abweichen. Mit Hilfe impliziter Wirkungsmessungen können vor allem „tiefer liegende, implizite und besonders verhaltensbestimmende Einstellungen und Assoziationen zu Marken quantitativ abgebildet" (Scheier, 2008, 308) werden. Zaltman (2004) glaubt, dass 95 Prozent des menschlichen Verhaltens durch das implizite System gesteuert wird. Dies würde bedeuten, dass es nur wenige rationale Entscheidungen gibt, da die meisten Informationen zunächst implizit verarbeitet werden und erst dann ins Bewusstsein gelangen (Scheier, 2008).

Das menschliche Wohlbefinden wird sehr wesentlich durch einen Gehirnbereich „gesteuert", der als Belohnungssystem bezeichnet wird. Der Mandelkern (auch Amygdala) als bekanntestes Organ der Emotionsverarbeitung bildet den Kern dieses Systems. Geschenke beispielsweise aktivieren das Belohnungssystem und wirken sich positiv auf das Wohlbefinden des Menschen aus. „Gleichzeitig wird der geschenkte Gegenstand und die damit verbundene Firma mit einem besonders guten Engramm [Erinnerungsbild] und einer besonders guten Abspeicherung im Gehirn verknüpft" (Domning et al., 2009, 63).

Der Mandelkern ist mit vielen weiteren Gehirnarealen sowie mit dem Hormonsystem verbunden. So erfolgt beispielsweise die Ausschüttung der Hormone Prolactin und Oxytocin beim Aufbau von Vertrauen (Domning et al., 2009). Es wurde bereits dargestellt, dass Vertrauen in Geschäftsbeziehungen einer der zentralen Faktoren ist. Mit Hilfe der Messung der Hormonausschüttung Prolactin und Oxytocin könnte einerseits erklärt werden, ob es zu einem Vertrauensaufbau kommt oder nicht. Andererseits kann anhand der Stärke der Ausschüttung auf die Vertrauensintensität geschlussfolgert werden.

Empirische Untersuchungen haben gezeigt, dass sich das Verhalten von Menschen mit Defekten der emotionalen Gehirnareale von denen, die Emotionen einwandfrei verwerten können, unterscheidet (Raab et al., 2009). Ferner konnte in Untersuchungen nachgewiesen werden, dass vor allem unbewusste Wahrnehmungen Emotionen verursachen und beeinflussen (Domning et al., 2009).

Die weitere Entwicklung des neurowissenschaftlichen Erklärungsansatzes wird wesentlich davon abhängen, inwieweit es gelingt, entsprechende valide Messverfahren zu entwickeln, um vor allem die unbewussten Informationsverarbeitungsprozesse offen zu legen und diese interpretieren zu können (Behrens & Neumaier, 2004; Esch & Möll, 2004).

Die Ausgangsbedingungen für eine theoretische Fundierung von Corporate Hospitality mit Hilfe des neurowissenschaftlichen Erklärungsansatzes sind vielversprechend. Im Vergleich zu den wirtschaftswissenschaftlichen und verhaltenswissenschaftlichen Ansätzen werden die Emotionen im neurowissenschaftlichen Erklärungsansatz in den Mittelpunkt der Betrachtungen gerückt. Damit wird der großen Bedeutung von Emotionen im Rahmen von Events und insbesondere von Sportevents für die Kommunikation Rechnung getragen. Bisher fehlt es jedoch an entsprechenden empirischen Untersuchungsergebnissen. Dies liegt u.a. an folgenden Problemen: 1) Sportevents[25] sind singuläre Ereignisse, die trotz möglicher Wiederholung nie identisch sind; 2) Die Evaluation über einen längeren Zeitraum hinweg ist aufgrund einer Vielzahl von zu berücksichtigenden (Stör-) Faktoren aufwendig und schwierig; 3) Die verschiedenen Sportevents unterscheiden sich in Bezug auf Anzahl sowie Homogenität bzw. Heterogenität der Teilnehmer und erschweren damit einen Vergleich der Untersuchungsergebnisse. Hinzu kommen zwei methodisch-pragmatische Probleme: 1) Heute ist man noch nicht in der Lage, während des Eventerlebnisses Gehirnaktivitäten zu messen und schon gar nicht bei mehreren Probanden gleichzeitig; 2) Das künstliche Untersuchungsumfeld beeinflusst maßgeblich die Ergebnisse (Domning et al., 2009; Raab et al., 2009) und stellt somit die Validität in Frage.

Trotz bestehender Kritik (LeDoux, 2001) – insbesondere zur Auffassung des limbischen Systems als emotionales Verarbeitungszentrum – findet die neuroökonomische Sichtweise in der Verhaltenswissenschaft große Anerkennung. Unter diesen Aspekten wird grundsätzlich die Möglichkeit von Individuen, rein rationale Entscheidungen zu treffen, in Frage gestellt. Dem Konstrukt „Vertrauen" kommt in diesem Zusammenhang eine modifizierte und besondere Bedeutung zu (Behrens & Neumaier, 2004). Ein zweiter wichtiger Punkt sind die mit einem Objekt assoziierten Emotionen. „Je stärker die (positiven) Emotionen sind, die von einem Produkt, einer Dienstleistung oder/und einer Marke vermittelt werden, desto wertvoller sind Produkt und Marke für das Gehirn und desto mehr ist der Konsument auch bereit, Geld dafür auszugeben" (Häusel, 2008, 67). Die bisherigen Forschungsergebnisse sind jedoch häufig durch eine geringe

---

[25] „Ein Event ist aus der Sicht eines Hirnforschers für die Teilnehmer ein außergewöhnliches Ereignis, bei dem die Emotionalität besonders hoch ist und das damit zu einer intensiven, bleibenden positiven Erinnerung führt, die nachhaltig mit einem bestimmten kognitiven Inhalt verknüpft ist" (Domning et al., 2009, 54).

Objektivität, Validität und Reliabilität gekennzeichnet (Esch & Möll, 2005; Felser, 2007; Pepels, 2009).

**Zusammenfassend** ist der Erklärungsbeitrag des neuroökonomischen Ansatzes für das menschliche Verhalten aufgrund noch nicht ausreichender Forschungsergebnisse noch gering. Während die Funktionen größerer Hirnareale (zum Beispiel Großhirnrinde, Amygdala) sowie die Vorgänge in einzelnen Zellen weitgehend erklärt werden können, fehlt es an Erkenntnissen über das Geschehen in Zellverbänden, um eine Verbindung zwischen den einzelnen Ebenen herzustellen (Domning et al., 2009). Trotz der berechtigten Kritik kann dieser Ansatz nicht unberücksichtigt bleiben, da die meisten Gehirnprozesse unbewusst ablaufen und nur ein Bruchteil tatsächlich bewusst wahrgenommen wird (Behrens & Neumaier, 2004; Esch & Möll, 2004; Pepels, 2009). „Selbst die Investitionsgüterindustrie, in der Entscheidungen angeblich auf Grund der rationalen Abwägung einer Leistung erfolgen, erkennt durch die Ergebnisse der modernen Hirnforschung, dass diese Abwägungen viel stärker emotional erfolgt, als bisher angenommen" (Herbst, 2007, 479).

Der Nutzen aus den Neurowissenschaften für die ökonomische Verhaltensforschung ergibt sich in erster Linie aus den beiden Möglichkeiten emotionale Zustände physiologisch erfassen sowie unbewusst ablaufende Gehirnprozesse visualisieren zu können (Kenning, 2008). Bisher konnten Emotionen nur über die Selbstbeschreibungen der Probanden berücksichtigt werden. Dies fällt vielen Menschen jedoch sehr schwer (Domning et al., 2009). Die ersten Erkenntnisse dieses noch jungen Forschungsansatzes sind sehr vielversprechend. Für eine theoretische Fundierung des vorliegenden Forschungsproblems reichen die bisher verfügbaren Ergebnisse jedoch noch nicht aus. Zukünftig könnte der neurowissenschaftliche Erklärungsansatz bei der Lösung methodischer Probleme jedoch eine große Bereicherung darstellen.

### 4.4   Zusammenfassung zum theoretischen Bezugsrahmen

Während die wirtschaftswissenschaftlichen Theorien Transaktionen in den Mittelpunkt der Betrachtung stellen, fokussieren sich die verhaltenswissenschaftlichen und neuroökonomischen Theorien auf die Interaktionen bzw. die Emotionen. Daher sind die wirtschaftswissenschaftlichen Theorien in der Lage aufgrund der Fokussierung auf quantitative Größen, wie beispielsweise Transaktionskosten, das Verhalten der Wirtschaftssubjekte bei einzelnen Transaktionen besonders gut zu erklären. Alle drei Ansätze haben gezeigt, dass Individuen nicht ausschließlich rational handeln. Qualitative Größen, wie beispielsweise Vertrauen, Reputation und Emotionen, haben in vielen

Bereichen einen großen Einfluss auf individuelle Handlungs- und Entscheidungsprozesse. Diese Größen beschreiben die Beziehungen der Akteure zueinander und ermöglichen damit der Wissenschaft, individuelles Verhalten unter Beziehungsaspekten zu erklären. Tabelle 4.2 gibt einen Überblick über den Erklärungsbeitrag der einzelnen diskutierten Theorien zum Forschungsproblem dieser Arbeit.

Für das vorliegende Forschungsproblem leisten die Prinzipal-Agenten- sowie die Transaktionskostentheorie einen grundlegenden Erklärungsbeitrag. Es konnte gezeigt werden, dass die Interaktion zwischen den beteiligten Parteien eine außerordentlich wichtige Rolle spielt und durch Beziehungsaspekte bestimmt wird, die sich wiederum gegenseitig beeinflussen. Die Interaktionstheorie sowie die Netzwerktheorie als Bestandteile des verhaltenswissenschaftlichen Ansatzes sind trotz der vorgebrachten Kritik in der Lage, Geschäftsbeziehungen und insbesondere Bindungen zwischen Unternehmen und Kunden besser zu erklären als die wirtschaftswissenschaftlichen Theorien.

Die soziale Austauschtheorie liefert ein gutes theoretisches Fundament für den Einsatz von Corporate Hospitality. Es kann als Geschenk aufgefasst werden, hinter dem sich ein sozialer Tausch verbirgt, der wie der ökonomische Tausch auf dem Reziprozitätsprinzip beruht. Der soziale Tausch unterscheidet sich jedoch in zwei Punkten vom ökonomischen Tausch: 1) Die Gegenleistung für die Teilnahme an einer Corporate-Hospitality-Maßnahme ist in der Regel nicht genau definiert und 2) der Zeitpunkt der Leistungserbringung ist in den meisten Fällen nicht festgelegt. Aufgrund dieser Besonderheiten entstehen zwischen Gastgeber und Gast Bindungen, die sich vor allem in Form von Vertrauen, Anerkennung, Zuneigung, Commitment, Reputation, Nähe und Sympathie ausdrücken. Diese affektiven und konativen Wirkungen können für die Erfolgsbeurteilung von Corporate-Hospitality-Maßnahmen herangezogen werden.

Tabelle 4.2: Überblick Erklärungsbeitrag der diskutierten Theorien.
Quelle: eigene Darstellung.

| Theorie | | Erklärungsbeitrag zum Forschungsproblem |
|---|---|---|
| Wirtschafts-wissenschaftliche Erklärungsansätze | Prinzipal-Agenten-Theorie | Aufgrund von Unsicherheiten und Informationsasymmetrien in Geschäftsbeziehungen kann Corporate Hospitality im Rahmen der Prinzipal-Agenten-Theorie einerseits als Maßnahme der ex-post Belohnung für nicht opportunistisches Verhalten des Agenten aufgefasst werden. Andererseits nimmt Corporate Hospitality eine Präventionsfunktion wahr, indem durch Signaling- und Screening-Aktivitäten während der Maßnahme Unsicherheiten und Informationsasymmetrien abgebaut werden und somit die Wahrscheinlichkeit des Eintretens opportunistischen Verhaltens gesenkt wird. |

| | | |
|---|---|---|
| Verhaltens-wissenschaftliche Erklärungsansätze | Transaktions-kostentheorie | Mit Hilfe der Transaktionskostentheorie kann grundlegend die Vorteilhaftigkeit von Geschäftsbeziehungen sowie von Investitionen in die Geschäftsbeziehungen für beide Seiten erklärt werden. Eine Corporate-Hospitality-Maßnahme stellt solch eine Investition in die Beziehung zwischen Kunde und Anbieter dar. |
| | Allgemeine und soziale Austausch-theorie | Mit der allgemeinen und sozialen Austauschtheorie beschränkt sich die Sichtweise von Transaktionen nicht nur auf den Austausch von materiellen und/oder immateriellen Werten sondern berücksichtigt auch den Austausch sozialer Werte. Damit wird den sozialen Aspekten einer Geschäftsbeziehung eine wichtige Bedeutung eingeräumt, die für die Entstehung und Fortsetzung von Geschäftsbeziehungen maßgeblich sind. Corporate Hospitality wird als Geschenk des Unternehmens an den Kunden verstanden. Damit wird ein sozialer Tausch zwischen beiden Parteien begründet, der mit einer Reziprozitätsnorm einhergeht und zugleich eine bindende Wirkung erzeugt. |
| | Interaktions-theorie | Die Interaktionstheorie belegt die Vorteilhaftigkeit und den Einfluss von Kommunikationsmaßnahmen, zum Beispiel Corporate Hospitality, auf die Qualität von Geschäftsbeziehungen. |
| | Netzwerk-theorie | Mit der Netzwerktheorie wird die Perspektive von Investitionen in die Geschäftsbeziehungsqualität erweitert, indem indirekte Wirkungen einer guten Beziehungsqualität, zum Beispiel Weiterempfehlung an Dritte, berücksichtigt werden. |
| Neuroökonomische Erklärungsansätze | | Dieser jungen Theorie fehlt es bisher noch an ausreichenden Forschungsergebnissen. Der neuroökonomische Erklärungsansatz stellt jedoch der einzige dar, der in der Lage zu sein scheint, emotionale Zustände direkt zu messen und unbewusst ablaufende Gehirnprozesse visualisieren zu können. |

Stärkeres Vertrauen zueinander oder höhere Sympathie für einander sind idealerweise Beispiele für das Ergebnis von Corporate-Hospitality-Maßnahmen. Eine genaue Beschreibung und Erklärung der Entstehung sowie deren Einflussfaktoren können mit Hilfe der verhaltenswissenschaftlichen Theorien nur sehr abstrakt erfolgen. Hier liefert die neuroökonomische Theorie sehr vielversprechende Ansatzpunkte, die jedoch erst in den „Kinderschuhen" stecken. Die technischen Möglichkeiten sind für einen Einsatz während einer Corporate-Hospitality-Maßnahme noch nicht gegeben, so dass nur in Laborsituationen neurophysiologische Veränderungen auf Stimuli gemessen werden können. Problematisch ist hierbei die Bestimmung der Verzerrungseffekte aufgrund der Laborumgebung.

Für das vorliegende Forschungsproblem wurde ein theoretischer Bezugsrahmen hergeleitet, in dessen Ergebnis nachfolgende Konstrukte als besonders geeignet identifiziert werden konnten, die es bei der Entwicklung eines Wirkungsmodells für Corporate Hospitality weiter zu analysieren gilt: Reziprozität, Vertrauen, Commitment, Ähnlichkeit, Kundennähe, Zufriedenheit, Kundenbindung und Mund-zu-Mund-Kommunikation. Da Corporate-Hospitality-Maßnahmen nicht auf die eigentlichen Produkte bzw. Dienstleistungen eines Unternehmens einwirken, sondern auf die Beziehungen zwischen Unternehmen und Kunden abzielen, sind es in erster Linie die verhaltenswissenschaftlichen Theorien, die den theoretischen Bezugsrahmen für die Evaluation von affektiven und konativen Wirkungen infolge von Corporate-Hospitality-Maßnahmen begründen.

Im Ergebnis der Theorienanalyse kann festgestellt werden, dass rein transaktionsorientierte Geschäftsbeziehungen mit Hilfe der wirtschaftswissenschaftlichen Theorien am besten erklärt werden können. Mit zunehmender Beziehungsorientierung einer Geschäftsbeziehung steigt der Erklärungsbeitrag der verhaltenswissenschaftlichen Theorien und der der wirtschaftswissenschaftlichen Theorien nimmt ab. Ferner sind rein transaktionsorientierte Geschäftsbeziehungen vor allem durch den Austausch von materiellen und/oder immateriellen Werten gekennzeichnet. In beziehungsorientierten Geschäftsbeziehungen werden zusätzlich soziale Werte getauscht. In Geschäftsbeziehungen mit starker Beziehungsorientierung kann eine Transaktion auch nur oder fast ausschließlich aus dem Austausch sozialer Werte bestehen. Dies ist zum Beispiel bei Corporate-Hospitality-Maßnahmen der Fall. So kann weiterhin festgehalten werden, dass mit zunehmendem Austausch von sozialen Werten der Erklärungsbeitrag der verhaltenswissenschaftlichen Theorien steigt. Unter Berücksichtigung des momentanen Standes der neuroökonomischen Erklärungsansätze kann angenommen werden, dass diese mit steigender Beziehungsorientierung bzw. wachsendem Anteil am Austausch sozialer Werte ebenfalls einen zunehmenden Beitrag zur Erklärung leisten.

## 5 Exkurs: Forschungsstand des Relationship Marketings

Das theoretische Fundament für diese Arbeit wurde gelegt. In Kapitel zwei wurde der Terminus „Corporate Hospitality" definiert, eingeordnet und abgegrenzt. Anschließend wurde der Forschungsstand zur Evaluation von Corporate Hospitality im Sport (Kapitel drei) dargestellt und in Kapitel vier ein theoretischer Bezugsrahmen für diese Arbeit entwickelt. Bevor in Kapitel sechs detailliert auf die Beziehungsqualität als zentrales Konstrukt dieser Arbeit eingegangen wird, soll durch einen Exkurs der Forschungsstand zum Relationship Marketing dargestellt werden.

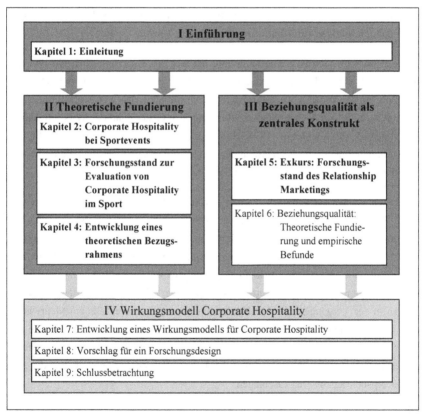

Abbildung 5.1: Aufbau der Forschungsarbeit.
Quelle: eigene Darstellung.

## 5.1 Vorteilhaftigkeit des Relationship Marketings

Aufgrund der dynamischen Entwicklung der Märkte hat auch die Unternehmensführung in den letzten Jahrzehnten verschiedene Entwicklungsphasen durchlaufen (vgl. Bruhn 2006; Meffert et al., 2008). Seit den 1990er Jahren weisen Kunden eine zunehmende Heterogenität in ihren Erwartungen auf, was einhergeht mit einem hybriden Konsumverhalten (Bruhn, 2009a). Die Unternehmen haben auf diese Entwicklungen mit einer stärkeren Kundenorientierung reagiert und die Zufriedenheit sowie die Bindung von Kunden in den Mittelpunkt der Unternehmensführung gestellt. Bedingt durch die Globalisierung und eine zunehmende Bedeutung von Informations- und Kommunikationstechnologien hat sich mit der Jahrtausendwende der starke Wettbewerb auf den Märkten zusätzlich verschärft (Bruhn, 2009a).

Mit der zunehmenden Kundenorientierung hat sich im Marketing auch ein Paradigmenwechsel vom Transaktionsmarketing hin zum Beziehungsmarketing bzw. Relationship Marketing vollzogen, indem fortan die Steuerung von Kundenbeziehungen mit dem Ziel der Kundenbindung zum zentralen Gegenstand der Marketingaktivitäten geworden ist (Grönroos, 1994; Homburg & Bruhn, 2008). Die Vorteilhaftigkeit dieses Paradigmenwechsels aus Sicht der Unternehmen soll nachfolgend anhand ausgewählter empirischer Untersuchungen dargestellt werden.

Als Ergebnis einer systematischen Analyse von Fallstudien über mehrere Branchen in den USA konnten **Reichheld und Sasser (1990)** festhalten, dass die Reduzierung der Kundenabwanderung um fünf Prozent je nach Branche eine Gewinnsteigerung von 25 bis 85 Prozent zur Folge hat. Dazu tragen sowohl die Kunden als auch das Unternehmen selbst bei. Auf Kundenseite können ein besseres Wissen bezüglich der Leistungen des Unternehmens konstatiert werden sowie positive Wirkungen aufgrund der Erfahrungen in der Vergangenheit. Auf Unternehmensseite liegt ebenfalls ein Mehrwissen über die Kundenpräferenzen vor, so dass Leistungen besser an die Bedürfnisse der Kunden angepasst werden können. Dies kann zu Cross-Selling, geringeren Betriebskosten und Weiterempfehlungen durch den Kunden führen. Ferner steigt mit der Zeit der Erfolgsbeitrag aus Preiszuschlägen.

Obwohl über mehrere Branchen hinweg eine Beziehung zwischen der Verminderung der Kundenabwanderungsrate und dem Gewinn festgestellt wurde, kann von einer Allgemeingültigkeit des Zusammenhangs noch nicht ausgegangen werden. Des Weiteren sind in den Ausführungen nur die Investitionen in die Kundenakquisition berücksichtigt worden. In der Relationship-Marketing-Literatur besteht jedoch Einigkeit, dass

Maßnahmen für den Erhalt und/oder den Ausbau der Kundenbeziehung notwendig sind (Bruhn, 2009a; Hennig-Thurau & Hansen, 2000; Homburg & Jensen, 2008). Die damit verbundenen Kosten müssen in den Berechnungen berücksichtigt werden.

In der Studie von **Palmatier, Gopalakrishna und Houston (2006)** wurden die finanziellen Auswirkungen verschiedener Beziehungsmarketingprogramme untersucht. Ausgangspunkt der Untersuchung bildete die Unterscheidung von drei verschiedenen Bindungsarten nach Berry (1995): a) Durch die Gewährung von Rabatten, Freiware und anderen finanziellen Vorteilen durch den Anbieter kann eine finanzielle Bindung zum Kunden entwickelt werden; b) Soziale Bindungen entstehen aufgrund von Geschäftsessen, besonderer Behandlung, Unterhaltung (dazu zählen zum Beispiel Corporate-Hospitality-Maßnahmen) und personalisierten Informationen; c) Eine strukturelle Bindung liegt dann vor, wenn die Produktivität und/oder Effizienz für den Kunden aufgrund von gemeinsamen Investitionen von Anbieter und Kunde erhöht wird. Die Autoren gehen davon aus, dass alle drei Programme einen positiven Einfluss auf die kundenspezifische Profitabilität haben. Anhand einer schriftlichen Befragung von Kunden, Verkäufern und Unternehmen (effektive Rücklaufquote 11,3 Prozent) wurden alle drei Parteien zu den kurzfristigen Auswirkungen der drei unterschiedlichen Beziehungsmarketingprogramme befragt. Zusätzlich wurden die Beziehungsmarketingaktivitäten der Unternehmen mit Hilfe von Tiefeninterviews erhoben.

Im Ergebnis der Untersuchung konnte festgestellt werden, dass Investionen in finanzielle Bindungen kurzfristig keine wirtschaftlichen Erfolgswirkungen aufweisen. Beziehungsmarketingprogramme, die auf strukturelle Bindungen abzielen, wiesen einen Return on Investment von 23 Prozent auf. Einschränkend ist hier zu erwähnen, dass dies nur zutrifft, wenn die Kunden mit dem Unternehmen regelmäßig in Kontakt sind. Die höchsten wirtschaftlichen Erfolgswirkungen wiesen die Investitionen in soziale Bindungen mit einer Rendite von 78 Prozent auf. Auf Basis der Ergebnisse für das Gesamtsample empfehlen Palmatier und seine Kollegen, 69 Prozent des Relationship-Marketing-Budgets für soziale Bindungen und 31 Prozent für strukturelle Bindungen zu verwenden. Die Untersuchungsergebnisse sind jedoch mit einer wesentlichen Einschränkung verbunden. Es wurden nur kurzfristige Erfolgswirkungen erhoben. Inwiefern sich Investitionen in die einzelnen Bindungsformen langfristig auswirken bleibt offen. Die Untersuchungsergebnisse legitimieren Corporate Hospitality unter wirtschaftlichen Aspekten, da es soziale Bindungen zwischen Kunde und Anbieter fördert und Investitionen in soziale Bindungen die größten Renditen der untersuchten Bindungsformen aufweisen.

**Reinartz, Thomas und Kumar (2005)** gingen in ihrer Untersuchung der Frage nach, wie Investitionen in Beziehungsmarketingaktivitäten im Business-to-Business-Bereich am besten allokalisiert werden können, um die Profitabilität des Kunden zu maximieren. Neben der Investitionshöhe war vor allem auch von Interesse, wie die Investitionen auf die Dauer einer Anbieter-Kunden-Beziehung zu verteilen sind und welche Formen der Beziehungskommunikation (Face-to-face, Telefon, Email, Internet) am erfolgsver-sprechendsten sind. Dazu konnten sie auf Daten eines großen international agierenden Hightech-Produzenten zurückgreifen und analysierten diese über einen Zeitraum von vier Jahren (1998 bis 2001). Sowohl in der Kundenakquisitions- als auch in der Kundenbindungsphase hat die Face-to-Face-Kommunikation den größten Einfluss auf die Kundenbeziehung, gefolgt von telefonischen Kontakten und Kommunikation per Email. Auch in Bezug auf die Profitabilität des Kunden hat sich die Face-to-Face-Kommunikation als wichtigste Kommunikationsform herausgestellt. Um den Unternehmensgewinn zu maximieren, empfehlen die Autoren im Ergebnis ihrer Untersuchung, 75 Prozent des Marketingbudgets in Kundenbindungsmaßnahmen und die verbleibenden 25 Prozent in Maßnahmen der Kundenakquisition zu investieren. Mit dieser Studie liegen erstmalig Untersuchungsergebnisse aus einer längerfristigen Betrachtung von Relationship-Markting-Aktivitäten und deren Zusammenhang mit der Kundenprofitabilität vor, die unterstreichen, wie wichtig Investitionen in Kundenbindungsmaßnahmen für die Profitabilität von Kunden aus Unternehmenssicht sind. Die Erkenntnisse bezüglich des Einflusses der Kommunikationsformen auf die Kundenbindung und Kunden-akquisation sind allerdings nur eingeschränkt gültig, da hier ausschließlich die Quantität der Kontakte erfasst worden ist, ohne die Interaktionsqualität zu berücksichtigen. Auch diese Studie liefert eine wesentliche Schnittstelle für Corporate Hospitality, da während der Corporate-Hospitality-Maßnahme eine intensive Face-to-Face-Kommunikation stattfindet und diese Kommunikationsform sich laut den Ergebnisse dieser Studie besonders gut für die Kundenbindung eignet.

Die Bedeutung der Kundenbindung für Unternehmen wird durch die Studie von **Gupta, Lehmann und Stuart (2004)** besonders hervorgehoben. Mit Hilfe von Sekundärdaten aus Quartals- und Geschäftsberichten von fünf amerikanischen Unternehmen berechnen die Forscher nach dem Prinzip „diskontierter Cash-Flows" Kundenwerte (Summe der diskontierten Ein- und Auszahlungen für einen einzelnen Kunden über die Dauer der Kundenbeziehung), deren Summe den Wert eines Unternehmens widerspiegelt. Für drei von fünf Unternehmen war die Gesamtsumme der Kundenwerte relativ nahe dem aktuellen Unternehmenswert, wodurch die Bedeutung der Kunden für das Unternehmen und deren Wert unterstrichen wird. Ferner fanden die Forscher heraus, dass eine einprozentige Verbesserung in der Kundenbindung den Kundenwert um drei bis sieben Prozent steigert. Außerdem konnten sie feststellen, dass eine Steigerung der Kundenbindung einen größeren Einfluss auf die Steigerung des Unternehmenswerts (hier die Summe der einzelnen Kundenwerte) hat als die Gewährung von Rabatten oder die Reduzierung von Kapitalkosten. Unberücksichtigt blieben in der Untersuchung allerdings Zusammenhänge zwischen Akquisitionskosten, Kundenbindungsrate, Marge sowie Kundenanzahl. Des Weiteren wurde eine konstante Kundenbindungsrate bei den Berechnungen angenommen, die in der Praxis nicht als gegeben erachtet werden kann. Ferner handelt es sich bei den fünf ausgesuchten Unternehmen um vier Internetunternehmen, so dass branchenspezifische Faktoren hier eine Rolle spielen könnten. Dennoch wird auch hier in der Tendenz die Vorteilhaftigkeit der Kundenbindung – als zentrales Ziel von Relationship-Marketing-Aktivitäten – für den ökonomischen Erfolg des Unternehmens bestätigt.

Anhand der diskutierten Untersuchungen konnte gezeigt werden, dass die grundsätzliche Vorteilhaftigkeit von Relationship-Marketing-Aktivitäten aus Unternehmenssicht gegeben ist. Es wurde jedoch auch dargestellt, dass die Studien Einschränkungen unterliegen, die eine Generalisierung der Erkenntnisse und damit eine generelle Abkehr vom Transaktionsmarketing nicht zulassen. Die Bedeutung von persönlicher Kommunikation (insbesondere Face-to-Face-Kommunikation) sowie von sozialen Bindungen in Geschäftsbeziehungen wird durch die Arbeiten von Palmatier et al. (2006) sowie Reinartz et al. (2005) herausgearbeitet und stellen wichtige Schnittstellen des Relationship Marketings für Corporate Hospitality dar. Ferner wird belegt, dass die Kundenbindung als zentrales Ziel des Relationship Marketings nicht allein auf die Kundenzufriedenheit zurückzuführen ist, wie es teilweise noch weit verbreitet ist. Das Konstrukt der Beziehungsqualität stellt eine der zentralen Einflussgrößen auf die Kundenbindung dar, dessen Forschungsbefunde nachfolgend vorgestellt werden.

## 5.2 Beziehungsqualität als Schlüsselgröße der Kundenbindung

In der Untersuchung von **Crosby, Evans und Cowles (1990)** wird die Beziehungsqualität durch zwei zentrale Konstrukte gemessen, Vertrauen in den Verkäufer und die Kundenzufriedenheit. Die Größe „Commitment" wird hier als Wirkungsgröße der Beziehungsqualität in Form von antizipierter Interaktion in der Zukunft berücksichtigt. Gegenstand der empirischen Untersuchung waren amerikanische Kunden mit einer Lebensversicherung im Alter zwischen 25 und 44 Jahren. 151 Fragebögen von 469 angeschriebenen Personen konnten für die Auswertung berücksichtigt werden. Der

Einfluss der Beziehungsqualität auf die antizipierte Interaktion in der Zukunft konnte als signifikant nachgewiesen werden. Im Gegensatz dazu musste die Hypothese einer direkten Wirkung der Beziehungsqualität auf die Verkaufseffektivität abgelehnt werden. Inwiefern die antizipierte Interaktion in der Zukunft die Verkaufseffektvität beeinflusst, wurde nicht untersucht. Hier wird vermutet, dass vor allem das Commitment einen zentralen Treiber für die Verkaufseffektvität darstellt.

Basierend auf den Ergebnissen von Crosby et al. (1990) haben sich **Hennig-Thurau und Klee (1997)** auf theoretischer Ebene mit dem Konstrukt der Beziehungsqualität und deren Wirkung auf die Kundenbindung auseinandergesetzt. Die Analyse bisheriger Forschungsarbeiten zum direkten Einfluss der Kundenzufriedenheit auf die Kundenbindung ergab, dass es keinen ausreichenden Nachweis für eine direkte Wirkungsbeziehung gibt. Sie kommen zu dem Ergebnis, dass für die Erklärung der Kundenbindung weitere Konstrukte eine Rolle spielen. Die Beziehungsqualität als übergeordnetes Konstrukt, welches durch die Dimensionen „produktbezogene Qualitätswahrnehmung"[26], „Commitment des Kunden gegenüber dem Anbieter" und „Vertrauen gegenüber dem Anbieter" modelliert wurde, konnte als maßgebliche Einflussgröße der Kundenbindung theoretisch hergeleitet werden.

Die empirische Überprüfung des „Relationship-Quality-Modells" von Hennig-Thurau und Klee (1997) erfolgte dann in einer späteren Arbeit durch **Hennig-Thurau, Klee und Langer (1999)**. Dazu wurden 1.000 Kunden eines Systemgastronomieunternehmens in drei Restaurants befragt. 309 Antwortbögen konnten für die Auswertung berücksichtigt werden. Die Datenerhebung erfolgte in zwei Schritten: zum einen unmittelbar nach dem Essen, zum anderen nach einer nicht genannten zeitlichen Distanz zur ersten Befragung. Im Ergebnis der Studie konnte bestätigt werden, dass die Beziehungsqualität einen starken Einfluss auf die Kundenbeziehung hat, mit einer Varianzerklärung von 34 Prozent. Aufgrund der geringen Erklärungskraft der Dimensionen „Vertrauen" und „produktbezogene Qualitätswahrnehmung" auf die Kundenbindung muss allerdings das Relationship-Quality-Modell modifiziert werden. Die produktbezogene Qualitätswahrnehmung beeinflusst das Vertrauen und das Commitment positiv. Das Vertrauen wirkt sich positiv auf das Commitment aus und die Dimension „Commitment" beeinflusst positiv die Kundenbindung.

---

[26] Die Kundenzufriedenheit wird hier als vorwiegend emotionale, zeitinstabile Bewertung einer einzelnen Transaktion und deren Konsequenzen aufgefasst. Die produktbezogene Qualitätswahrnehmung des Kunden weist einen größtenteils kognitiven Charakter auf, welche sich aus der Summe aller bisherigen Erfahrungen und Eindrücke bezogen auf das betrachtete Produkt zusammensetzt und zeitstabil ist (Hennig-Thurau et al., 1999).

**De Wulf, Odekerken-Schröder und Iacobucci (2001)** untersuchten in ihrer Studie u.a. den Einfluss der Beziehungsqualität auf die Kundenloyalität in Kunden-Verkäufer-Beziehungen im Lebensmittel- und Bekleidungseinzelhandel. Sie fassen die Beziehungsqualität als übergeordnetes Konstrukt auf, welches sich aus den Größen „Vertrauen", „Zufriedenheit" und „Commitment" zusammensetzt. In ihrer Untersuchung befragten sie insgesamt 1.727 Personen (Lebensmitteleinzelhandel: n=857; Bekleidungseinzelhandel: n=870) in den USA, Belgien und den Niederlanden. Im theoretischen Modell der Autoren wurden Faktoren wie „Direkt-Kommunikation per Post", „bevorzugte Kundenbehandlung", „interpersonelle Kommunikation" und „materielle Anreize" berücksichtigt, welche die wahrgenommene Beziehungsinvestition aus Kundensicht widerspiegeln und gemeinsam als direkte Einflussgröße auf die Beziehungsqualität implementiert wurden.

Im Ergebnis der Untersuchung konnte der positive Einfluss der wahrgenommenen Beziehungsinvestition auf die Beziehungsqualität zwischen Kunde und Einzelhändler sowie auf die Kundenloyalität nachgewiesen werden. Ferner kamen De Wulf et al. zu dem Schluss, dass interpersonelle Kommunikation den größten Einfluss auf die wahrgenommene Beziehungsinvestition hat und eine der wesentlichsten Erfolgsgrößen für die Beziehungsqualität in Kunden-Händler-Beziehungen darstellt. Auch wenn die Studie einigen Limitationen unterliegt (Produktqualität, Preis, Dienstleistungsqualität, Beziehungsdauer, Größe des Einzelhandels u.a. blieben unberücksichtigt), so unterstreicht sie die Auffassung der Beziehungsqualität als übergeordnetes Konstrukt, welches durch Vertrauen, Commitment und Zufriedenheit determiniert wird. Die Untersuchungen von De Wulf et al. offenbaren Anknüpfungspunkte für Corporate Hospitality, da hier die interpersonelle Kommunikation als wichtige Einflussgröße auf die Beziehungsqualität herausgestellt worden ist und während einer Corporate-Hospitality-Maßnahme (idealtypisch) eine intensive interpersonelle Kommunikation stattfindet.

In ihrer Meta-Analyse kommen **Palmatier, Dant, Grewal und Evans (2006)** zu dem Ergebnis, dass die Beziehungsqualität den größten Einfluss auf die ökonomische Zielerreichung in Anbieter-Kunden-Beziehungen aus Unternehmenssicht hat. Es wird ferner hervorgehoben, dass die Beziehungsqualität ein mehrdimensionales Konstrukt darstellt, bestehend aus Vertrauen, Zufriedenheit und Commitment, dessen Wirkung nur durch die Gesamtheit seiner Einzelgrößen erklärt werden kann. So weist die Dimension „Commitment" einen großen Einfluss auf die Kundenloyalität auf, jedoch hat sie lediglich eine geringe Wirkung auf die ökonomische Zielerreichung in Anbieter-Kunden-Beziehungen.

**Palmatier et al.** (2007) untersuchten in ihrer Studie den Einfluss von sozialen, finanziellen und strukturellen Relationship-Marketing-Programmen[27] auf die Beziehungsqualität zwischen Kunde und Verkäufer sowie auf die Beziehungsqualität zwischen Kunde und dem Unternehmen des Verkäufers. Ferner wurde der Zusammenhang zwichen der Beziehungsqualität und dem finanziellen Erfolg in den einzelnen Beziehungen analysiert. Nach einem mehrstufigen Erhebungsprozess konnten die Daten aus den Fragebögen von 362 Kunden, 154 Verkäufern und 34 Firmen für die Untersuchung berücksichtigt werden. Die Autoren wiesen nach, dass die individuelle Beziehungsqualität zwischen Kunde und dem Verkäufer alle drei untersuchten finanziellen Erfolgsgrößen (Kundenumsatzanteil[28], Zahlungsbereitschaft für Preiserhöhungen, Umsatzwachstum des Unternehmens) beeinflusst sowie eine größere Wirkung auf den Kundenumsatzanteil und das Umsatzwachstum hat als die Beziehungsqualität zwischen Kunde und Unternehmen. Des Weiteren konnte kein Zusammenhang zwischen der Beziehungsdauer und der Beziehungsqualität zwischen Kunde und Unternehmen nachgewiesen werden. In der Studie von Palmatier et al. (2006) wurde die Bedeutung der sozialen Bindung bereits belegt, welche mit der vorliegenden Studie sowohl bestätigt als auch weiter präzisiert werden konnte: Denn entscheidend ist die soziale Bindung zwischen Kunde und Verkäufer, nicht jene zwischen Kunde und Unternehmen.

Die Beziehungsqualität in Business-to-Business-Beziehungen wurde von **Rauyruen und Miller (2007)** untersucht. Beide Autoren unterscheiden auch hier zwischen der Beziehungsqualität des Kunden zum Mitarbeiter des Anbieters und der Beziehungsqualität des Kunden zum Anbieter bzw. zum Unternehmen selbst. Dazu befragten sie kleine und mittelständische Unternehmen, die Kunde bei einem australischen Brief- und Paketdienstleister sind. Die Daten aus 306 Antwortbögen wurden mit Hilfe von Strukturgleichungsmodellen ausgewertet. Die Ergebnisse zeigen, dass die vier Dimensionen der Beziehungsqualität (Kundenzufriedenheit, Vertrauen, Commitment, wahrgenommene Dienstleistungsqualität) die psychologische Kundenloyalität beeinflussen.

---

[27] *Soziale Relationship-Marketing-Programme* zielen darauf ab, die Kundenbeziehung zu personalisieren und den besonderen Status des Kunden hervorzuheben. Dies kann durch häufige und individuelle Kommunikation und/oder durch soziale Aktivitäten, wie beispielsweise Corporate Hospitality, erfolgen. *Finanzielle Relationship-Marketing-Programme* beinhalten ökonomische Vorteile, wie Rabatte, Freiware oder Boni, die dem Kunden für seine Treue gewährt werden. *Strukturelle Relationship-Marketing-Programme* basieren auf gemeinsamen Investitionen von Anbieter und Kunde in die Geschäftätigkeit, welche der Kunde alleine nicht tätigen würde (Palmatier, 2008).

[28] Der Kundenumsatzanteil gibt Auskunft darüber, welcher prozentuale Anteil des Gesamtumsatzes eines Kunden in einem bestimmten Konsumbereich bei dem jeweiligen Unternehmen getätigt wird (Palmatier et al., 2007).

Jedoch wird die verhaltensorientierte Kundenloyalität (Kaufabsicht) allein durch die Kundenzufriedenheit und die wahrgenommene Dienstleistungsqualität beeinflusst. Im Gegensatz zur Studie von Palmatier et al. (2007) konnte hier nachgewiesen werden, dass in Business-to-Business-Beziehungen die Beziehungsqualität zwischen Kunde und Anbieter die Kundenloyalität beeinflusst und nicht die Beziehungsqualität zwischen Kunde und Mitarbeiter des Anbieters.

In allen vorgestellten Studien wurde die Beziehungsqualität als übergeordnetes Konstrukt für die Erklärung der Kundenbindung bestätigt. Hinsichtlich der Operationalisierung der Beziehungsqualität besteht allerdings Uneinigkeit. In der Summe konnten das Vertrauen in den Anbieter, das Commitment gegenüber dem Anbieter, die Zufriedenheit und die wahrgenommene Dienstleistungsqualität aus der Sichtweise des Kunden als Dimensionen der Beziehungsqualität identifiziert werden. Ferner wurde bei der Beziehungsqualität unterschieden zwischen der „Beziehungsqualität zwischen Kunde und Mitarbeiter des Anbieters" und der „Beziehungsqualität zwischen Kunde und anbietenden Unternehmen". Während sich die Beziehungsqualität zwischen Kunde und Verkäufer im Business-to-Consumer-Bereich wesentlich auf die Kundenbindung auswirkt, ist in Business-to-Business-Beziehungen die Beziehungsqualität zwischen Kunde und anbietendem Unternehmen von größerer Bedeutung. Die Untersuchungen von De Wulf et al. (2001) und Palmatier u.a (2007) liefern ferner wichtige Hinweise, dass interpersonelle Kommunikation sowie Maßnahmen zur Förderung sozialer Bindungen, wie beispielsweise Corporate Hospitality, die Beziehungsqualität positiv beeinflussen können.

## 5.3  Zusammenfassung

Die Vorteilhaftigkeit von Relationship-Marketing-Aktivitäten für die Kundenbindung konnte in den Studien nachgewiesen werden. Der aus der Kundenbindung resultierende ökonomische Erfolg wurde tendenziell ebenfalls belegt, jedoch kann anhand der Studien nicht für jede Branche und jedes Unternehmen ein Paradigmenwechsel vom Transaktions- zum Beziehungsmarketing empfohlen werden. Die bisherigen Untersuchungen weisen darauf hin, dass insbesondere für Dienstleistungen sowie für Business-to-Business-Beziehungen ein beziehungsorientiertes Marketing erfolgversprechender ist.

Im Ergebnis kann weiterhin festgehalten werden, dass die Beziehungsqualität als übergeordnetes Konstrukt eine der zentralen Einflussgrößen auf die Kundenbindung darstellt. Hinsichtlich der Operationalisierung der Beziehungsqualität besteht noch keine Einigkeit. Bisher wurden dazu das Vertrauen in den Anbieter, das Commitment zum Anbieter, die Zufriedenheit und die wahrgenommene Dienstleistungsqualität aus der Sicht des Kunden berücksichtigt.

Die besondere Bedeutung von persönlicher Kommunikation und sozialen Bindungen für den Erfolg von Relationship-Marketing-Aktivitäten wurde in mehreren Studien hervorgehoben. Corporate-Hospitality-Maßnahmen bieten hervorragende Bedingungen für die persönliche Kommunikation zwischen Kunde und Anbieter und fördern in besonderer Weise die soziale Beziehung sowie letztendlich die Bindung zwischen beiden Parteien.

## 6 Beziehungsqualität: Theoretische Fundierung und empirische Befunde

Die aus den Theorien ausgewählten Konstrukte werden nun genauer betrachtet und mit bisherigen theoretischen und empirischen Untersuchungsergebnissen verknüpft. Hauptaugenmerk liegt dabei nachfolgend auf dem Konstrukt der Beziehungsqualität, das per Definition die zentrale Zielgröße von Corporate-Hospitality-Maßnahmen darstellt (vgl. Kapitel 2.1). Kapitel sechs bildet zusammen mit dem vorherigen Kapitel die zweite Säule für die anschließende Entwicklung eines Wirkungsmodells für Corporate Hospitality (vgl. Abbildung 6.1), in dessen Ergebnis ein Wirkungsgrundmodell vorliegen soll.

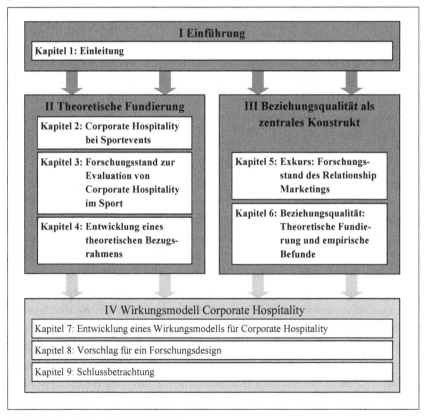

Abbildung 6.1: Aufbau der Forschungsarbeit.
Quelle: eigene Darstellung.

## 6.1 Beziehungsqualität als Konstrukt

Zum Konstrukt der Beziehungsqualität gibt es in der wissenschaftlichen Literatur keine einheitliche Auffassung. Dies gilt sowohl für die deutsch- als auch englischsprachige Literatur. Zudem sind Defizite in der empirischen Forschung zu konstatieren (Sheth & Parvatiyar, 2002). Dies liegt vor allem an 1) einer mangelnden Analyse der Konstrukte sowie deren Interdependenzen, 2) einer unzureichenden Betrachtung der Entwicklungsbedingungen von Beziehungen und 3) einer ungenügenden Berücksichtigung der Entwicklungsdynamik (Hadwich, 2003).

Eine Übersicht sowie Diskussion zu den verschiedenen Definitionen der Beziehungsqualität sind bei Hadwich (2003) und Backhaus (2009) zu finden. Allgemein bildet die Beziehungsqualität die Wahrnehmung des Kunden in der Beziehung zum Unternehmen ab, inwiefern seine Wünsche und Bedürfnisse vom Unternehmen berücksichtigt werden (Hennig-Thurau, 2001; Hennig-Thurau & Klee, 1997). Sie stellt damit eine wichtige Determinante[29] für die Stabilität und Intensität von Geschäftsbeziehungen dar. Die Vorteilhaftigkeit einer guten Beziehungsqualität ergibt sich dadurch, dass die Komplexität von Transaktionen zwischen Transaktionspartnern gesenkt, die Unsicherheit beim jeweiligen Beziehungspartner reduziert sowie die Interaktionseffizienz erhöht wird (Hadwich, 2003).

### 6.1.1 Derivate vs. eigenständige Modellstrukturierung der Beziehungsqualität

Aufgrund der Definitionsvielfalt ist es nicht verwunderlich, dass auch bei der Konzeptionalisierung des Konstrukts „Beziehungsqualität" mehrere Ansätze in der Literatur zu finden sind. Eine Übersicht über die verschiedenen Ansätze ist bei Hadwich (2003) und Bruhn (2009a) zu finden. Hinsichtlich der Konzeptionalisierung von Beziehungsqualität sind in der Literatur zwei unterschiedliche Ansätze anzutreffen: 1) die derivative bzw. abgeleitete Beziehungsqualität und 2) die eigenständige Beziehungsqualität (Bruhn, 2009a; Hadwich, 2003). Bei der Betrachtung der Beziehungsqualität als derivatives Konstrukt (vgl. Abbildung 6.2) werden die einzelnen Dimensionen (zum Beispiel Kunden- bzw. Beziehungszufriedenheit, Vertrauen, Commitment) als eigenständige Modellkonstrukte aufgefasst (Crosby et al., 1990; De Wulf et al., 2001; Hennig-Thurau & Klee, 1997; Rauyruen & Miller, 2007). Die Beziehungsqualität wird durch die einzelnen Dimensionen sowie durch die Beziehungsstruktur dieser Dimensionen zueinander wiedergegeben.

---

[29] In einer zu betrachtenden Ursache-Wirkungsbeziehung wird die unabhängige Variable als Determinante oder Wirkfaktor bezeichnet. Die abhängige Variable wird Resultante genannt (Bortz & Döring, 2006).

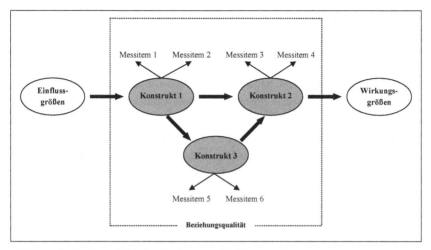

Abbildung 6.2: Derivative Modellstrukturierung der Beziehungsqualität.
Quelle: in Anlehnung an Hadwich, 2003, 27.

Fasst man die Beziehungsqualität als eigenständiges Konstrukt (vgl. Abbildung 6.3) auf, werden die Messungen der einzelnen Dimensionen aggregiert. Die Auffassung der Beziehungsqualität als eigenständiges Konstrukt bringt den Vorteil mit sich, dass die Beziehungsqualität stärker transaktionsunabhängig konzeptionalisiert werden kann (Georgi, 2000; Hadwich, 2003).

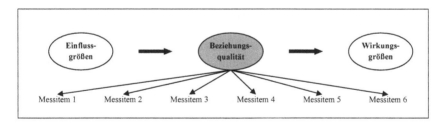

Abbildung 6.3: Eigenständige Modellstrukturierung der Beziehungsqualität.
Quelle: in Anlehnung an Hadwich, 2003, 27.

Des Weiteren weist die eigenständige Herangehensweise eine geringere Modellkomplexität im Vergleich zur derivativen Modellierung auf. Dieser Vorteil ist unter Umständen mit einem Verlust an erklärter Streuung verbunden. Ist es das Ziel, die Wirkungsmechanismen der einzelnen Dimensionen der Beziehungsqualität untereinander zu untersuchen, so bietet sich die derivative Modellierung an. Für die Analyse der Wirkungen der Beziehungsqualität mit anderen Konstrukten empfiehlt sich die eigenständige Modellierung (Hadwich, 2003). Hennig-Thurau und Klee (1997) kritisieren, dass die Interdependenzen zwischen den Faktoren der Beziehungsqualität in den empirischen Arbeiten bisher nicht ausreichend analysiert worden sind.

Nach Abwägen der Vor- und Nachteile beider Modellstrukturierungstypen wird die Auffassung vertreten, dass eine eigenständige Modellstruktur für das hier zu lösende Forschungsproblem die besseren Voraussetzungen und Bedingungen liefert. Die Transaktionsunabhängigkeit bringt vor allem den Vorteil mit sich, dass die Wirkungen von Corporate Hospitality auf die Beziehungsqualität und nachgelagerte Konstrukte unabhängiger von der bisherigen Geschäftsbeziehung analysiert werden können. Aufgrund des geringen Forschungsstands zur Wirkungsanalyse bietet sich zunächst auch eine geringere Modellkomplexität an, die mit zunehmenden Erkenntnissen dann weiter steigen kann. Mit der Wahl der eigenständigen Modellstrukturierung ist ebenfalls die Möglichkeit gegeben, die Wirkungen der Beziehungsqualität mit anderen Konstrukten explizit zu analysieren, wozu bisher nur unzureichende Erkenntnisse vorliegen.

Um die Vorteile der eigenständigen Modellierung zu generieren, bedarf es einer inhaltlich präzisen Konzeptionalisierung. Dazu stellen in der Literatur die Größen „Zufriedenheit", „Vertrauen" und „Commitment" die am häufigsten verwendeten Dimensionen des Konstrukts „Beziehungsqualität" dar (Crosby et al., 1990; De Wulf et al., 2001; Garbarino & Johnson, 1999; Hennig-Thurau & Klee, 1997; Weitz & Bradford, 1999). Während beim Vertrauen Konsens in der Literatur festzustellen ist, gehen die Auffassungen bei der Zufriedenheit und dem Commitment auseinander.

### 6.1.2 Vertrauen im Rahmen von Beziehungsqualität

Vertrauen ist ein psychologisches Konstrukt, das die Bereitschaft des Kunden zum Ausdruck bringt, sich trotz Ungewissheit auf die Verlässlichkeit und Integrität eines Unternehmens zu verlassen (Esch & Rutenberg, 2006; Kenning & Blut, 2006; Möllering & Sydow, 2006; Morgan & Hunt, 1994; Petermann & Winkel, 2006). Es stellt u.a. eine wesentliche Grundbedingung für das Funktionieren von Märkten dar (Ahlert, Kenning & Petermann, 2001; Walgenbach, 2006) und ist dabei immer auf Basis der Vergangenheit zukunftsgerichtet (Grund, 1998; Kassebaum, 2004; Luhmann, 2000). Insbesondere bei Kaufentscheidungen mit hohem Involvement, wie sie häufig im Business-to-Business-Bereich zu beobachten sind, sowie bei Dienstleistungen ist Vertrauen bedeutsam (Berry & Parasuraman, 1991; Esch & Rutenberg, 2006; Huber, Vollhardt, Meyer & Regier, 2007; Kroeber-Riel & Weinberg, 2003; Petermann & Winkel, 2006).

Vertrauen kann sich auf natürliche und juristische Personen beziehen, jedoch „nicht von Personen, die vertrauen, getrennt werden" (Grund, 1998, 104). Auch wenn in der Literatur zwischen interorganisationalem und interpersonalem Vertrauen unterschieden wird, ist Vertrauen zwischen zwei Unternehmen alleine nicht möglich, sondern nur über natürliche Personen als Vertreter der Unternehmen (Giddens, 1990; Luhmann, 1998; Möllering & Sydow, 2006). Seppänen, Blomqvist und Sundqvist (2007) analysierten Forschungsarbeiten zur Messung von interorganisationalem Vertrauen aus den Jahren 1990 bis 2003. Im Ergebnis konnten sie jedoch weder eine umfassende theoretische noch empirische Arbeit zur Messung von interorganisationalem Vertrauen identifizieren.

Vertrauen kann sich sowohl aufgrund konstanter Leistungsqualität und Zufriedenheit über einen längeren Zeitraum auf Produkte, Marken bzw. Dienstleistungen (Transaktionsvertrauen bzw. technisches Vertrauen) als auch aufgrund von Erfahrungen aus persönlichen Interaktionen mit Personen (Beziehungsvertrauen bzw. soziales Vertrauen) beziehen (Bruhn, 2009a; Huber et al., 2007; Kenning, 2002; Schweer & Thies, 2003). Im Mittelpunkt der Betrachtungen steht nachfolgend das interpersonale Beziehungsvertrauen.

Vertrauen im Allgemeinen und auch Beziehungsvertrauen im Besonderen werden durch drei Faktoren bestimmt: 1) Variablen des Vertrauenssubjekts (Kunde), 2) Variablen des Vertrauensobjekts (Unternehmen bzw. handelnde Personen des Unternehmens) und 3) situationsspezifische Variablen (Lorbeer, 2003).

1) Die <u>Variablen des Vertrauenssubjekts</u> werden durch die Persönlichkeitsdispositionen des Kunden gebildet. Rotter (1967) unterscheidet diesbezüglich zwischen generellen und allgemein gültigen Vertrauenserwartungen des Kunden sowie spezifischen Vertrauenserwartungen, die auf konkreten Erfahrungen bezogen auf eine bestimmte Person bzw. eine bestimmte Marke beruhen. Mit der von Rotter (1967) entwickelten „Interpersonal Trust Scale" (ITS) können die Persönlichkeitsmerkmale des Vertrauenssubjekts gemessen werden. Durch den Nachweis von Schlenker, Helm und Tedeschi (1973), dass interaktionsspezifische Faktoren einen größeren Einfluss auf das Vertrauen haben als Persönlichkeitsdispositionen, wurde die Kritik am Vorhersagewert der ITS bekräftigt (Lorbeer, 2003).

2) Als maßgebliche <u>Variablen des Vertrauensobjekts</u> identifizierte Lorbeer (2003) folgende Charakteristika: Kompetenz, Reputation, Konsistenz, Anpassungsbereitschaft, Kommunikation, Sympathie, Integrität und Wohlwollen.

Morgan und Hunt (1994) gehen von drei Einflussfaktoren aus: gemeinsame Werte, Kommunikation und opportunistisches Verhalten. Während die ersten beiden positiv mit Vertrauen korrelieren, weisen opportunistisches Verhalten und Vertrauen einen negativen Zusammenhang auf. Da Corporate Hospitality hier als Maßnahme der Beziehungskommunikation aufgefasst wird, ist der Einfluss von Kommunikation auf das Vertrauen von besonderem Interesse. Vertrauen als Persönlichkeitsdisposition des Vertrauenssubjekts und dessen positiver Einfluss auf die Kommunikation bleiben nachfolgend unberücksichtigt (Lorbeer, 2003). Vielmehr ist der Aufbau von Vertrauen an die Kommunikation des Vertrauensobjekts gebunden (Bauer, Huber & Neumann, 2004; Grund, 1998). Die Entwicklung von Vertrauen in Geschäftsbeziehungen ist ein sich gegenseitig beeinflussender Prozess. Kommunikation ist notwendig für den Aufbau von Vertrauen, zugleich begünstigt Vertrauen jedoch auch die Kommunikation, indem mehr und zunehmend vertraulichere und private Informationen getauscht werden (Anderson & Narus, 1990; Anderson & Weitz, 1989; Denize & Young, 2007; Geyskens, Steenkamp & Kumar, 1998; Mohr & Nevin, 1990; Morgan & Hunt, 1994). Shapiro, Sheppard und Cheraskin (1992), Das und Teng (1998) sowie Jung (1999) kamen in ihren theoretischen Untersuchungen zu dem Schluss, dass Kommunikation einen positiven Einfluss auf das Vertrauen hat. Empirisch wiesen Anderson und Weitz (1989), Anderson und Narus (1990), Morgan und Hunt (1994), Selnes (1998) sowie Lorbeer (2003) den Einfluss als signifikant nach. Die daraus resultierenden Wirkungen der Unsicherheitsreduktion sowie des besseren Informationsaustausches bestätigten Moorman, Deshpandé und Zaltman (1993) sowie Aulakh, Kotabe und Sahay (1996) empirisch. Allerdings konnten Doney und Cannon (1997) sowie Moore (1998) einen signifikanten Einfluss von Kommunikation auf den Informationsaustausch empirisch nicht bestätigen. Normen des Informationsaustausches konnten in der Untersuchung von Denize und Young (2007) den größten Erklärungsbeitrag für das Vertrauen leisten. Dieser Faktor setzt sich aus einem Bündel zusammen, deren einzelne Faktoren einen sehr kleinen Anteil von Vertrauen erklären. Die Entwicklung von Vertrauen wird nicht durch wenige einzelne Größen beeinflusst, sondern durch das Zusammenspiel mehrerer Einflussfaktoren.

3)   Als situationsspezifische Variablen mit Einfluss auf das Vertrauen werden in der Literatur in erster Linie die Beziehungsintensität und die Beziehungszufriedenheit diskutiert (Lorbeer, 2003).

Uneinigkeit besteht in der Literatur in Bezug auf die Konzeptionalisierung des Konstrukts „Vertrauen" (Porter & Donthu, 2008).[30] Der Ansatz von Lewis und Weigert (1985) genießt im Marketing hohe Akzeptanz (Kenning & Blut, 2006; Seppänen et al., 2007) und dient daher nachfolgend als Grundlage. Er unterscheidet kognitives, affektives sowie verhaltensbezogenes bzw. konatives Vertrauen.

Kognitives Vertrauen bezieht sich auf das Kennen des Beziehungspartners und den Umfang an Wissen über diesen. Es drückt vor allem die Vertrautheit des Kunden mit dem Anbieter aus. Auf Basis des Wissens über den anderen Beziehungspartner bezieht sich kognitives Vertrauen auf die Vorhersagbarkeit von Verhalten sowie die Zuverlässigkeit des Vertrauensobjekts (Johnson & Grayson, 2003). In Entscheidungssituationen sorgt kognitives Vertrauen für eine kognitive Entlastung bei den Individuen (Esch & Rutenberg, 2004, 2006). Da es in vielen Situationen nicht möglich ist, alle Informationen einzuholen und zu verarbeiten, vertrauen Individuen bestimmten Personen bzw. Organisationen, mit denen sie bereits positive Erfahrungen gesammelt haben, ohne alle Informationen zu kennen (Giddens, 1990; Luhmann, 2000).

Affektives Vertrauen basiert auf Emotionen und kann als Vertrauen des Kunden in den Anbieter aufgefasst werden (Ripperger, 1998). Mit affektivem Vertrauen sind vor allem Gefühle der Fürsorge und des Interesses des Vertrauensobjekts im Hinblick auf das Vertrauenssubjekt verbunden (Johnson & Grayson, 2003). Für Rempel, Holmes und Zanna (1985) ist affektives Vertrauen eng mit der Wahrnehmung verbunden, dass die Handlungen des Vertrauensobjekts stark intrinsisch motiviert sind. Diese intrinsische Motivation drückt sich aus in dem Bemühen, den Kunden zufrieden zu stellen, den Wünschen des Kunden entgegenzukommen (Lorbeer, 2003), für den Kunden ein positives Ergebnis zu erzielen (Ganesan, 1994) und/oder um das Wohlergehen des Kunden besorgt zu sein (Lewin & Johnston, 1997). Emotionen wird ferner eine entscheidende Rolle in der Dynamik von Geschäftsbeziehungen zugeschrieben (Andersen & Kumar, 2006; Kumar, 1997; Lawler, 2001). Ein gewisses kognitives Vertrauen muss für die Entwicklung von affektivem Vertrauen bereits vorhanden sein (McAllister, 1995). Allgemein wird affektivem Vertrauen eine große Bedeutung in Vertrauensbeziehungen zugeschrieben (Grund, 1998). Da Sportevents aufgrund der Emotionalität häufig für die Durchführung von Corporate-Hospitality-Maßnahmen ausgewählt werden, könnte

---

[30] Auf die Vorstellung und Diskussion verschiedener Ansätze der Konzeptionalisierung von Vertrauen wird hier verzichtet und auf den Überblick bei Bruhn (2009a, 79 ff.) verwiesen.

insbesondere die Entstehung von affektivem Vertrauen gefördert werden. Dem affektiven Vertrauen kommt daher besondere Aufmerksamkeit zu.

Verhaltensbezogenes Vertrauen ist das Ergebnis kognitiven und affektiven Vertrauens (Johnson & Grayson, 2000; Lorbeer, 2003). Der Entwicklungsprozess von Vertrauen ist zu Beginn zunächst stark durch kognitives Vertrauen gekennzeichnet. Mit zunehmendem Vertrauen bis hin zu bedingungslosem Vertrauen als höchste Entwicklungsstufe von Vertrauen nimmt der kognitive Anteil zu Gunsten des affektiven Vertrauensanteils ab. Es wird jedoch davon ausgegangen, dass immer eine kognitive Restkomponente verbleibt (Grund, 1998; Lorbeer, 2003). In einer empirischen Studie im Lebensmitteleinzelhandel konnte nachgewiesen, dass nicht eine einzige Vertrauensart allein zum Kauf führt (Kenning & Blut, 2006). Fraglich ist, ob diese Erkenntnis auch für Business-to-Business-Transaktionen gilt. Unter Berücksichtigung der Tatsache, dass die Entscheidungen von Individuen getroffen werden und diese wie bereits dargelegt nicht ausschließlich rational handeln, kann auch in Geschäftsbeziehungen angenommen werden, dass Entscheidungen auf Vertrauensbasis nicht auf rein kognitiven oder rein affektiven Vertrauen beruhen, sondern eine Mischung aus beiden sind.

Vertrauen drückt sich vor allem in zwei Größen aus: Glaubwürdigkeit („credibility") und Wohlwollen („benevolence") (Doney & Cannon, 1997; Geyskens et al., 1998). Andersen und Kumar (2006) gehen jedoch davon aus, dass sowohl kognitives als auch affektives Vertrauen die Glaubwürdigkeit und das Wohlwollen beeinflussen. Johnson, Cullen, Sakano und Takenouchi (1996) sehen in der Glaubwürdigkeit eher die kognitive bzw. rationale Art von Vertrauen und im Wohlwollen die emotionale Seite des Vertrauens.

In der Literatur besteht Einigkeit darüber, dass Vertrauen die Beziehungsstärke beeinflusst (Dwyer, Schurr & Oh, 1987; Frommeyer, 2005; Garbarino & Johnson, 1999; Georgi, 2000; Georgi, Hadwich & Bruhn, 2006; Hadwich, 2003; Swan, Trawick & Silvia, 1985) und eine wesentliche Voraussetzung für erfolgreiches Beziehungsmarketing darstellt (Berry, 1995; Doney & Cannon, 1997; Morgan & Hunt, 1994). Morgan und Hunt (1994) konnten empirisch den Einfluss von Kommunikation auf das Vertrauen in Business-to-Business-Beziehungen nachweisen. Sie unterschieden dabei jedoch nicht zwischen kognitivem und affektivem Vertrauen. Die Vertrauensforschung beschäftigte sich insgesamt sehr intensiv mit dem kognitiven Teil von Vertrauen zu Lasten des affektiven Teils. Vertrauen aus rein kognitiver Sichtweise ohne Berücksichtigung der affektiven Komponente zu erklären, wäre im Rahmen von Geschäftsbeziehungen unzureichend (Andersen & Kumar, 2006). Es gibt nur wenige Untersuchungen zu affektivem Vertrauen (Johnson & Grayson, 2003; McAllister, 1995; Möllering, 2002; Swan et al., 1985). Zur Wirkung von Kommunikation auf das affektive Vertrauen konnte keine Studie identifiziert werden.

### 6.1.3 Zufriedenheit als Dimension der Beziehungsqualität

Zufriedenheit wird weitgehend als Kundenzufriedenheit aufgefasst. Aufgrund der Annahme, dass zufriedene Kunden dem Anbieter treu sind, kommt der Kundenzufriedenheit in Wissenschaft und Praxis eine große Bedeutung zu (Bruhn, 2009a). Kundenzufriedenheit setzt sich aus der Zufriedenheit mit einzelnen Transaktionen sowie aus der Zufriedenheit mit der Geschäftsbeziehung zusammen (Hadwich, 2003). Kundenzufriedenheit ist eng mit der Leistungsqualität verbunden und ergibt sich aus dem individuellen Vergleich als Differenz zwischen den Erfahrungen beim Gebrauch einer Leistung (IST-Leistung) und der erwarteten SOLL-Leistung (Homburg & Fürst, 2008). In Anlehnung an das Confirmation/Disconfirmation-Paradigma liegt Kundenzufriedenheit vor, wenn die Kundenerwartungen erfüllt wurden. Im Falle einer Übererfüllung der Kundenerwartungen wird von Begeisterung gesprochen (Oliver, 1980). Diese Ansicht beschränkt sich jedoch vorwiegend auf die **Transaktionszufriedenheit** und ist durch eine sehr statische Perspektive gekennzeichnet. Neuere Ansätze der Kundenzufriedenheit weisen eine dynamische Perspektive auf und definieren Kundenzufriedenheit als die Summe aller Erfahrungen mit einem Unternehmen (Palmatier et al., 2006; Stauss, 2008). Damit geht der dynamische Ansatz über die Transaktionszufriedenheit hinaus und berücksichtigt auch beziehungsorientierte Aspekte (zum Beispiel Interaktionszufriedenheit, Zufriedenheit mit Mitarbeitern) (Bruhn, 2009a). Die Zufriedenheit mit den beziehungsorientierten Aspekten spiegelt sich dann in der Beziehungszufriedenheit des Kunden mit dem Unternehmen wider.

Die aggregierende Auffassung der Kundenzufriedenheit steht jedoch im Widerspruch zur transaktionsübergreifenden Auffassung der Beziehungsqualität, weshalb Hadwich (2003) dafür plädiert, die Zufriedenheit nicht als Dimension, sondern als Einflussgröße der Beziehungsqualität heranzuziehen. De Wulf et al. (2001) berücksichtigen als einzige in ihrer Konzeptionalisierung ausschließlich die **Beziehungszufriedenheit**, die sie als affektiven Zustand auffassen, welcher sich aus der Gesamtbeurteilung der Geschäftsbeziehung ergibt. Sie spiegeln die Beurteilung der Beziehung zum Anbieter aus Kundensicht wider. Die Beziehungszufriedenheit berücksichtigt somit auch Aspekte, die über die reinen Transaktionen hinausgehen, und hier eine Schnittstelle für mögliche Wirkungen auf die Geschäftsbeziehung aus Corporate-Hospitality-Maßnahmen bietet. Die Transaktionszufriedenheit wird als Einflussgröße auf der Transaktionsebene herangezogen, jedoch als **Kundenzufriedenheit mit den einzelnen Transaktionen** verstanden und somit auch Beziehungsaspekte einschließt, die im unmittelbaren Zusammenhang mit den Transaktionen stehen (bspw. Empathie des Verkaufsmitarbeiters).

### 6.1.4 Commitment und Beziehungsqualität

Commitment stellt im Relationship Marketing ein vielfach untersuchtes Konstrukt dar und ist ein zentraler Faktor erfolgreicher Beziehungen (Hunt, Arnett & Madhavaram, 2006). Grundsätzlich können drei verschiedene Definitionsansätze von Commitment in Geschäftsbeziehungen unterschieden werden. Vertreter des verhaltensorientierten Ansatzes definieren Commitment als ein Gefühl, infolge einer getroffenen Entscheidung „auf ein bestimmtes Verhalten festgelegt zu sein" (Zimmer, 2000, 28). Einstellungsorientierte Ansätze verbinden mit Commitment „eine positive emotionale Orientierung sowie eine hohe Wert- und Zielkongruenz" (Zimmer, 2000, 28). Die mehrdimensionalen Ansätze fassen beide Ansätze zusammen.

In dieser Arbeit wird dem einstellungsorientierten Ansatz gefolgt und Commitment als starker Glaube eines Beziehungspartners aufgefasst, dass die Beziehung zu einem Unternehmen so wichtig ist, dass die Beziehung unbedingt aufrecht erhalten werden sollte (Morgan & Hunt, 1994). Zwischen Kunde und Anbieter wird von einer inneren Verbundenheit ausgegangen, die sich in einer positiven emotionalen Orientierung des Kunden zum Unternehmen ausdrückt. Beide Organisationen sind durch gemeinsame Ziele miteinander verbunden (Zimmer, 2000).

Commitment hat ausschließlich einen beziehungsorientierten Charakter und ist nicht auf einzelne Leistungen zurückzuführen. Je besser die Beziehung vom Kunden zum Unternehmen bewertet wird, desto höher ist das Commitment zum Anbieter und desto stärker ist der Kunde dem Unternehmen verbunden (Bruhn, 2009a; Coulter, Price & Feick, 2003; Zimmer, 2000). Ein hohes Commitment stellt eine wesentliche (emotionale) Wechselbarriere dar (Allen & Meyer, 1990). Commitment ist das Ergebnis guten Beziehungsmarketings und gibt die Verhaltensabsicht des Kunden in einer Beziehung zum Anbieter wieder (Morgan & Hunt, 1994). Es wird daher der Auffassung von Hadwich (2003) gefolgt, dass „Commitment" als Konstrukt eher der Kundenbindung zu zuordnen ist, anstatt es als Dimension der Beziehungsqualität aufzufassen.

*6.1.5 Zusammenfassung Beziehungsqualität als Konstrukt*

Zusammenfassend kann festgehalten werden, dass die Beziehungsqualität die Wahrnehmung der Geschäftsbeziehung zu einem Unternehmen aus Kundensicht darstellt. Zufriedenheit, Vertrauen und Commitment stellen in der wissenschaftlichen Literatur die zentralen Dimensionen der Beziehungsqualität dar. Im Ergebnis der Abwägung der Vor- und Nachteile der beiden vorherrschenden Modellstrukturierungsvarianten fiel die Wahl aufgrund der stärkeren Transaktionsunabhängigkeit, der geringeren Modellkomplexität sowie der besseren Analyse von Wirkungszusammenhängen mit anderen Konstrukten auf die eigenständige Modellstrukturierung.

## 6.2 Beziehungsqualität und deren Einflussgrößen

Aufbauend auf der Analyse von Hadwich (2003), der die verwendeten Einflussgrößen in den bisherigen empirischen Arbeiten in drei Kategorien (unternehmensbezogene, transaktionsbezogene und beziehungsbezogene Einflussgrößen) einordnet, werden nachfolgend die einzelnen Größen auf ihre Relevanz für ein Wirkungsmodell von Corporate-Hospitality-Maßnahmen geprüft.

*6.2.1 Unternehmensbezogene Einflussgrößen auf die Beziehungsqualität*

Unter unternehmensbezogenen Einflussgrößen versteht Hadwich (2003) alle Determinanten, die die Kundenwahrnehmung des Anbieters wiedergeben. Dazu gehören das **Image bzw.** die **Reputation**[31] sowie die Marktstellung des Unternehmens. Image stellt eine Vertrauensdeterminante dar, die insbesondere bei der Unsicherheit hinsichtlich der Beurteilung einer Leistung zum Tragen kommt, zum Beispiel aufgrund hoher Komplexität oder Intangibilität. Vor allem in jungen Geschäftsbeziehungen spielt das

---

[31] Image ist definiert als „Gesamtbild, das sich eine Person von einem Meinungsgegenstand macht, wobei es sich eher um eine gefühlsmäßige Auseinandersetzung mit dem Meinungsgegenstand handelt" (Kroeber-Riel et al., 2009, 210). In der Unternehmenspraxis wird zwischen dem Image und der Reputation eines Unternehmens kaum unterschieden (Buß, 2007; Rolke, 2007; Wiedmann, Fombrun & van Riel, 2007). Uneinigkeit besteht in der Literatur, inwiefern Image und Reputation eigenständige und klar voneinander abgrenzbare Konstrukte sind. Die Reputation eines Unternehmens wird oft mit Werten bzw. Attributen wie beispielsweise Glaubwürdigkeit, Zuverlässigkeit, Vertrauenswürdigkeit und Verantwortungsbewusstsein verbunden (Fombrun, 1996), die jedoch auch als Items in Imageanalysen verwendet werden. Für Porák et al. (2007, 551) ist die Reputation eine „bewusste Bewertung von Unternehmenseigenschaften und Unternehmenswerten" während unter dem Unternehmensimage „tendenziell eher ein intuitives Unternehmensbild verstanden [wird], welches aufgrund von spontanen Assoziationen entsteht". Obwohl Wiedmann et al. (2007) die Unternehmensreputation als übergeordnetes Konstrukt betrachten, welches sich aus dem Unternehmensimage sowie aus den bestehenden Unterstützungspotentialen zusammensetzt, ist eine Differenzierung bei der Unternehmensbewertung anhand der Kriterien „bewußt" und „intuitiv" auch in der praktischen Umsetzung von Image- und Reputationsanalysen sehr fraglich. Aufgrund der mangelnden klaren Abgrenzung beider Konstrukte werden beide Termini in dieser Arbeit synonym verwendet.

Image eine wichtige Rolle. Mit zunehmender Beziehungsdauer nimmt die Bedeutung des Images aufgrund konkreter Erfahrungen aus der Beziehung ab (Klee, 2000). Ähnlich wie das Image ist auch die **Marktstellung eines Unternehmens** insbesondere für potentielle Kunden bzw. in frühen Phasen der Geschäftsbeziehung bedeutsam. Auch diese Größe beeinflusst das Vertrauen des Kunden in den Anbieter (Klee, 2000). In Business-to-Business-Beziehungen sind beide Größen vor allem in frühen Beziehungsstadien bedeutsam (Hadwich, 2003). Da Gäste von Corporate-Hospitality-Maßnahmen in der Regel schon in einer Geschäftsbeziehung zum Unternehmen stehen, kann eher von einem geringen Einfluss der unternehmensbezogenen Größen ausgegangen werden, so dass diese aufgrund von Komplexitätsgründen nachfolgend nicht als Einflussgrößen berücksichtigt werden.

### 6.2.2 Transaktionsbezogene Einflussgrößen auf die Beziehungsqualität

Die transaktionsbezogenen Einflussgrößen werden noch einmal unterschieden in leistungsbezogene und interaktionsbezogene Größen. Die beiden zentralen Zielsetzungen auf der Transaktionsebene sind die „Generierung von Informationen über die kundenseitigen Interaktions- und Leistungsbedürfnisse" sowie die „Verbesserung der Interaktions- und Leistungsqualität bei zukünftigen Transaktionen" (Lischka, 2000, 117). Der Einfluss auf die Beziehungsqualität ergibt sich aus der Differenz zwischen der vom Kunden wahrgenommenen Interaktion und den Interaktionserwartungen (=Interaktionsqualität) bzw. zwischen der wahrgenommenen Leistung und den Leistungserwartungen (=Leistungsqualität). Eine positive Differenz trägt zu einer höheren Beziehungsqualität bei, dementsprechend sinkt die Beziehungsqualität bei einer negativen Differenz. Das Erfassen und Bewerten dieser Erfolgswirkungen im Anschluss an eine Corporate-Hospitality-Maßnahme stellt aufgrund der Zukunftsbezogenheit ein Problem dar. Zum einen verlieren die Wirkungen im Zeitablauf an Stärke, zum anderen sind Geschäftsbeziehungen in eine dynamische Umwelt eingebettet, in der weitere Faktoren und Einflüsse nicht unberücksichtigt bleiben dürfen und sich am Ende die Frage stellt, welchen tatsächlichen Einfluss die Wirkungen aus einer Corporate-Hospitality-Maßnahme auf die weitere Geschäftsbeziehung haben. Unbestritten ist jedoch, dass eine hohe Interaktions- und Leistungsqualität „Voraussetzung für die Realisierung transaktionsübergreifender Zielsetzungen auf der Beziehungsebene" ist (Lischka, 2000, 118).

Unter den **interaktionsbezogenen Einflussgrößen** werden intrapersonale Faktoren, die sich auf persönliche Merkmale der Mitarbeiter beziehen, und interpersonale Faktoren, die mit Kunden-Mitarbeiter-Interaktionen verbunden werden, zusammengefasst.

Intrapersonale Einflussgrößen bilden die Wahrnehmung der Mitarbeiter durch die Kunden ab und können als Interaktionspotenzial eines Mitarbeiters aufgefasst werden bzw. als Kompetenz eines Mitarbeiters, eine Geschäftsbeziehung aufzubauen, zu pflegen und auszubauen. Die *Sozialkompetenz* sowie die *Empathie* der Mitarbeiter wurden als bedeutendste intrapersonale Einflussgrößen identifiziert. Aufgrund der starken Überschneidung beider Größen ist bei der Operationalisierung besondere Aufmerksamkeit erforderlich (Hadwich, 2003).

Der Erfolg von Interaktionen hängt nicht allein vom Mitarbeiter ab, sondern wird maßgeblich durch die Verhaltens- und Interaktionserwartungen des Kunden beeinflusst. Diese Erwartungen basieren auf der Interaktionshistorie der Partner und werden durch die interpersonalen Einflussgrößen bestimmt. Dazu wurden in den bisherigen empirischen Arbeiten Konstrukte wie „Gegenseitige Offenheit", „Kooperation", „Beziehungsinvestitionen", „Vertrautheit", „Ähnlichkeit", „Flexibilität" und „Beziehungsbonds" herangezogen (Hadwich, 2003).

*Gegenseitige Offenheit* bezieht sich zum einen auf die zeitnahe formelle und/oder informelle Kommunikation von relevanten Informationen zwischen den Beziehungspartnern. Zum anderen beinhaltet sie eine Reziprozitätserwartung, was den Informationsaustausch betrifft. Öffnet sich nur eine Partei für die Kommunikation, so wird sich dies ungünstig auf die Beziehungsentwicklung auswirken (Crosby et al., 1990). Für eine dauerhafte Geschäftsbeziehung ist ein Mindestmaß an offener Kommunikation notwendig (Dwyer et al., 1987). Stabilität, Effektivität und Effizienz von Geschäftsbeziehungen sind das Ergebnis offenen Kommunikationsverhaltens, das sowohl theoretisch als auch empirisch mehrfach nachgewiesen wurde (Anderson & Narus, 1990; Anderson & Weitz, 1989; Morgan & Hunt, 1994).

*Kooperation* drückt sich in dem freiwilligen und wechselseitigen Willen zur Abstimmung in einer Beziehung für die Erreichung von Individualzielen sowie von Gemeinschaftszielen aus (Klee, 2000). Kooperationsbereitschaft stellt eine Determinante des Vertrauens dar, was spieltheoretisch belegt wurde (Diekmann, 2004; Dufwenberg & Kirchsteiger, 2004; Gneezy et al., 2000). Auch wenn Crosby et al. (1990) sowie Boles, Johnson und Barksdale (2000) empirisch die positive Wirkung der Kooperation auf die Beziehungsqualität nachwiesen, kann noch nicht von einer Allgemeingültigkeit der Wirkungen ausgegangen werden. Weitere Untersuchungen sind hierzu erforderlich.

Alle Ressourcen, die von einem Anbieter in eine Beziehung eingebracht werden, um eine psychologische Bindung des Kunden zum Anbieter zu erzeugen, werden als *Beziehungsinvestitionen* betrachtet (De Wulf et al., 2001). Diese werden vom

Kunden als Investition in das Vertrauen und Commitment des Anbieters in die Geschäftsbeziehung wahrgenommen und führen reziprok zu Vertrauen und
Commitment (Klee, 2000). Beziehungsinvestitionen konnten als Einflussgröße auf
die Beziehungsqualität empirisch bestätigt werden (Anderson & Weitz, 1992;
Doney & Cannon, 1997; Ganesan, 1994; Morgan & Hunt, 1994). Die Teilnahme
an einer Corporate-Hospitality-Maßnahme ist so eine Investition in eine Geschäftsbeziehung.

*Vertrautheit* gibt den Grad der Bekanntheit der Beziehungspartner wieder. Es ist eine
reziproke Größe, deren Ausmaß vom Engagement der Beteiligten abhängt
(Hadwich, 2003). In der Literatur besteht Uneinigkeit darin, ob Vertrautheit eine
Determinante oder eine Dimension der Beziehungsqualität darstellt (Georgi,
2000). Mit zunehmender Vertrautheit lernen die Beziehungspartner immer vertraulichere Aspekte des anderen kennen. Diese Persönlichkeitstiefe spiegelt den Zustand der Beziehungsqualität wider, statt ihn zu determinieren. Daher wird der
Auffassung von Hadwich (2003) gefolgt und Vertrautheit als Dimension der Beziehungsqualität aufgefasst.

Die wahrgenommene *Ähnlichkeit* zwischen Beziehungspartnern hat Einfluss auf die
Bildung von Vertrauen und Vertrautheit (Klee, 2000). Personen mit großer Ähnlichkeit in Einstellungen, Werten und Erfahrungen werden als Beziehungspartner
bevorzugt, da sie oft gemeinsame Ziele haben und die Interaktion zwischen ihnen
unkomplizierter verläuft (Hadwich, 2003). Ähnlichkeit wirkt sich positiv auf Soli-
darität, Kooperation, Kommunikation, Vertrauen und Zufriedenheit in einer Geschäftsbeziehung aus (Morgan & Hunt, 1994). Insbesondere der Einfluss auf das
Vertrauen konnte empirisch nachgewiesen werden (Doney & Cannon, 1997; Morgan & Hunt, 1994). Ähnlichkeit stellt somit eine Determinante der Beziehungsqualität dar.

Die wahrgenommene *Flexibilität* spiegelt die Bereitschaft und Fähigkeit eines Unternehmens wider, auf veränderte Kundenbedürfnisse einzugehen und wirkt sich positiv auf die Kundenzufriedenheit aus (Hadwich, 2003). Häufig gehen mit der Anpassung an veränderte Kundenbedürfnisse spezifische Beziehungsinvestitionen
einher, die ein stärkeres Commitment begründen. Neben dem Kommunikationsverhalten stellt Flexibilität auch eine wichtige Komponente für die Konfliktbewäl-
tigung in Beziehungen dar, was sich wiederum auf das Vertrauen in den Beziehungspartner auswirkt. Flexibilität als explizite Einflussgröße auf die Beziehungsqualität wurde bisher nur in wenigen Arbeiten berücksichtigt. Homburg (2000)

und Kiedaisch (1997) konnten einen positiven Effekt der Flexibilität auf das Vertrauen nachweisen. *Beziehungsbonds* zielen auf psychologische, emotionale, ökonomische oder technisch-
funktionale Bindungen zwischen den Beziehungspartnern ab. Basierend auf der
sozialen Austauschtheorie entstehen Beziehungsbonds durch eine Reihe erfolgreicher Interaktionen zwischen den Beziehungspartnern, die den Kontext für eine
Bindung schaffen und die Basis für das Entstehen von Vertrauen, Zufriedenheit
und Commitment sind (Hadwich, 2003). Empirische Arbeiten zum Einfluss von
Beziehungsbonds auf die Beziehungsqualität konnten nicht identifiziert werden.

Als **leistungsbezogene Einflussgrößen** werden vor allem die Leistungsqualität sowie
die Fachkompetenz der Mitarbeiter in der Literatur diskutiert. Die Leistungsqualität
bildet das Ergebnis des Leistungserstellungsprozesses ab und stellt insbesondere in
frühen Geschäftsbeziehungsphasen einen wichtigen Indikator für die Vertrauensbildung dar (Hadwich, 2003). In empirischen Untersuchungen konnte der positive Wirkungszusammenhang von Leistungsqualität auf die Beziehungsqualität in Form von
Beziehungsvertrauen bestätigt werden (Hennig-Thurau et al., 1999; Homburg, 2000).
Die durch den Kunden wahrgenommene Fachkompetenz von Mitarbeitern spielt insbesondere bei der Qualitätsbeurteilung eine große Rolle, welche durch eine hohe
Intangibilität gekennzeichnet ist. Bei einer beziehungsorientierten Betrachtung ist die
Fachkompetenz der Mitarbeiter jedoch eine Schlüsselgröße des Vertrauens (Boles et
al., 2000; Crosby et al., 1990).

Die leistungs- und interaktionsbezogenen Faktoren der transaktionsbezogenen Einflussgrößen stehen in einer Wechselwirkung zueinander. Die große Vielfalt an nach-
geordneten Einflussfaktoren erschwert die Konzeptionalisierung zusätzlich und führt
zu einer noch größeren Komplexität. Um die tatsächlichen Wirkungen aus Corporate-
Hospitality-Maßnahmen messen zu können, bedarf es einer scharfen Differenzierung
der Einflüsse auf der Transaktionsebene in transaktionsbezogene Einflussgrößen aus
der bisherigen Geschäftsbeziehung und in transaktionsbezogene Einflussgrößen aus
der Corporate-Hospitality-Maßnahme.

*6.2.3  Beziehungsbezogene Einflussgrößen auf die Beziehungsqualität*

Während die transaktionsorientierte Beziehungsqualität sich vor allem aus der wahrgenommenen Leistungsqualität des Produkts bzw. der Dienstleistung sowie aus der
damit zusammenhängenden Interaktionsqualität zusammensetzt, ist die beziehungsorientierte Beziehungsqualität unabhängig von Transaktionen zu betrachten und ergibt

sich aus der Interaktionsqualität sowie der Qualität des Beschwerdemanagements. Die Interaktionsqualität konnte dabei als die Größe mit dem größten Einfluss auf die Beziehungsqualität identifiziert werden (Georgi et al., 2006), auf der nachfolgend auch der Schwerpunkt der Ausführungen liegt. Die Interaktionsqualität wurde bereits als transaktionsbezogene Einflussgröße definiert. Während die unternehmens- und transaktionsbezogenen Einflussgrößen als eher unspezifisch einzuschätzen sind, beziehen sich die beziehungsbezogenen Merkmale auf spezifische Beziehungen zwischen Kunde und Anbieter. Die Kontaktintensität und die Dauer der Geschäftsbeziehung wurden in der Literatur als beziehungsbezogene Determinanten der Beziehungsqualität identifiziert.

Die **Kontaktintensität** gibt die Häufigkeit der direkten und indirekten Kommunikationskontakte des Anbieters mit dem Kunden wieder (Crosby et al., 1990). Die Relevanz der Kontaktintensität wird wesentlich durch die Leistungsart bestimmt. Dienstleistungen weisen aufgrund der Integration des externen Faktors in der Regel eine höhere Kontaktintensität auf als Sachgüter (Hadwich, 2003). Zu Beginn einer Geschäftsbeziehung erhöht die Kontaktintensität vor allem die Vertrautheit in den jeweiligen Beziehungspartner. Mit zunehmender Reife der Beziehung fördert die Kontaktintensität das Vertrauen bzw. kognitives Vertrauen des Kunden, auch in kritischen Situationen mit dem Anbieter in Kontakt zu treten (Crosby et al., 1990; Doney & Cannon, 1997; Georgi, 2000).

Die Kontaktintensität ist eng mit der **Beziehungsdauer** verbunden. Die Gesamtzahl der Interaktionen ist eine Funktion aus beiden Größen. Mit zunehmender Beziehungsdauer sowie höherer Kontaktintensität nimmt auch die Gesamtheit an Interaktionen zu (Hadwich, 2003). Die Beziehungsdauer beeinflusst zum einen die Vertrautheit. Zum anderen wirkt sie sich positiv auf das Vertrauen aus. Des Weiteren nimmt auch die Beziehungsqualität aufgrund des einstellungsähnlichen Charakters mit zunehmender Beziehungsdauer zu (Georgi, 2000; Hadwich, 2003).

Wenngleich die Wirkungen der Kontaktintensität und der Beziehungsdauer Gegenstand einer Reihe empirischer Arbeiten waren, besteht keine Einigkeit bezüglich der Relevanz der beiden Einflussgrößen, da die Ergebnisse der Untersuchungen widersprüchlich sind. Aufgrund dessen werden in einigen Forschungsarbeiten die beiden Größen auch als Moderatoren aufgefasst. Damit wird angenommen, dass die Kontaktintensität und die Beziehungsdauer „keine Auswirkungen auf andere Konstrukte haben, sondern die Zusammenhänge zwischen den Konstrukten beeinflussen" (Hadwich,

2003, 43). Dieser Auffassung wird auch in dieser Arbeit gefolgt und die Kontaktintensität und die Beziehungsdauer als moderierende Größen berücksichtigt.

### 6.2.4 Zusammenfassung zu Einflussgrößen der Beziehungsqualität

Zusammenfassend betrachtet, können die unternehmensbezogenen Einflussgrößen lediglich für die Entstehung von Geschäftsbeziehungen herangezogen werden. Für die weitere Entwicklung und die Beziehungsqualität haben sie nur einen sehr geringen Einfluss. Von größter Bedeutung sind die transaktionsbezogenen Einflussgrößen, die noch einmal in interaktions- und leistungsbezogene Größen unterteilt werden. Eine genaue Unterscheidung zwischen bisheriger Geschäftsbeziehung und Corporate Hospitality ist für eine Wirkungszuordnung unerlässlich. Bei den beziehungsorientierten Einflussgrößen, wie beispielsweise der Kontaktintensität oder der Dauer der Geschäftsbeziehung, gibt es in der Literatur widersprüchliche Ergebnisse. Daher werden diese in dieser Arbeit als Moderatoren aufgefasst. Im Ergebnis fließen auf der Transaktionsebene die Konstrukte „Leistungsqualität", „Interaktionsqualität" und „Kundenzufriedenheit" als Einflussgrößen auf die Beziehungsqualität in das Grundmodell mit ein (vgl. Abbildung 6.4).

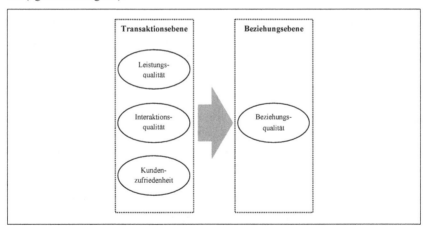

Abbildung 6.4: Einflussgrößen auf die Beziehungsqualität.
Quelle: in Anlehnung an Hadwich, 2003, 56.

### 6.3 Direkte Wirkungsgrößen der Beziehungsqualität

Nachdem zuvor die Form der Modellstrukturierung analysiert und der theoretische sowie empirische Forschungsstand zur Beziehungsqualität und deren Einflussgrößen diskutiert worden ist, stehen nachfolgend die Wirkungen der Beziehungsqualität und deren Konstrukte im Fokus der Analyse. Die Wirkungen der Beziehungsqualität können unterteilt werden in psychologische bzw. direkte und ökonomische bzw. indirekte Wirkungen.

### 6.3.1 Wechselwirkungen von Transaktions- und Beziehungsqualität

Bei einer dynamischen Betrachtung von kausalen Zusammenhängen zwischen der Transaktionsqualität und der Beziehungsqualität wird deutlich, dass die Beziehungsqualität nicht nur durch Transaktionen bestimmt wird, sondern dass die Beziehungsqualität auch umgekehrt zukünftige Transaktionen beeinflusst, da der Kunde auf seine bisherigen Erfahrungen in vorangegangenen Transaktionen zurückgreift (Hadwich, 2003). Georgi (2000) konnte empirisch nachweisen, dass die Beziehungsqualität unter dynamischen Gesichtspunkten interaktions- und leistungsbezogene Wirkungen hat. Dies stellt jedoch die einzige identifizierte Arbeit hierzu dar. Eine Verallgemeinerung ist daher immer mit der Einschränkung mangelnden empirischen Nachweises verbunden, solange dies nicht durch weitere Untersuchungen bestätigt werden kann.

### 6.3.2 Kundenloyalität als Wirkungsgröße der Beziehungsqualität

Die Kundenbindung nimmt insbesondere im Business-to-Business-Marketing eine hohe Bedeutung ein (Backhaus, Baumeister, Koch & Mühlfeld, 2008; Gierl & Gehrke, 2004). Die Nachfrage nach hoch individualisierten Leistungen geht meist mit kundenspezifischen Investitionen auf Anbieterseite einher, die sich erst nach einem längeren Zeitraum amortisieren (Homburg & Krohmer, 2009). Das Interesse an einer Kundenbindung beschränkt sich aufgrund kundenspezifischer Investitionen jedoch nicht nur auf den Anbieter, denn auch beim Kunden können spezifische Investitionen erforderlich sein, die ein Bindungsinteresse an den Zulieferer begründen (Backhaus et al., 2008). Kundenbindung kann daher aus einer anbieterorientierten und aus einer nachfragerorientierten Perspektive betrachtet werden (Bruhn, 2009a; Homburg, Becker & Hentschel, 2008).

Unter Kundenbindung aus Nachfragersicht „werden sämtliche psychologischen Bewusstseinsprozesse beziehungsweise beobachtbaren Verhaltensweisen eines Kunden verstanden, in denen sich die intentionale oder faktische Erhaltung beziehungsweise Intensivierung seiner Beziehung zum Unternehmen aufgrund von bestimmten Bindungsursachen manifestiert" (Bruhn, 2009a, 85). Im Vergleich zur verhaltensorientierten Sichtweise wird die anbieterorientierte Kundenbindung definiert als Summe aller Maßnahmen, „die zu kontinuierlichen oder vermehrten Wieder-, Zusatz- und Folgekäufen führen bzw. verhindern, dass Kunden abwandern" (Reinecke & Dittrich, 2006, 315).

Die Begriffe Kundentreue und Kundenloyalität werden bei einer nachfragerorientierten Sichtweise meist synonym verwendet. Eggert (1999) schränkt dies ein, indem er Kundenloyalität nur mit einer positiven Kundenbindung verbindet, während grundsätzlich auch eine negative Kundenbindung zum Unternehmen vorliegen kann. Diller (1996) sowie Homburg und Jensen (2004) fassen Kundenloyalität als das Ergebnis von Kundenbindungsmaßnahmen in Form von „Gebunden-Sein" bzw. „Verbunden-Sein" auf. Zur besseren Unterscheidung der Begriffe wird diesem Ansatz in dieser Arbeit gefolgt. Des Weiteren wird nachfolgend der nachfragerorientierten Perspektive der Kundenbindung der Vorzug eingeräumt, da aus Sicht des gastgebenden Unternehmens die Wirkungen von Corporate-Hospitality-Maßnahmen bei den eingeladenen Kunden von Interesse sind und diese damit eine Nachfragerperspektive begründen.

Anhand der nachfragerorientierten Definition der Kundenbindung von Bruhn (2009a) können vier Aspekte des Konstrukts „Kundenloyalität" identifiziert werden: Verhaltensbezug, Grad der Verhaltenskonkretisierung, Ursachen der Kundenloyalität und Grad der Beziehungsmodifikation. Der **Verhaltensbezug** der Kundenloyalität kann anhand kognitiver, affektiver und konativer Dimensionen beschrieben werden. Als kognitive Dimension kommt zum Beispiel die Wahrnehmung der fachlichen Kompetenz des Mitarbeiters im Unternehmen in Frage. Die Sympathie gegenüber dem Ansprechpartner des Kunden stellt ein Beispiel für eine affektive Dimension dar, während beispielsweise eine konkrete Wiederkaufabsicht als konative Dimension aufzufassen ist. Der **Grad der Verhaltenskonkretisierung** lässt sich differenzieren in intentionale Kundenloyalität oder auch Verhaltensabsichten des Kunden sowie in faktische Kundenloyalität, die durch beobachtbares Verhalten zum Ausdruck kommt, zum Beispiel in Form eines Wiederkaufs. Die **Ursachen für Kundenloyalität** können freiwilliger Natur sein (=Verbundenheit) oder auf vertraglichen, technisch-funktionalen bzw. ökonomischen Abhängigkeiten (=Gebundenheit) beruhen. Beim **Grad der Beziehungsmodifikation** wird unterschieden zwischen beziehungserhaltender und beziehungsintensivierender Kundenloyalität.

Letztendlich bildet die Kundenloyalität das Beziehungsverhalten des Kunden gegenüber dem Unternehmen ab und differenziert sich in psychologische und verhaltensbezogene Kundenloyalität. Kundenzufriedenheit, Vertrauen und Commitment sind die drei in der Literatur am häufigsten diskutierten Determinanten der psychologischen Kundenloyalität (Lischka, 2000; Reinecke & Dittrich, 2006). Die kognitiven und affektiven Dimensionen des Verhaltensbezugs werden hier sehr stark berücksichtigt.

Die verhaltensbezogene Kundenloyalität unterscheidet sich noch einmal in faktische Loyalität, die sich in Form von konkretem Kaufverhalten sowie Weiterempfehlungsverhalten widerspiegelt, und intentionale Loyalität, welche die Absicht des Kaufs sowie der Weiterempfehlung abbildet (Homburg & Bruhn, 2008; Lischka, 2000). **Intentionale Kundenloyalität** kann durch die Wiederkaufabsicht, Cross-Buying-Absicht, Preisbereitschaft, beabsichtigte Kauffrequenzsteigerung, Absicht der Preiserhöhungsakzeptanz bzw. -toleranz abgebildet werden (Homburg & Bruhn, 2008; Lischka, 2000). In den identifizierten Studien konnte mehrheitlich ein positiver Effekt der Beziehungsqualität auf die Wiederkauf- bzw. Bleibeabsicht sowie auf die Cross-Buying-Absicht festgestellt werden (Crosby et al., 1990; De Wulf et al., 2001; Garbarino & Johnson, 1999; Georgi, 2000; Hennig-Thurau et al., 1999).

In Anlehnung an die intentionale Kundenloyalität kann die **faktische Kundenloyalität** über folgende Größen beschrieben werden: Wiederkauf, Cross-Buying, gezahlter Preis, Kauffrequenzsteigerung, Preiserhöhungsakzeptanz bzw. -toleranz (Homburg & Bruhn, 2008; Lischka, 2000; Reinecke & Dittrich, 2006). Die Wirkung der Beziehungsqualität auf die faktische Kundenloyalität wurde bisher lediglich in Form von Effektivität der Verkaufstätigkeit (auch Sales Effectiveness genannt) untersucht. Die Effektivität der Verkaufstätigkeit gibt Auskunft über alle Abverkäufe in einer Geschäftsbeziehung. Dies kann anhand des Gesamtumsatzvolumens oder anhand der Anzahl der Anbieter für bezogene Leistungen erfolgen. Es konnte nachgewiesen werden, dass eine höhere Beziehungsqualität sich positiv im Kaufverhalten niederschlägt (Boles & Barksdale, 1997; Boles et al., 2000; Crosby et al., 1990; Evans & Crosby, 1989; Hennig-Thurau et al., 1999). Die Anzahl der empirischen Untersuchungen zu diesem Wirkungszusammenhang sind jedoch noch gering.

Gemäß der in Kapitel 2.1 vorgestellten Wirkungskette von Corporate-Hospitality-Maßnahmen sind die psychologischen Wirkungen den Verhaltenswirkungen vorgelagert. Aus Komplexitätsgründen sind daher nachfolgend die Wirkungen auf die psychologischen Aspekte der Kundenloyalität von vordergründigem Interesse.

*6.3.3  Weiterempfehlung als Folge von Beziehungsqualität*
In der Literatur wird das Weiterempfehlungsverhalten weitgehend als Wirkungsgröße der Kundenloyalität aufgefasst. Als positive Ausprägungsform des übergeordneten Konstrukts „Mund-zu-Mund-Kommunikation" steht es der negativen Ausprägungsform, der Kaufwarnung, diametral gegenüber. Weiterempfehlungsverhalten kann wei-

ter unterschieden werden nach der Absicht der Weiterempfehlung und der tatsächlichen Weiterempfehlung (Homburg & Bruhn, 2008; Lischka, 2000; Markert, 2008).

Dem Weiterempfehlungsverhalten liegt die Annahme zugrunde, dass damit eine positive Einstellung des Kunden verbunden ist und sich darin die Verbundenheit des Kunden zum Unternehmen ausdrückt (Homburg et al., 2008). Neben dem Unternehmen kommen auch die Leistung, die Marke oder auch einzelne Unternehmensaktivitäten als Bezugsobjekte des Weiterempfehlungsverhaltens in Frage (Bruhn, 2009a; Buttle, 1998; Hennig-Thurau & Hansen, 2000).

Empirisch wurde bisher lediglich die Wirkung der Beziehungsqualität auf die Weiterempfehlungsabsicht untersucht und ein positiver Einfluss bestätigt (Boles & Barksdale, 1997; Boles et al., 2000; Georgi, 2000; Markert, 2008). Kritisch muss an dieser Stelle angemerkt werden, dass bisher noch kein Zusammenhang zwischen der Weiterempfehlungsabsicht und dem tatsächlichen Weiterempfehlungsverhalten sowie den faktischen Wirkungen beim Empfänger aufgrund von Weiterempfehlung empirisch festgestellt werden konnte (Mittal & Kamakura, 2001).

Das Weiterempfehlungsverhalten hat jedoch auch eine Feedbackwirkung. In einem Experiment wiesen Eggert, Helm und Garnefeld (2007) einen signifikanten Einfluss einer positiven Kundenempfehlung auf die einstellungs- und verhaltensbasierte Kundenloyalität beim Empfehlenden zum Anbieter nach. Damit kann angenommen werden, dass Kundenloyalität nicht nur die Weiterempfehlungsabsicht und das tatsächliche Weiterempfehlungsverhalten begünstigt, sondern ausgesprochene Empfehlungen die Kundenloyalität weiter verstärkt (Helm, 2010).

*6.3.4 Commitment als Wirkungsgröße der Beziehungsqualität*
In Kapitel 6.1.4 wurde bereits herausgearbeitet, dass Commitment einen ausschließlich beziehungsorientierten Charakter hat und unabhängig von einzelnen Leistungen ist. Es gibt die Absicht des Kunden wieder, die Beziehung zum Unternehmen aufrecht erhalten zu wollen. Commitment stellt eine psychologische Bindung zwischen Kunde und Anbieter dar (Zimmer, 2000) und wird daher als Dimension der psychologischen Kundenloyalität aufgefasst.

Die Arbeit von Anderson und Weitz (1992) stellt die erste umfangreiche, empirische Arbeit zur Entstehung und Wirkung von einstellungsorientiertem Commitment dar. Sie untersuchten 378 Geschäftsbeziehungen von Herstellern und industriellen Händlern. Sie kamen zu dem Ergebnis, dass die Wahrnehmung des Commitments des Herstellers durch den Händler zu einer Verstärkung des Commitments beim Händler gegenüber dem Hersteller führt und umgekehrt. Diese Wechselwirkungen konnten sie auch empirisch bestätigen. Investitionen in die Geschäftsbeziehung und Kommunikation zeigten in der Untersuchung von Anderson und Weitz (1992) auf beiden Seiten einen großen positiven Einfluss auf die Entstehung von Commitment.

Morgan und Hunt (1994) untersuchten sowohl Antezedenzbedingungen als auch Wirkungsfaktoren. Neben dem Commitment stand das Konstrukt „Vertrauen" im Fokus der Untersuchungen, welches als eine wesentliche Voraussetzung für die Entstehung von Commitment einbezogen wurde. Basierend auf 204 Geschäftsbeziehungen zwischen Autoreifenhändlern und ihrem Hauptlieferanten wurde die Wirkung von Vertrauen auf die Entstehung von Commitment empirisch bestätigt. In dem Untersuchungsmodell wurde Kommunikation als Einflussfaktor auf das Vertrauen berücksichtigt und ein positiver Einfluss nachgewiesen.

Zimmer (2000) berücksichtigte in seiner Untersuchung 121 vollständig beantwortete, standardisierte Fragebögen von Maschinen- und Anlagenbauunternehmen in Deutschland. Während die Hypothesen zur inneren Verpflichtung größtenteils verworfen werden mussten, konnten die Hypothesen zur inneren Verbundenheit zwischen Anbieter und Kunde bis auf eine Ausnahme bestätigt werden. Die wahrgenommene offene Kommunikation weist in der Studie den stärksten Einfluss auf die Entstehung von innerer Verbundenheit auf. Gleichzeitig nimmt die offene Kommunikation mit zunehmender innerer Verbundenheit zu. Die Wahrnehmung von Opportunismus wirkt sich negativ auf die innere Verbundenheit aus und führt zu opportunistischem Verhalten der anderen Partei. Ferner konnte bestätigt werden, dass eine hohe innere Verbundenheit in einem negativen Zusammenhang mit der Suche nach alternativen Geschäftspartnern steht. Die Effizienzhypothese, nach der Geschäftsbeziehungen mit einer stark ausgeprägten inneren Verbundenheit geringere Transaktionskosten verursachen, konnte ebenfalls in der Tendenz bestätigt werden.

Anhand der bisherigen theoretischen und empirischen Arbeiten können drei Ausprägungsformen von Commitment unterschieden werden (Allen & Meyer, 1990; Kumar, Scheer & Steenkamp, 1995; Morgan & Hunt, 1994):

1) Das Fortsetzungscommitment gibt den freien Willen des Kunden wieder, die Beziehung fortsetzen zu wollen.

2) Beim Verpflichtungscommitment handelt es sich um eine unfreiwillige Bindung (Gebundenheit), die zum Beispiel aufgrund von Verträgen oder mangeln-

den Alternativen entstehen kann. In diesem Zusammenhang wird auch von einem erzwungenen Commitment gesprochen, welches als Gegenpol zum affektiven Commitment aufgefasst werden kann.

3) Affektives Commitment basiert auf Emotionen und stellt eine Form der freiwilligen, inneren Verbundenheit des Kunden zum Unternehmen dar.

In Mitarbeiter-Unternehmens-Beziehungen konnte nachgewiesen werden, dass affektives Commitment den größten Einfluss auf das Mitarbeiter-Commitment hat und affektiv verbundene Mitarbeiter höhere Leistungen für den Arbeitgeber erbringen (Meyer & Herscovitch, 2001). Beinborn (2007) fand heraus, dass sich Sponsoring-Maßnahmen für die Bildung von affektiven Mitarbeiter-Commitments besonders gut eignen. In Business-to-Business-Geschäftsbeziehungen wurden vergleichbare Nachweise bisher noch nicht erbracht.

### 6.3.5 Reziprozität als psychologische Wirkungsgröße der Beziehungsqualität

In der Untersuchung von Anderson und Weitz (1992) stellt die Wechselwirkung des Commitments der einen Partei auf die andere Partei eine Form der Reziprozität dar, genauso wie im negativen Fall bei Anzeichen von Opportunismus (Zimmer, 2000). Reziprozität ist insgesamt jedoch ein kaum berücksichtigtes Konstrukt in der Analyse von Geschäftsbeziehungen. Im Rahmen der Entwicklung eines theoretischen Bezugsrahmens (vgl. Kapitel 4.2.1) für diese Arbeit wurde jedoch deutlich, dass es ein durchaus zu berücksichtigendes Konstrukt ist.

Das grundlegende Prinzip der Reziprozität basiert auf Leistung und Gegenleistung (Mauss, 1990) sowie auf der Balance der ausgetauschten Leistungen (Gouldner, 1960). Eine Ausnahme stellen Schenkungssituationen dar, in denen der Schenkende im Schenken selbst Befriedigung findet und dies ohne Erwartung einer Gegenleistung tut (zum Beispiel ein Geschenk der Großeltern an die Enkel). Die Schenkung erfolgt aus altruistischen Motiven und ist nicht mit der Erwartung einer Gegenleistung verbunden (Cox, 2004). Altruismus als Motiv für die Durchführung von Corporate-Hospitality-Maßnahmen wird bei den weiteren Ausführungen ausgeschlossen, da bereits dargelegt wurde, dass in der Regel unternehmerische Ziele verfolgt werden.

Die Gültigkeit des Reziprozitätsprinzips und die damit verbundene implizite Verpflichtung, sich an geeigneter Stelle zu revanchieren (Cialdini, 2004), konnte in folgenden Situationen bestätigt werden:

1) Die Vergabe kostenloser Lebensmittelproben in Supermärkten durch Promotoren erhöhte den Absatz des Lebensmittels. Erklärt wird dies mit einer moralischen Verpflichtung des Käufers gegenüber den Promotoren (Cialdini, 2004).

2) Kostenlose Beigaben bei Spendenaktionen von karikativen Organisationen erhöhten die Spendenbereitschaft der Empfänger. Auch hier wird das Verhalten mit Hilfe der sozialen Reziprozitätsnorm erklärt (Cialdini, 2004).

3) Aufgrund der sozialen Einbindung bei sogenannten „Tupperparties" fühlten sich die Teilnehmer zum Kauf mindestens eines Artikels verpflichtet (Frenzen & Davis, 1990).

4) Durch kleine Geschenke vorab konnte die Rücklaufquote von Untersuchungen in der Marktforschung erheblich gesteigert werden (Church, 1993; James & Bolstein, 1992; Warriner, Goyder, Gjertsen, Horner & McSpureren, 1996).

5) Die Beigabe von Süßigkeiten zur Rechnung in Restaurants erhöhte das Trinkgeld für den Kellner (Cialdini, 2004).

Auch spieltheoretisch wurde die grundlegende Gültigkeit des Reziprozitätsprinzips nachgewiesen (Diekmann, 2004; Dufwenberg & Kirchsteiger, 2004; Fehr et al., 1997; Fehr & Gächter, 2000; Gneezy et al., 2000; Henrich et al., 2004; Ockenfells, 1999). Konventionelle Formen quantitativer Messungen von Reziprozität bezogen auf konkrete Situationen befinden sich noch in der ersten Entwicklungsstufe (Franzen & Pointner, 2007). Perugini, Gallucci, Presaghi und Ercolani (2003) entwickelten einen Vorschlag zur Reziprozitätsmessung mittels Befragung. Da nicht jeder Mensch in gleichen Situationen identisches reziprokes Verhalten zeigt, unterscheiden sie zwischen allgemeinen reziproken Vorstellungen und tatsächlichem reziproken Verhalten, wobei letzteres positiv und negativ sein kann. Sie betrachten Reziprozität als internalisierte soziale Norm und nicht als persönliche Norm. Das heißt, dass eine Person, sobald sie Reziprozität als soziale Norm verinnerlicht hat, dieser Norm auch nachkommen wird und dies sogar für den Fall, dass die Person weder beobachtet noch extern sanktioniert werden würde (Perugini et al., 2003).

Die Annahme, dass Individuen mit einer positiveren Reziprozitätsvorstellung in gleichen Situationen auch ein positiveres reziprokes Verhalten zeigen würden als Individuen mit einer negativeren Reziprozitätsvorstellung, konnte empirisch bestätigt werden (Perugini et al., 2003). Der Ansatz von Perugini et al. (2003) stellt bisher den umfangreichsten dar, jedoch fehlt es ihm an empirischer Fundierung.

Die Ansätze von Perugini et al. (2003) sowie Franzen und Pointner (2007) messen die allgemeine Reziprozität(seinstellung) von Individuen und schließen von diesen auf das individuelle Verhalten. Es unterscheidet sich wesentlich von dem Konstrukt, das von Stegbauer (2002) als generalisierte Reziprozität bezeichnet wird. Generalisierte (indirekte) Reziprozität steht meist in enger Beziehung zur Zugehörigkeit zu einer Gruppe und unterscheidet sich dahingehend, dass die Leistungserbringung erfolgt, „ohne auf einen direkten Ausgleich hoffen zu können" (Stegbauer, 2002, 31). Dies kann zum Beispiel in Form von Intergenerationen-Reziprozität erfolgen, indem die Eltern im Alter als Dank für frühere Fürsorge gepflegt werden[32], oder durch indirekte Reziprozität, indem eine Person Unterstützung erfährt, ohne das damit eine Gegenleistung erwartet wird. Diese wird zu einem späteren Zeitpunkt durch eine dritte Person erbracht. Während indirekte Reziprozität durch Asymmetrie gekennzeichnet ist, erfolgt bei direkter Reziprozität immer ein Ausgleich (Stegbauer, 2002).

Die direkte („echte") Reziprozität bezieht sich auf Beziehungsdyaden unabhängig von deren Anzahl. Nicht der Austausch von Leistungen steht im Mittelpunkt der Betrachtung, sondern die Beziehung, die mit dem Austausch generiert, intensiviert oder erhalten werden soll. Im Vergleich zum Kauf oder Warentausch endet die Beziehung nicht mit der Erbringung der Gegenleistung, vielmehr wird ein weiterer Tausch begründet (Stegbauer, 2002).

Sowohl direkte als auch indirekte Reziprozitäten kommen als mögliche Wirkungen aus Corporate-Hospitality-Maßnahmen in Frage. Während die direkte Reziprozität nach erfolgter Gegenleistung weitere Interaktionen begünstigt und so eine Bindung zwischen den Akteuren entstehen lässt (Thurnwald, 1957), ist die Leistungsasymmetrie bei der indirekten Reziprozität für die Entstehung von Bindungen ursächlich (Stegbauer, 2002).

Die Beurteilung der Äquivalenz der ausgetauschten Leistungen beruht auf der subjektiven Wahrnehmung der Beteiligten (Gouldner, 1960; Thurnwald, 1957). Inwiefern die Reziprozitätsverpflichtung erfüllt wurde, kann nur unter Berücksichtigung der individuellen Erwartungen der Akteure erhoben werden. Für die Erhebung der Erwartungen kann die Perspektivenreziprozität von Stegbauer (2002) herangezogen werden. Die Analyse der Perspektivenreziprozität gibt Auskunft darüber, inwiefern die Beteiligten einer Corporate-Hospitality-Maßnahme (sowohl Gastgeber als auch Gast) in der Lage

---

[32] Die Generalisierung besteht meist über einen sehr langen Zeitraum, so dass die Gegenleistung nicht mehr direkt zu einer oder mehreren vorangegangenen Leistungen zuordenbar ist (Stegbauer, 2002).

sind, sich in den anderen hinein zu versetzen und entsprechende Erwartungen zu erkennen. Die Perspektivenreziprozität ist eine Grundvoraussetzung für erfolgreiche direkte Reziprozität (Stegbauer, 2002). Demnach hängt die Entstehung von direkter Reziprozität als Wirkung aus Corporate-Hospitality-Maßnahmen vom Grad der Übereinstimmung der Erwartungen beider Seiten ab. Kurz: Corporate-Hospitality-Maßnahmen werden umso erfolgreicher sein, je größer die Übereinstimmung der Erwartungshaltungen von Gastgeber und Gast ist. Selbst für den Fall, dass keine (konkreten) Erwartungen bestehen, ist dies eine zu berücksichtigende Erwartungshaltung.

Ausgangspunkt für die Analyse der Perspektivenreziprozität bilden hier die Erwartungen des Gastgebers, da dieser mit der Einladung den Prozess in Gang setzt. Mit der Entscheidung, eine Corporate-Hospitality-Maßnahme durchzuführen, verfolgt ein Unternehmen in der Regel strategische Ziele, die im Interesse des Unternehmens sind. Wenn es sich dabei um rein beziehungsorientierte Ziele handelt, dürfte mit der Einladung und Teilnahme des Gastes nicht die Erwartung einer konkret definierten Gegenleistung (in Bezug auf Art und Umfang der Leistung sowie Zeitpunkt der Leistungserbringung) verbunden sein. In diesem Fall dient das Geschenk lediglich dem Beziehungsaufbau bzw. der Beziehungspflege und wird als katalysatorischer Tausch bezeichnet. „Was getauscht wird, ist selbst ohne jegliche Bedeutung" (Stegbauer, 2002, 73). Eine Ausnahme könnte eine homeomorphe[33] Reziprozitätserwartung darstellen, wonach sich der Gastgeber über eine Gegeneinladung bei einer Corporate- Hospitality-Maßnahme des Gastes freuen würde. Jedoch ist auch in diesem Fall die Gegenleistung vorher meist nicht genau definiert.

Inwiefern die Erwartungen des Gastgebers erkannt und letztendlich akzeptiert bzw. abgelehnt werden, hängt vom jeweiligen Gast ab. Zunächst ist es erst einmal wichtig zu wissen, ob dem Gast mit der Annahme der Einladung zu einer Corporate-Hospitality-Maßnahme überhaupt bewusst ist, dass möglicherweise eine Gegenleistung (unabhängig ob materieller oder immaterieller Art) erwartet wird. Gleichzeitig wäre von Interesse, ob eine Einladung ohne verbundene Gegenleistungserwartung als

---

[33] Gouldner (1960, 172) unterscheidet in Bezug auf die Gegengabe zwischen heteromorpher und homeomorpher Reziprozität: „In the first case, heteromorphic reciprocity, equivalence may mean that the things exchanged may be concretely different but should be equal in value, as defined by the actors in the situation. In the second case homeomorphic reciprocity, equivalence may mean that exchanges should be concretely alike, or identical in form, either with respect to the things exchanged or to the circumstances under which they are exchanged."

unglaubwürdig bewertet werden würde.[34] Fühlt der Gast sich in irgendeiner Art gegenüber dem Gastgeber verpflichtet, liegt Reziprozität vor. Die Frage ist dann, ob er grundsätzlich bereit ist, eine Gegenleistung zu erbringen und welche Gegenleistungen ggf. für ihn nicht in Frage kämen. Des Weiteren ist die Frage zu beantworten, ob der Gast die Erwartungshaltung des Gastgebers kennt und ob er dieser nachkommen würde. Aufgrund der starken Abstraktheit und individuellen Entscheidungsfreiheit ist ferner zu prüfen, welchen Erwartungshaltungen des Gastgebers grundsätzlich nicht entsprochen wird und ob diese bei Kenntnis zu einer Ablehnung der Einladung führen würden.

Die Entwicklung der Erwartungshaltung sowohl gegenüber dem Gast als auch gegenüber dem Gastgeber ist kein starrer, sondern ein dynamischer Prozess, der durch das Wissen und die Erfahrung über die andere Partei maßgeblich beeinflusst wird. Erwartet der Gastgeber beispielsweise für die Einladung eine konkrete Gegenleistung und weiß er, dass der Gast nicht bereit ist, diese zu erbringen, dann wird die Corporate-Hospitality-Maßnahme im Ergebnis erfolglos sein. Der Gast könnte bei Wissen dieser Erwartungshaltung sogar schon die Einladung ablehnen.

Die Erwartungshaltung beider Parteien wird ferner durch die Beziehungen der Beteiligten bestimmt. „Reziprozität als Konzept ist ohne eine Betrachtung der Beziehungen, innerhalb derer es sich abspielt, sinnlos, denn erst im Zusammenspiel mit den sozialen Beziehungen ist es in der Lage, Erklärungen für Verhalten beizusteuern" (Stegbauer, 2002, 130). Die empirische Analyse von Beziehungen ist mit einem Messproblem verbunden. Eine direkte Messung erscheint unmöglich, so dass auf Indikatoren zurückgegriffen werden muss. Der soziale Kontext, in dem die Beziehung zwischen zwei Individuen eingebettet ist, darf dabei nicht unberücksichtigt bleiben, da er die Austauschprozesse maßgeblich beeinflusst (Stegbauer, 2002).

Mit der Akzeptanz der sozialen Reziprozitätsnorm und entsprechenden verhaltenskonformen Handeln wird nicht nur dem unmittelbar betreffenden (Geschäfts-)Partner signalisiert, dass man sich an soziale Regeln hält, sondern auch Dritten. Diese Bindung an soziale Normen, die dann auch in anderen Situationen angenommen wird, erhöht das Vertrauen sowie die Reputation des Betreffenden. Ein Verstoß gegen die Reziprozitätsnorm wird ebenfalls über die Reputation des Betreffenden und das Vertrauen in den Betreffenden sanktioniert (Granovetter, 1985; Stegbauer, 2002).

---

[34] Geschenke ohne Gegenerwartungen des Schenkenden können vom Empfänger auch als unglaubhaft beurteilt, da verborgene Absichten vermutet werden und die zu Misstrauen führen. Die Annahme könnte sogar abgelehnt werden. Dies hängt von der individuellen Beziehungskonstellation ab (Stegbauer, 2002).

Mit der Annahme eines Geschenks und der Anerkennung der sozialen Reziprozitätsnorm ist dann ein gravierendes Problem verbunden, wenn die Zuwendung öffentlich
bekannt wird. Die Handlungsmöglichkeiten des Empfängers sind eingeschränkt, da
sein Verhalten von Dritten jetzt unter Berücksichtigung der empfangenen Leistung
bewertet wird (Stegbauer, 2002). Dies kann weder im Interesse des Empfängers noch
des Schenkenden sein. Hier ist vor allem die Ursache darin zu sehen, warum bei Corporate-Hospitality-Maßnahmen mit großer Sensibilität agiert wird und die Anonymität
der Gäste eine große Rolle spielt.

Ein weiterer bisher unerwähnter Aspekt ist das Wissen um eine Einladung zu einer
Corporate-Hospitality-Maßnahme durch Dritte. Wie wichtig ist dem Gast die Diskreti-
on und inwieweit fühlt er sich durch das Wissen Dritter über die Einladungsannahme
in seinen Handlungsmöglichkeiten eingeschränkt? Werden ausschließlich beziehungsorientierte Ziele mit Corporate Hospitality verfolgt, so kann angenommen werden,
dass das Wissen Dritter irrelevant ist. Im Falle einer Auftragsvergabe könnten Dritte
jedoch die Teilnahme an einer Corporate-Hospitality-Maßnahme als Bestechung interpretieren, wogegen sich die meisten Personen verwehren (Cialdini, 2004).

### 6.3.6 Kommunikationsbereitschaft als Ergebnis von Beziehungsqualität

Die Analysen zu den Wirkungen der Beziehungsqualität beschränken sich häufig auf
das zukünftige Kaufverhalten und vernachlässigen zukünftiges Kommunikationsverhalten als Wirkung. In langfristigen Geschäftsbeziehungen allgemein und im Dienst-
leistungs- sowie Industriegüterbereich im Besonderen stellt das Kommunikationsverhalten der Partner ein wichtiger Erfolgsfaktor dar, der durch eine gute Beziehungsqualität begünstigt wird (Hadwich, 2003; Homburg, 2000).

Hadwich (2003, 70) bildete das zukünftige Kommunikationsverhalten als Dialogbereitschaft ab, das er als „die Absicht des Kunden […], den Anbieter vollständig und
frühzeitig über alle für ihn relevanten Sachverhalte und Entwicklungen zu informie-
ren" definiert. In seiner Untersuchung wies er sowohl den positiven Einfluss der Beziehungsqualität auf die Dialogbereitschaft als auch die positive Wirkung der Dialogbereitschaft auf die Kundenloyalität empirisch nach. Neben der grundsätzlichen Bereitschaft des Kunden, den Dialog mit dem Anbieter fortzuführen, berücksichtigte
Hadwich (2003) noch zwei weitere Merkmale: Zum einen die Absicht des Kunden,
aktuelle Problemstellungen mit dem Anbieter zu besprechen und zum anderen die Absicht, unabhängig von aktuellen Transaktionen relevante Informationen für zukünftige
Geschäfte weiterzugeben.

Frommeyer (2005) berücksichtigte für die Kommunikationsbereitschaft des Kunden als indirekte Wirkung der Kommunikationsqualität über das Konstrukt der Kommunikationszufriedenheit vier Messindikatoren: Dialoginteresse, Anfragebereitschaft, Kontaktbereitschaft sowie Nutzungsausweitung. Im Ergebnis der explorativen Faktorenanalyse mussten die letzten beiden Messindikatoren aufgrund schlechter Varianzerklärung eliminiert werden. Die positive, indirekte Wirkung der Kommunikationsqualität auf die Kommunikationsbereitschaft, welche durch das Dialoginteresse und die Anfragebereitschaft abgebildet wurde, konnte empirisch bestätigt werden.

In bisherigen Untersuchungen wurde ausschließlich die intentionale Dialog- bzw. Kommunikationsbereitschaft berücksichtigt. Empirische Erhebungen zu dem tatsächlichen Kommunikationsverhalten als Wirkung von einzelnen Kommunikationsmaßnahmen sind in Anbetracht des Mix von Kommunikationsmaßnahmen mit dem bereits beschriebenen Problem der Wirkungszurechenbarkeit verbunden.

**Zusammenfassend** kann festgestellt werden, dass es zwischen der Transaktions- und Beziehungsqualität Wechselwirkungen gibt. Kundenloyalität, welche das Ergebnis von Kundenbindungsmaßnahmen ist, stellt das zentrale Wirkungskonstrukt der Beziehungsqualität dar. Es wird weiter differenziert zwischen psychologischer und verhaltensbezogener Kundenloyalität. Kundenzufriedenheit, Commitment und Vertrauen sind die am meisten diskutierten Dimensionen der psychologischen Kundenloyalität. Die verhaltensbezogene Form bezieht sich auf Verhaltensabsichten und tatsächliches Verhalten in Bezug auf Kaufmenge und Kaufpreis. Das Weiterempfehlungs- sowie zukünftige Kommunikationsverhalten müssen als weitere Wirkungsgrößen berücksichtigt werden. Neu eingeführt und diskutiert wurde in diesem Rahmen das Konstrukt „Reziprozität". Es war bisher in der Literatur des Beziehungsmarketings nicht Gegenstand ernsthafter Diskussion. Dem liegt die Annahme zugrunde, dass eine Corporate-Hospitality-Maßnahme als Geschenk aufgefasst wird, die Reziprozität begründet und eines der zentralen psychologischen Wirkungen von Corporate Hospitality darstellt. Letztendlich wurden drei direkte Wirkungskonstrukte auf der Ebene der Verhaltensabsichten berücksichtigt: „Kommunikationsbereitschaft", „Kundenloyalität" und „Kaufverhaltensabsicht" (vgl. Abbildung 6.5).

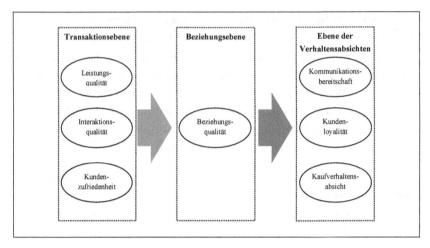

Abbildung 6.5: Direkte Wirkungen der Beziehungsqualität.

Quelle: in Anlehnung an Hadwich, 2003, 56.

## 6.4 Ökonomischer Erfolg als indirekte Wirkungsgröße der Beziehungsqualität

Die Verhaltensabsichten als Ergebnis einer guten Beziehungsqualität können als Potenziale betrachtet werden, die jedoch erst dann erfolgswirksam werden, wenn sich die
gewünschten Verhaltensabsichten beim Kunden tatsächlich realisiert haben. In der
Literatur wird vor allem der positive Effekt einer guten Geschäftsbeziehung auf die
Profitabilität betont (Hadwich, 2003). Diese setzt sich in erster Linie aus zwei Aspekten zusammen: 1) eine höhere Profitabilität in Form von geringeren Kosten, zum Beispiel in der Kommunikation oder allgemeiner im Marketing, da die Wünsche und Bedürfnisse des Kunden besser bekannt sind, und 2) höhere Transaktionserlöse, zum Beispiel durch Cross-Buying.

Empirische Befunde einer höheren Marketing- und Transaktionsprofitabilität als Ergebnis einer guten Beziehungsqualität sind in der Literatur kaum zu finden. Im Ergebnis der empirischen Untersuchung von Han, Wilson und Dant (1993) können Anbieter
aufgrund guter Beziehungsqualität die Preise stabil halten, die Marketingeffizienz erhöhen, eine stärkere Kundenorientierung im Unternehmen erreichen und die vorhandenen Kapazitäten optimaler einsetzen. Aus Kundenperspektive kann vor allem eine
höhere Einkaufseffizienz realisiert werden.

Hadwich (2003) untersuchte den Einfluss der Beziehungsqualität auf den ökonomischen Erfolg, der in einer statischen Betrachtung als Umsatzwachstum im Folgejahr

berücksichtigt wurde. Der Einfluss der Beziehungsqualität auf das Umsatzwachstum im Folgejahr war positiv und signifikant mit einer erklärten Varianz von 12 Prozent. Neben der Beziehungsqualität wurde auch die Kundenzufriedenheit und Kundenbindung berücksichtigt. Während bei der Kundenzufriedenheit kein Einfluss auf die ökonomische Erfolgsgröße in dem Partialmodell nachgewiesen werden konnte, wurde der Einfluss der Kundenbindung auf das Umsatzwachstum im Folgejahr als positiv und signifikant mit einer erklärten Varianz von 10,8 Prozent bestätigt.

Im Ergebnis der Analyse können als indirekte Wirkungsgrößen die drei Konstrukte „Kommunikationsverhalten", „Weiterempfehlungsverhalten" und „Kaufverhalten" auf der Verhaltensebene und der „Ökonomische Erfolg" als einzige Größe auf der Unternehmensebene berücksichtigt werden (vgl. Abbildung 6.6).

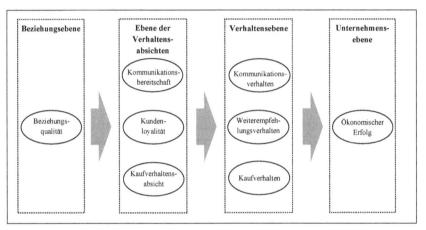

Abbildung 6.6: Direkte und indirekte Wirkungen der Beziehungsqualität.
Quelle: in Anlehnung an Hadwich, 2003, 56.

## 6.5 Moderierende Faktoren der Beziehungsqualität

Um Aussagen zu kausalen Zusammenhängen treffen zu können, werden moderierende Effekte analysiert. Die Erkenntnisse über moderierende Variablen und deren Effekte sind bisher noch sehr gering, da es sich um einen relativ jungen Forschungsbereich handelt. Hadwich (2003) empfiehlt daher eine Beschränkung auf die relevantesten Faktoren, erwähnt gleichzeitig jedoch auch, dass eine Unterscheidung zwischen relevanten und irrelevanten Faktoren von den Beziehungs-, Leistungs-, Unternehmens- und Marktbesonderheiten abhängt. Problematisch erweist sich auch eine klare Abgrenzung zwischen Determinanten (mediierende Faktoren) und Moderatoren (moderierende Faktoren). Moderatoren können qualitative und quantitative Variablen sein, die die „Richtung und/oder Stärke eines Zusammenhangs zwischen einer unabhängigen und einer abhängigen Variable" beeinflussen (Hadwich 2003, 50). Folgende Moderatoren wurden in der Literatur identifiziert und werden nachfolgend diskutiert: Beziehungs-dauer, Involve-ment, Beziehungsbonds, Beziehungsneigung.

Die **Beziehungsdauer** wird in bisherigen Untersuchungen sowohl als Determinante als auch als Moderator verwendet. Während bei jüngeren Geschäftsbeziehungen (2,6 Jahre durchschnittliche Beziehungsdauer) ein signifikanter Einfluss des Signalings und der Interaktionsfrequenz auf die Beziehungsqualität nachgewiesen werden konnte, ist die Signifikanz bei älteren Geschäftsbeziehungen (12,5 Jahre durchschnittliche Bezie-hungsdauer) nicht gegeben. Ein signifikanter Effekt der Beziehungsqualität auf den ökonomischen Erfolg in Abhängigkeit von der Beziehungsdauer konnte ebenfalls er-mittelt werden. Bei Geschäftsbeziehungen mit einer längeren Dauer wirkt sich die Be-ziehungsqualität auf den ökonomischen Erfolg (gemessen als „Share of Business") stärker aus als in Geschäftsbeziehungen mit geringerer Dauer (Georgi, 2000; Leuthesser, 1997). Diese Untersuchungsergebnisse stützen die Erkenntnis, dass sich Investitionen in die Geschäftsbeziehungen vor allem langfristig auswirken.

**Involvement** wird im Marketing allgemein als ein Zustand der Aktiviertheit definiert (Kroeber-Riel et al., 2009). De Wulf et al. (2001) beziehen sich in ihrer Untersuchung auf das Produktkategorie-Involvement, welches „als eine beim Konsumenten anhal-tende Empfindung von Wichtigkeit einer bestimmten Produktkategorie, die auf den Bedürfnissen, Werten und Interessen des Konsumenten basiert" (Hadwich, 2003, 53) verstanden werden kann. Generell weisen Konsumenten mit einem hohen Involvement in einer Produktkategorie eine stärkere Loyalität auf (Dick & Basu, 1994; King & Ring, 1980). Im Ergebnis der Untersuchung von De Wulf et al. (2001) weisen Investi-tionen in die Geschäftsbeziehung bei Kunden mit einem hohen Produktkategorie-Involvement eine stärkere Wirkung auf die Beziehungsqualität auf als bei Kunden mit niedrigem Produktkategorie-Involvement.

Garbarino und Johnson (1999) untersuchten die Dienstleistungsqualität und die Kun-denzufriedenheit sowie deren Zusammenhänge bei Kunden mit schwachen und starken **Beziehungsbonds** (vgl. Kapitel 6.2.2). In Abhängigkeit von der Stärke des Bezie-hungsbonds postulieren sie unterschiedliche Zusammenhänge, die sich auch in unter-schiedlichen Strukturmodellen widerspiegeln. Je nach Ausprägungsgrad des Bezie-hungsbonds wird dieser als Determinante (schwacher Beziehungsbond) oder als Moderator (starker Beziehungsbond) berücksichtigt. In der Untersuchung von Garbarino und Johnson (1999) konnte bei Kunden mit starken Beziehungsbonds eine positive Wirkung auf das Vertrauen und das Commitment festgestellt werden. Diese beiden Größen wirken sich wiederum positiv auf die zukünftigen Absichten aus. Die Kundenzufriedenheit hat unter diesen Bedingungen keine Wirkung auf die Zukunftsabsichten. Bei Kunden mit schwachen Beziehungsbonds ist die Kundenzufriedenheit in einer mediierenden Stellung, zwischen transaktionsbezogener Zufriedenheit und den Zukunftsabsichten. Ferner wirkt Kundenzufriedenheit sich auf das Vertrauen und das Commitment positiv aus.

Die **Beziehungsneigung,** definiert als die Bereitschaft des Kunden, eine Beziehung mit dem Anbieter einzugehen, ist bereits als Voraussetzung für den Erfolg von Maßnahmen des Beziehungsmarketings beschrieben worden (vgl. Kapitel 2.2.4). De Wulf et al. (2001) konnten empirisch bestätigen, dass eine höhere Beziehungsneigung die Wirkungen von Beziehungsinvestitionen auf die Beziehungsqualität verstärken.

Hadwich (2003) kritisiert, dass weder ein Überblick über die möglichen Moderatoren gegeben, noch dass diese systematisch aufbereitet wurden. Die Zusammenhänge zwischen den vor- und nachgelagerten Konstrukten der Beziehungsqualität werden von verschiedenen Faktoren beeinflusst. Geringe empirische Erkenntnisse sowie fehlende konzeptionelle Arbeiten zu den Moderatoren geben wenig Aufschluss über die Wirkungszusammenhänge und -stärke.

## 6.6  Grundmodell zu Wirkungen der Beziehungsqualität

In den vorangegangenen Abschnitten wurden das Konstrukt der Beziehungsqualität sowie die Relation zu anderen Konstrukten unter Berücksichtigung des theoretischen und empirischen Forschungsstandes untersucht und in einem Grundmodell (vgl. Abbildung 6.7) auf Basis der in Kapitel 2.1 vorgestellten Wirkungskette zusammengefasst.

Die Beziehungsqualität stellt das zentrale psychologische Wirkungskonstrukt von Corporate Hospitality dar. Corporate Hospitality als Maßnahme auf der Transaktionsebene beeinflusst durch die drei Determinanten Leistungs- und Interaktionsqualität sowie durch die Kundenzufriedenheit die Beziehungsqualität, welche auf der Beziehungsebene als einziges Konstrukt berücksichtigt wurde. Die aus den psychologischen Wirkungen erhofften Verhaltenswirkungen, lassen sich noch einmal unterteilen in Verhaltensabsichten und tatsächliches Verhalten, für die zwei Ebenen im Grundmodell berücksichtigt wurden. Auf der Ebene der Verhaltensabsichten können die Konstrukte der Kommunikationsbereitschaft, der Kundenloyalität sowie der Kaufverhaltensabsicht als Ergebnis des theoretischen und empirischen Forschungsstandes festgehalten werden. Diese Verhaltensabsichten bilden wichtige Voraussetzungen für die drei nachgelagerten Verhaltenskonstrukte Kommunikations-, Weiterempfehlungs- und Kaufverhalten, welche die tatsächlich beobachtbaren Verhaltenswirkungen widerspiegeln. Am Ende der Wirkungskette stehen die ökonomischen Wirkungen, die sich im Unternehmensergebnis in Form von geringeren Kosten und/oder höheren Umsätzen bemerkbar machen.

Die Zuordnung einzelner Faktoren, insbesondere Kundenzufriedenheit, Commitment und Vertrauen, zu den Konstrukten erweisen sich aufgrund der Vielfalt der Ansätze und zum Teil widersprüchlicher Forschungsergebnisse als sehr schwierig. Als besondere Schwierigkeit muss die Abgrenzung von Einflussgrößen und -stärke aus der Corporate-Hospitality-Maßnahme und aus den Transaktionen der bisherigen Geschäftsbeziehung konstatiert werden. Die kann durch eine eigenständige Modellstrukturierung im Vergleich zur derivativen besser gelingen, da diese als transaktionsunabhängiger eingeschätzt wird. Zudem weist es den Vorteil einer geringeren Modellkomplexität auf, der unter Umständen mit einem Verlust an erklärter Streuung verbunden ist. Des Weiteren bietet die eigenständige Modellstrukturierung die Möglichkeit, Wirkungszusammenhänge mit vor- und nachgelagerten Konstrukten besser zu analysieren. Erst bei einem solideren Wissensstand können die Vorteile der derivativen Modellstrukturierung die damit verbundenen Nachteile ausgleichen. Im theoretischen Grundmodell sind zunächst keine moderierenden Faktoren berücksichtigt worden. Die Kontaktintensität und Dauer der Geschäftsbeziehung kommen hier als Moderatoren in Betracht.

Die Operationalisierung und Messung der psychologischen Wirkungen sowie der Verhaltensabsichten sind vor allem mit dem Problem der Objektivität verbunden, da sie für die empirische Forschung nur schwer zugänglich und überprüfbar sind. Auch sind die Grenzen zwischen Verhaltensabsichten und tatsächlichem Verhalten oft fließend. Ferner fehlt es an Forschungsergebnissen inwieweit Verhaltensabsichten und faktisches Verhalten übereinstimmen und welche Ursachen bei Abweichungen vorliegen.

Unter der Annahme, dass Corporate Hospitality ein Geschenk des Unternehmens an den Kunden ist, wurde erstmalig das Konstrukt der Reziprozität im Rahmen des Beziehungsmarketings diskutiert und als zentrale psychologische Wirkung mit einbezogen. Aufbauend auf dem hier vorgestellten Grundmodell geht es nachfolgend darum,

die bisherigen Ergebnisse auf ein Wirkungsmodell von Corporate Hospitality zu trans-
ferieren und dabei die spezifischen Besonderheiten dieses Instruments zu berücksichtigen sowie entsprechende Hypothesen abzuleiten.

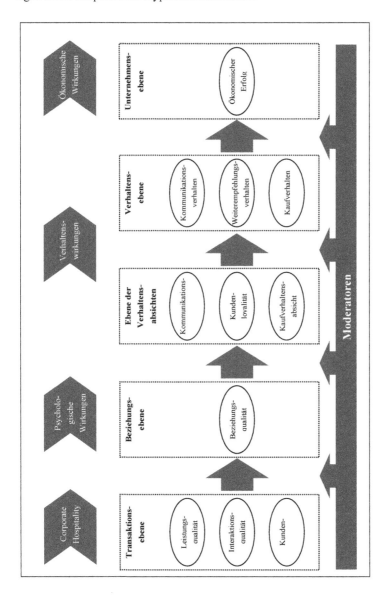

Abbildung 6.7: Grundmodell zu Wirkungen der Beziehungsqualität.
Quelle: in Anlehnung an Hadwich, 2003, 56.

# 7 Entwicklung eines Wirkungsmodells für Corporate Hospitality

Die theoretischen und konzeptionellen Grundlagen für die Entwicklung eines Wirkungsmodells für Corporate Hospitality sind jetzt vorhanden, so dass nachfolgend die Ergebnisse aus den Kapiteln vier, fünf und sechs miteinander verknüpft werden (vgl. Abbildung 7.1). Im Ergebnis des sechsten Kapitels liegt nun ein Wirkungsgrundmodell für die Beziehungsqualität vor, welches jedoch für Corporate Hospitality noch zu unspezifisch ist. Daher gilt es in Kapitel sieben, das Grundmodell schrittweise zu spezifizieren und in Kapitel acht ein Empirisches Forschungsdesign vorzustellen. Anschließend werden in Kapitel neun die zentralen Ergebnisse zusammengefasst sowie Implikationen für Wissenschaft und Unternehmenspraxis aufgezeigt.

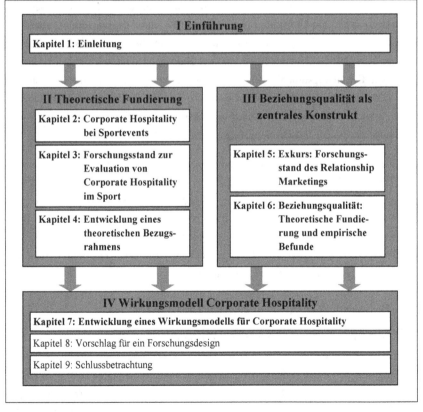

Abbildung 7.1: Aufbau der Forschungsarbeit.
Quelle: eigene Darstellung.

Modelle haben die Funktion, Zusammenhänge in vereinfachter Form abzubilden und transparent darzustellen (Diller, 1998; Hruschka, 1995). Aufgrund der Komplexität des Untersuchungsgegenstandes wird sich häufig auf einen bestimmten Ausschnitt der Realität beschränkt. Modelle sind dementsprechend nicht mit der Realität gleichzusetzen, sondern stellen theoretische Konstrukte dar (Homburg, 1991). Zusammenhänge in einem Modell gelten nur unter bestimmten Annahmen, die sich aus der Definition des Modellgegenstands sowie aus der Modellperspektive ergeben. Für diese Arbeit bilden die Wirkungen des Kommunikationsinstruments Corporate Hospitality auf die Beziehungsqualität sowie deren nachgelagerte Konstrukte den Modellgegenstand. Aus der Sicht des gastgebenden Unternehmens wird der eingeladene Kunde sowie dessen Beziehung zum Gastgeber betrachtet (Modellperspektive).

Grundsätzlich werden in der Literatur drei unterschiedliche Ausprägungsformen von realsystemtheoretischen Modellen unterschieden: Beschreibungsmodelle, Erklärungsmodelle und Entscheidungsmodelle (Homburg, 1991). **Beschreibungsmodelle** bzw. taxonomische Modelle liefern Informationen über reale Situationen anhand weniger Variablen. **Erklärungsmodelle** gehen einen Schritt weiter, indem sie Zusammenhänge zwischen mehreren Variablen abbilden und daraus das Verhalten von Marktteilnehmern versuchen abzuleiten. In **Entscheidungsmodellen** wird zusätzlich der Wahlhandlungsprozess des Entscheidungsträgers berücksichtigt.

Ziel dieser Arbeit ist es, Wirkungen und Wirkungszusammenhänge aufzudecken und zu erklären, so dass in erster Linie die Entwicklung eines Erklärungsmodells in Frage kommt. Dazu soll nachfolgend das bereits dargestellte theoretische Grundmodell der Beziehungsqualität an die Spezifika von Corporate-Hospitality-Maßnahmen im Rahmen von Sportevents angepasst und konkretisiert werden. Zusammenhänge zwischen den Modellvariablen sowie Auswirkungen der moderierenden Faktoren werden geprüft und als Hypothesen in das Modell integriert.

## 7.1 Theoretische Konzeptionalisierung der Einflussgrößen

### 7.1.1 Leistungsqualität als Einflussgröße der Beziehungsqualität

Die Leistungsqualität bildet den Ausgangspunkt für psychologische Wirkungen, da in Abhängigkeit der Wahrnehmung der Leistung sich positive oder negative psychologische Wirkungen sowie Verhaltenswirkungen entwickeln (Bruhn, 2009a). Leistungsqualität stellt daher die Fähigkeit des Unternehmens dar, seine Leistungen entsprechend den Kundenerwartungen zu erbringen (Meffert & Bruhn, 2006).

Im Vergleich zu den allgemeinen Wirkungsmodellen im Relationship Marketing liegt der Schwerpunkt dieser Arbeit auf den Wirkungen, die aus Corporate Hospitality resultieren. Corporate-Hospitality-Maßnahmen können als Transaktionen zwischen Kunden und Unternehmen aufgefasst und daher der Transaktionsebene zugeordnet werden. Dennoch sind sie von den weiteren Transaktionen in einer Geschäftsbeziehung abzugrenzen, um die Wirkungen aus einer Corporate-Hospitality-Maßnahme möglichst isoliert zu messen. Daher wird die Leistungsqualität auf der Transaktionsebene weiter differenziert in **„Leistungsqualität der bisherigen Geschäftsbeziehung"** sowie **„Leistungsqualität Corporate Hospitality"**, welche wiederum als eigenständige Konstrukte in das Wirkungsmodell eingehen.

Für die Beurteilung der Leistungsqualität allgemein kommen zwei zentrale Ansätze in Frage: 1) Der produktbezogene Ansatz misst die Leistungsqualität anhand der vorhandenen Produkt- bzw. Dienstleistungseigenschaften und orientiert sich daher an objektiven Kriterien; 2) Mit Hilfe des kundenbezogenen Ansatzes wird die Wahrnehmung der Produkt- bzw. Dienstleistungseigenschaften durch den Kunden erhoben und die Leistungsqualität anhand subjektiver Kriterien bewertet (Garvin, 1988). Die Kundenerwartungen an ein Produkt bzw. eine Dienstleistung sind in der Regel nicht homogen und werden vor allem durch bisherige Erfahrungen geprägt. Da die Leistungsqualität sich an den Kundenerwartungen orientiert und diese individuell verschieden sein können, wird nachfolgend der kundenbezogene Ansatz der Leistungsqualitätsbeurteilung bevorzugt. Die Leistungsqualität wird somit als Wahrnehmung unterschiedlicher Qualitätseigenschaften durch die Kunden verstanden. Die Konzeptionalisierung der Leistungsqualität muss im Einzelfall auf den Leistungstyp – Produkt oder Dienstleistung – abgestimmt sein.

Eine Beurteilung der Leistungsqualität, die sich ausschließlich auf das Ergebnis bezieht, bewertet Donabedian (1980) als zu einseitig. Deshalb führte er eine Differenzierung in Potenzial-, Prozess- und Ergebnisdimension ein. Dieser ganzheitliche Ansatz findet in der Marketingliteratur große Anerkennung. In der *Potenzialdimension* erfolgt eine Bewertung der sachlichen, organisatorischen und persönlichen Leistungsvoraussetzungen auf Anbieterseite. Die *Prozessdimension* gibt Auskunft über sämtliche Abläufe während der Leistungserstellung. Die *Ergebnisdimension* liefert die Beurteilung der erbrachten Leistung (Bruhn, 2009a). Grundsätzlich kann die Leistungsqualität somit als das Ergebnis aus Potenzial-, Prozess- und Ergebnisdimension aufgefasst werden.

Neben der Qualität des Leistungsergebnisses konnte in der Literatur vor allem die Fachkompetenz der Mitarbeiter (Potenzialdimension) als weitere wichtige Größe für die Beurteilung der Leistungsqualität identifiziert werden (Boles et al., 2000; Crosby et al., 1990). Eine differenziertere Herangehensweise zur Beurteilung der Leistungsqualität insbesondere für Dienstleistungen liefert der folgende Ansatz mit fünf Dimensionen, der im Relationship Marketing hohe Akzeptanz genießt und empirisch überprüft wurde (Parasuraman, Zeithaml & Berry, 1985, 1988; Zeithaml & Parasuraman, 2004; Zeithaml, Parasuraman & Berry, 1992):

1) Unter „Tangibles" sind alle Eigenschaften des äußeren Erscheinungsbildes des Anbieters in sachlicher und personeller Hinsicht zu verstehen.

2) „Reliability" gibt Auskunft über die Verlässlichkeit der versprochenen Serviceleistungen.

3) Die Bereitschaft und Reaktionsfähigkeit des Anbieters, den Kunden bei Problemlösungen zu unterstützen, wird durch die Dimension „Responsiveness" abgebildet.

4) Unter „Assurance" wird der Glaube an die Fähigkeiten des Anbieters in Bezug auf Kompetenz, persönlichen Verhaltens und Vertrauenswürdigkeit der Mitarbeiter zusammengefasst.

5) Die Dimension „Empathy" spiegelt das Einfühlungsvermögen sowie die Bereitschaft des Anbieters wider, individuelle Wünsche zu erfüllen.

Für die Beurteilung der Leistungsqualität der bisherigen Geschäftsbeziehung kann der vorgestellte Ansatz herangezogen werden, so dass sich die Leistungsqualität aus dem Ergebnis der fünf vorgestellten Dimensionen ableiten lässt:

---

Die Leistungsqualität der bisherigen Geschäftsbeziehung setzt sich aus den fünf Dimensionen Tangibles, Reliability, Responsiveness, Assurance und Empathy zusammen.

---

Da Corporate-Hospitality-Maßnahmen Dienstleistungscharakter haben, könnten die fünf Dimensionen grundsätzlich auch für die Beurteilung der Leistungsqualität von Corporate-Hospitality-Maßnahmen herangezogen werden. Aufgrund der großen Heterogenität von Dienstleistungen erscheint es jedoch sinnvoll, die Besonderheiten der Dienstleistungsqualität bei Sportevents zu betrachten. Da gerade Sportevents für die Durchführungen von Corporate-Hospitality-Maßnahmen genutzt werden, müssen diese auch Spezifika aufweisen, die es im Wirkungsmodell zu berücksichtigen gilt.

Existierende Modelle der Dienstleistungsqualität lassen sich gemäß Riedmüller (2003) in nicht befriedigender Weise auf professionelle Sportveranstaltungen übertragen. Die Ursachen sieht er in den „Besonderheiten der Komplexität, des Phasenablaufs und des individuellen Erlebniswerts" (Riedmüller, 2003, 151 f.), die keine ausreichende Berücksichtigung finden. In Anlehnung an das bereits dargestellte Verständnis von (Dienst-)Leistungsqualität als Abgleich von Erwartung und Wahrnehmung verschiedener Qualitätsdimensionen entwickelte Riedmüller (2003) das PROSPORT-Qualitätsmodell, welches eines der umfassendsten Modelle für die Dienstleistungsqualität von Sportveranstaltungen darstellt.

Die Gültigkeit des PROSPORT-Modells muss jedoch eingeschränkt werden, da es empirisch bisher nur bei einzelnen Sportevents und nur bis einschließlich der Force-Event-Action-Phase geprüft wurde, so dass von einer allgemeinen Gültigkeit nicht ausgegangen werden kann. Die Grundannahme, dass die Dienstleistungsqualität einen Einfluss auf den Veranstaltungserfolg hat, konnte empirisch bestätigt werden (Riedmüller, 2003) und wird auch in dieser Arbeit zugrunde gelegt.

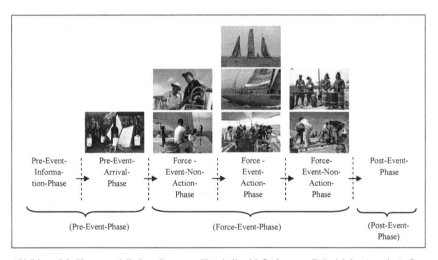

Abbildung 7.2: Phasenmodell einer Corporate-Hospitality-Maßnahme am Beispiel des America's Cup 2005.
Quelle: in Anlehnung an Riedmüller, 2003, 254; Fotos: Stefan Walzel.

Aufgrund der hohen Komplexität von Sportevents differenziert Riedmüller (2003) die Potenzial- und Prozessphase weiter in Pre-Event-Information-, Pre-Event-Arrival-, Force-Event-Non-Action-, Force-Event-Action-, Force-Event-Non-Action- und Post-

Event-Phase (vgl. Abbildung 7.2). Aus Gästesicht beginnt die Corporate-Hospitality-Maßnahme und damit die Pre-Event-Information-Phase mit dem Erhalt der Einladung zu einem Sportevent. Die Einladung an sich, aber auch die Art und Weise stellt schon eine Form der Anerkennung und Würdigung dar. Sie enthält wichtige Informationen zu Zeitpunkt, Ort und Art des Sportevents. Die zweite Phase, die Pre-Event-Arrival-Phase, beginnt mit dem Erreichen eines vereinbarten Treffpunkts. Dies kann bei einem Segelwettbewerb der erste Zugang zur Wettkampfstätte sein oder aber auch die Abholung von einem vorher vereinbarten Ort und der Transfer zum Sporteventort. In der Regel beginnt mit Erreichen der Loge bzw. des Business-Bereichs die Force-Event-Non-Action-Phase. Speisen und Getränke werden den Gästen angeboten und parallel laufen die Vorbereitungen (zum Beispiel letzte Wettkampfvorbereitungen der Segelteams) für den sportlichen Wettkampf.

Mit Beginn des sportlichen Wettkampfs startet auch die Force-Event-Action-Phase, die bis zum Ende des sportlichen Geschehens andauert. Anschließend werden den Gästen wieder Speisen und Getränke angeboten, die wiederum kennzeichnend für eine zweite Force-Event-Non-Action-Phase sind. Das Verlassen der Sportstätte stellt den Übergang zur Post-Event-Phase dar. Bei einem mehrtägigen Aufenthalt mit entsprechendem Rahmenprogramm nach dem Sportevent kann die Post-Event-Phase auch erst mit der Rückreise bzw. mit dem Wiedererreichen des Wohn- bzw. Arbeitsortes beginnen. Eine genaue Abgrenzung der einzelnen Phasen kann daher nicht pauschal erfolgen, sondern sollte anhand des geplanten Programms geschehen. Häufig wird den Gästen ein paar Tage nach der Corporate-Hospitality-Maßnahme noch einmal ein Geschenk überreicht bzw. zugeschickt, um die positiven Erlebnisse noch einmal zu verstärken.

Um der Kritik der nicht ausreichenden Berücksichtigung des „individuellen Erlebniswerts" an allgemeinen Modellen der Dienstleistungsqualität zu begegnen, berücksichtigte Riedmüller (2003) die individuellen Motivationen der Zuschauer.[35] Anhand der kognitiven, affektiven, integrativen und interaktiven Motivationen der Zuschauer können diese in mehrere heterogene Zuschauergruppen unterteilt werden, die „je nach Ausprägung des Motivationsmix unterschiedliche Erwartungen an die Qualitätsmerkmale einer professionellen Sportveranstaltung haben, was sich wiederum auf die Zusammensetzung ihrer Qualitätsurteile auswirken kann" (Riedmüller, 2003, 209). Im Wesentlichen konnte Riedmüller (2003) drei Zuschauergruppen identifizieren: Sport-

---

[35] Die Gäste von Corporate-Hospitality-Maßnahmen können als Zuschauer der Sportveranstaltung aufgefasst werden.

art-Fans (überdurchschnittlich hohe kognitive, affektive und integrative Antriebskräfte), Sportart-Touristen (niedrigere Motivationsausprägungen, hohe Bedeutung der Interaktion mit Freunden) und Veranstaltungsbegleiter (extrem geringe kognitive, affektive und integrative Motivation; Hauptmotivation: mit Freunden etwas zu unternehmen).

Unterschiedliche Erwartungswerte in den Gruppen aufgrund unterschiedlicher Motivationsbündel konnten empirisch jedoch nur bei zwei von 20 Erwartungswerten nachgewiesen werden. Dies betrifft die Erwartungswerte „spannender Verlauf der sportlichen Wettbewerbe" und „Sieg der bevorzugten Athleten" (Riedmüller, 2003). Fraglich ist, ob neben den sporteventbezogenen Motivationen auch noch geschäftliche Motive zu berücksichtigen sind. Im Ergebnis der Untersuchungen von Kolah (2004) und Walzel (2005) wurde jedoch deutlich, dass geschäftliche Motive für die Teilnahme an Corporate-Hospitality-Maßnahmen nicht im Vordergrund stehen.

> Die Leistungsqualität der Corporate-Hospitality-Maßnahme setzt sich aus der Beurteilung der Potenzial-, Prozess- und Ergebnisdimensionen innerhalb der Pre-Event-Information-, Pre-Event-Arrival-, Force-Event-Non-Action-, Force-Event-Action-, Force-Event-Non-Action- und Post-Event-Phase zusammen.

*7.1.2   Interaktionsqualität als Einflussgröße der Beziehungsqualität*
Interaktionen können sowohl verbal als auch non-verbal zwischen mindestens zwei Personen erfolgen und begründen reziproke Aktionen (Hadwich, 2003). Das Ergebnis der Interaktionen zwischen Unternehmen und Kunde wird als Interaktionsqualität bezeichnet und spiegelt die Fähigkeit des Unternehmensmitarbeiters wider, die Interaktionen entsprechend den Anforderungen des Kunden zu gestalten (Lischka, 2000). Im Vergleich zur Leistungsqualität, die in erster Linie durch Handlungen des Anbieters bestimmt wird, weist die Interaktionsqualität Interdependenzen zwischen den Beteiligten auf (Hadwich, 2003). Basierend auf den Interaktionstheorien (vgl. Kapitel 4.2.2) ist die Interaktionsqualität ein mehrdimensionales Konstrukt, welches sich aus den intrapersonalen Merkmalen des Unternehmensvertreters (auch als Interaktionskompetenz bezeichnet) ergibt sowie aus den interpersonalen Merkmalen, die den Ablauf des Interaktionsprozesses beschreiben.

In Anlehnung an die Leistungsqualität ist auch für die Modellierung der Interaktionsqualität eine Unterscheidung in „**Interaktionsqualität der bisherigen Geschäftsbeziehung**" und „**Interaktionsqualität bei einer Corporate-Hospitality-Maßnahme**" erforderlich, um isolierte Wirkungen aus Corporate-Hospitality-Maßnahmen zu messen und entsprechende Zusammenhänge darzustellen. Daher ist bei der Operationalisierung des Konstrukts „Interaktionsqualität" genau darauf zu achten, dass sich die einzelnen Messitems spezifisch auf die bisherige Geschäftsbeziehung beziehen. Idealerweise sollte die Datenerhebung sogar vor Beginn der Corporate-Hospitality-Maßnahme erfolgen. Für die Operationalisierung der Messitems in Bezug auf die „Interaktionsqualität Corporate Hospitality" gilt ebenfalls, einen klaren Bezug zur Corporate-Hospitality-Maßnahme herzustellen.

Die Interaktionsqualität der bisherigen Geschäftsbeziehung setzt sich aus der Interaktionskompetenz des Unternehmensmitarbeiters sowie den Dimensionen der Interaktionsprozesse zwischen Unternehmen und Kunde bezogen auf die bisherige Geschäftsbeziehung zusammen.

Die Interaktionsqualität bei einer Corporate-Hospitality-Maßnahme ergibt sich aus der Interaktionskompetenz der Mitarbeiter des gastgebenden Unternehmens und den Dimensionen der Interaktionsprozesse zwischen Gast und Gastgeber vor, während und unmittelbar nach der Corporate-Hospitality-Maßnahme.

### 7.1.3 Kundenzufriedenheit als Einflussgröße der Beziehungsqualität

Wie bereits in Kapitel 6.1.3 deutlich wurde, besteht in der wissenschaftlichen Community weder eine einheitliche Auffassung über die Konzeptionalisierung der Kundenzufriedenheit noch eine klare Abgrenzung zu verwandten Phänomenen. Basierend auf dem Confirmation/Disconfirmation-Paradigma, welches die meisten Autoren zugrunde legen, kann Kundenzufriedenheit als Ergebnis eines komplexen psychischen Vergleichsprozesses aufgefasst werden und spiegelt die Einstellung des Kunden wider (Homburg & Faßnacht, 2001).

Dieser komplexe psychische Vergleichsprozess beinhaltet den Vergleich eines vor dem Gebrauch erwarteten Soll-Zustandes mit dem nach der Nutzung tatsächlich erfahrenen Ist-Zustandes. Der erwartete Soll-Zustand wird durch Erwartungen (zum Beispiel aufgrund bisheriger Erfahrungen), Ideale, individuelle Normen und weitere Maßstäbe bestimmt (Homburg & Faßnacht, 2001). Wird der erwartete Soll-Zustand tatsächlich erreicht, entsteht beim Kunden Zufriedenheit. Bei einem Übertreffen des Soll-Zustandes wird von Kundenbegeisterung gesprochen. Bleibt der Ist-Zustand jedoch hinter dem Soll-Zustand zurück, ist Kundenunzufriedenheit festzustellen. Dieser grundlegenden Auffassung, Kundenzufriedenheit ausschließlich als wahrgenommene Qualität verschiedener Leistungs- und Interaktionsaspekte zu sehen, steht die Ansicht entgegen, dass die einzelnen Qualitätsaspekte lediglich „Treiber der Kundenzufriedenheit" sind und weitere unternehmensinterne sowie -externe moderierenden Faktoren zu berücksichtigen sind (Hadwich, 2003). Der individuellen Gewichtung einzelner Qualitätsmerkmale kommt hierbei eine entscheidende Bedeutung zu. Dieser Gewichtungsprozess läuft in der Psyche des Kunden ab und ist somit nicht beobachtbar und selbst für den betreffenden Kunden nicht immer transparent sowie nachvollziehbar.

Um isolierte Wirkungen aus einer Corporate-Hospitality-Maßnahme zu messen und entsprechende Wirkungszusammenhänge abbilden zu können, empfiehlt sich auch für die Kundenzufriedenheit eine Differenzierung in „**Kundenzufriedenheit der bisherigen Geschäftsbeziehung**" und „**Kundenzufriedenheit der Corporate-Hospitality-Maßnahme**".

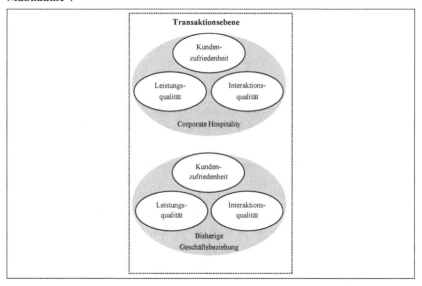

Abbildung 7.3: Theoretische Konzeptionalisierung der Einflussgrößen auf die Beziehungsqualität.
Quelle: eigene Darstellung.

**Zusammenfassend** werden drei Einflussgrößen auf die Beziehungsqualität für die Entwicklung des Wirkungsmodells berücksichtigt: die Leistungsqualität, die Interaktionsqualität sowie die Kundenzufriedenheit. Für eine isolierte Wirkungsmessung und Erklärung von Wirkungszusammenhängen ist eine Unterscheidung dieser drei Einflussgrößen in Bezug auf die bisherige Geschäftsbeziehung und die entsprechende Corporate-Hospitality-Maßnahme zwingend notwendig (vgl. Abbildung 7.3). Auf die Einflussgrößen in der bisherigen Geschäftsbeziehung wurde bewusst eingegangen, da sie das Ausgangsniveau der Beziehungsqualität vor der Corporate-Hospitality-Maßnahme darstellen und als wichtige Vergleichsmaßstäbe für die Wirkungen des Kommunikationsinstruments Corporate Hospitality herangezogen werden können.

## 7.2 Theoretische Konzeptionalisierung der Beziehungsqualität

In Kapitel 6.1 wurde Beziehungsqualität als die Wahrnehmung des Kunden definiert,
inwiefern das Unternehmen die Kundenwünsche und -bedürfnisse in seinem Verhalten
berücksichtigt. Die Beziehungsqualität ist damit nicht nur geprägt durch die Leistung
des Anbieters sondern vielmehr durch die Beurteilung der Gesamtbeziehung. Als
transaktionsübergreifendes Konstrukt ist die Beziehungsqualität in der Lage, die Komplexität von Transaktionen und Unsicherheiten zwischen den Beziehungspartnern zu
reduzieren sowie die Interaktionen effizienter zu gestalten (Crosby et al., 1990; Hennig-Thurau et al., 1999). Vertrauen in den Beziehungspartner spielt hierbei eine wesentliche Rolle.

In Kapitel 6.1.2 wurde Vertrauen noch einmal unterschieden in kognitives Vertrauen
und affektives Vertrauen. Während affektives Vertrauen auf Emotionen basiert und als
Vertrauen des Kunden in den Anbieter aufgefasst werden kann, bezieht sich kognitives
Vertrauen auf das Kennen des Beziehungspartners und den Umfang an Wissen über
diesen. Letzteres drückt vor allem die Vertrautheit des Kunden mit dem Anbieter aus.

Die Zufriedenheit aus der Perspektive des Kunden wurde in vielen Ansätzen zur
Konzeptionalisierung der Beziehungsqualität als Dimension berücksichtigt (Hadwich,
2003). Wird die Zufriedenheit des Kunden jedoch als aggregierende Kundenzufriedenheit verstanden, so ist sie gemäß Hadwich (2003) eher als Einflussgröße statt als
Dimension der Beziehungsqualität zu definieren. Da in dieser Arbeit Corporate-
Hospitality-Maßnahmen im Mittelpunkt stehen, mit denen in erster Linie beziehungsorientierte Ziele verfolgt werden, steht die Beziehungszufriedenheit im Vordergrund
der Betrachtungen. Aus diesem Grund wird dem Ansatz von De Wulf et al. (2001)
gefolgt und die **Beziehungszufriedenheit** neben dem kognitiven und affektiven Vertrauen als dritte Dimension der Beziehungsqualität berücksichtigt (vgl. Abbildung
7.4).

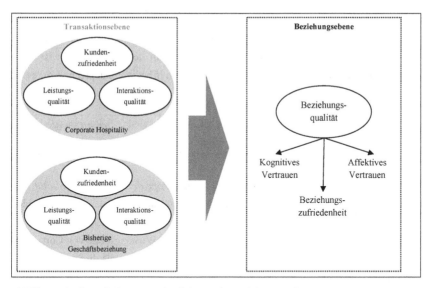

Abbildung 7.4: Theoretische Konzeptionalisierung der Beziehungsqualität.
Quelle: eigene Darstellung.

Beziehungsqualität besteht aus den drei Dimensionen „kognitives Vertrauen", „affektives Vertrauen" und „Beziehungszufriedenheit".

## 7.3  Theoretische Konzeptionalisierung der direkten Wirkungsgrößen

### 7.3.1  Kommunikationsbereitschaft als Wirkungsgröße der Beziehungsqualität

Auch wenn die Dialogbereitschaft insbesondere in Business-to-Business-Beziehungen eine sehr bedeutende Form der Kommunikation darstellt, würde sich diese Sichtweise ausschließlich auf eine zweiseitige Kommunikation zwischen Kunde und Anbieter beschränken und mögliche Wirkungen in Form von einseitiger Kommunikation vernachlässigen. Daher wird die umfassendere Kommunikationsbereitschaft als Konstrukt für die Wirkung des zukünftigen, intentionalen Kommunikationsverhaltens berücksichtigt.

Die von Hadwich (2003) und Frommeyer (2005) berücksichtigten Indikatoren können aufgrund der Intentionalität auch als Potenziale aufgefasst werden, die eine effektivere und effizientere Kommunikation zwischen Kunde und Anbieter in der Zukunft ermöglichen. Dies könnte beispielsweise in Form von einer mündlichen Abmachung anstatt eines schriftlichen Vertrages oder aber auch in einer gezielten Informationsübermittlung ohne Streuverluste geschehen. Solche Effektivitäts- und Effizienzpotenziale können sowohl beim Kunden als auch beim Anbieter auftreten. Im Mittelpunkt des Interesses steht jedoch hier die Kommunikationsbereitschaft des Kunden, denn ist diese nicht vorhanden, wird der Anbieter wenn überhaupt nur bedingt entsprechende Potenziale nutzen können.

Die Kommunikationsbereitschaft bildet die Effektivitäts- und Effizienzpotenziale auf Kundenseite in der zukünftigen Kommunikation zwischen Kunde und Anbieter ab.

### 7.3.2 Psychologische Kundenloyalität als Wirkungsgröße der Beziehungsqualität

Im Ergebnis des Kapitels 6.3.2 bildet Kundenloyalität das Ergebnis von Kundenbindungsmaßnahmen in Form von „Gebunden-Sein" bzw. „Verbunden-Sein" des Kunden gegenüber dem Unternehmen ab. Entsprechend der Wirkungskette von Corporate-Hospitality-Maßnahmen stehen die psychologischen Wirkungen als direkte Effekte im Vordergrund, so dass hier ausschließlich die psychologischen Aspekte der Kundenloyalität berücksichtigt werden.

Die Absicht des Kunden, die Beziehung zum Unternehmen aufrecht erhalten zu wollen, drückt sich im Commitment zum Anbieter aus. Von den drei Ausprägungsformen des Commitments (vgl. Kapitel 6.3.4) weist die affektive Form als emotionsbasierte, innere Verbundenheit die beste Eignung für die Wirkungsmessung von Corporate-Hospitality-Maßnahmen im Rahmen von Sportevents auf, da das affektive Commitment als einzige Form durch Kommunikationsmaßnahmen beeinflussbar ist.

Als zweite Dimension bietet sich die Weiterempfehlungsabsicht an. Sofern eine positive Einstellung des Kunden zum Unternehmen vorliegt, kann sich diese in einer positiven Mund-zu-Mund-Kommunikation äußern und spiegelt gleichzeitig die innere Verbundenheit des Kunden wider (Markert, 2008). Bleibt die Weiterempfehlungsabsicht durch den Kunden aus oder bildet sich sogar die Absicht, vor einer Geschäftsbeziehung zu warnen, liegt weder eine innere Verbundenheit des Kunden zum Unternehmen noch eine positive psychologische Kundenloyalität vor.

Reziprozität definieren wir für diese Arbeit als dritte Dimension der psychologischen Kundenloyalität, die auf dem Prinzip der subjektiven Gleichwertigkeit von Leistung und Gegenleistung basiert. Die Teilnahme an einer Corporate-Hospitality-Maßnahme durch den Kunden kann als Leistung des Unternehmens betrachtet werden. Bis zur

Erbringung der Gegenleistung besteht zwischen Kunde und Unternehmen eine Asymmetrie, die eine psychologische Bindung begründet (vgl. Kapitel 6.3.5).

> Basierend auf einer nachfrageorientierten Perspektive setzt sich die psychologische Kundenloyalität aus dem affektiven Commitment, der Weiterempfehlungsabsicht sowie der Reziprozität zusammen.

### 7.3.3 Kaufverhaltensabsicht als Wirkungsgröße der Beziehungsqualität

Die Kaufverhaltensabsicht wurde im Kapitel 6.3.2 als Form der intentionalen, verhaltensbezogenen Kundenloyalität theoretisch erörtert. Sie kann über die Größen „Wiederkaufabsicht", „Cross-Buying-Absicht" und „beabsichtigte Kauffrequenzsteigerung" als Mengendimension und über die Preisbereitschaft und der Absicht der Preiserhöhungsakzeptanz bzw. -toleranz als Preisdimension operationalisiert werden (Homburg & Bruhn, 2008; Lischka, 2000; Reinecke & Dittrich, 2006). Die Kaufverhaltensabsicht gibt die Intention des Kunden zum zukünftigen Kaufverhalten wieder. Die zeitliche Differenz zwischen der Absichtsentstehung und dem faktischen Kauf stellt eine kritische Größe für Unternehmen dar, da in dieser Zeit eine Vielzahl von Einflussfaktoren als Ursachen für abweichendes Verhalten in Frage kommt. Dennoch ist die Kaufverhaltensabsicht eine wichtige Vorstufe des tatsächlichen Verhaltens und bildet die Verknüpfung von psychologischen hin zu den verhaltensbezogenen Wirkungen.

> Die Kaufverhaltensabsicht ist ein Konstrukt, das sich aus einer Preis- und Mengendimension zusammensetzt.

**Zusammenfassend** werden auf der Ebene der Verhaltensabsichten drei Konstrukte berücksichtigt: die Kommunikationsbereitschaft, die psychologische Kundenloyalität und die Kaufverhaltensabsicht (vgl. Abbildung 7.5). Sie stellen wichtige Konstrukte zwischen den psychologischen Wirkungen und dem tatsächlichen Kundenverhalten dar, die teilweise schwer abgrenzbar sind und die Übergänge häufig fließend verlaufen. Diese „Zwischenkonstrukte" können bei stärkeren Abweichungen zwischen der nachgelagerten Verhaltensebene und der Ebene der Verhaltensabsichten als Ansatzpunkte für eine Ursachenanalyse herangezogen werden.

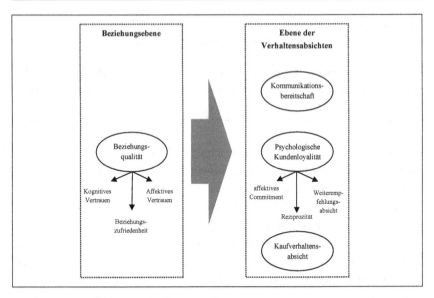

Abbildung 7.5: Theoretische Konzeptionalisierung der Wirkungen der Beziehungsqualität auf der Ebene der Verhaltensabsichten.

Quelle: eigene Darstellung.

## 7.4  Theoretische Konzeptionalisierung der indirekten Wirkungsgrößen

### 7.4.1  Kommunikationsverhalten als Wirkungsgröße der Beziehungsqualität

Bei der Konzeptionalisierung des Kommunikationsverhaltens als indirekte Wirkungsgröße einer guten Beziehungsqualität gilt es, aufgrund der Komplexität eine Entscheidung zu treffen bezüglich a) einer umfassenden Abbildung möglicher Wirkungen mit dem Nachteil des möglicherweise mangelnden Erklärungszusammenhangs oder b) einer Fokussierung auf bestimmte Wirkungen mit der Einschränkung, dass einzelne möglicherweise relevante Größen nicht berücksichtigt werden. In dieser Arbeit fiel die Entscheidung zu Gunsten der zweiten Variante aus. Die Fokussierung auf die Wirkungen der Dialogkommunikation wird damit begründet, dass die Wirkungen von Corporate-Hospitality-Maßnahmen als Instrument des Dialogmarketings im Mittelpunkt dieser Arbeit stehen.

Die Wirkungen der Dialogkommunikation wurden bisher nur unter Nutzenaspekten betrachtet, ohne dabei die Kosten zu berücksichtigen. Unter ökonomischen Gesichtspunkten ist der Nutzen jedoch den damit verbundenen Kosten gegenüber zu stellen, um zum Beispiel eine Aussage zur Effizienz der Wirkungen von Corporate-

Hospitality-Maßnahmen bezogen auf das Kommunikationsverhalten zu treffen. Kosten-Nutzen-Analysen der Dialogkommunikation können zum einen in instrument- und kundenbezogene sowie weiter in statische und dynamische Analysen unterschieden werden (Lischka, 2000). Während bei der instrumentbezogenen Analyse das Kommunikationsinstrument das Objekt der Effizienzanalyse darstellt, ist dies bei der kundenbezogenen Methode der einzelne Kunde. Aus Gründen der Kongruenz bietet sich die kundenbezogene Analyse an. Eine statische bzw. periodenbezogene Analyse würde dem Verständnis von Corporate Hospitality als langfristige Investition in die Geschäftsbeziehung nicht gerecht. Daher wird der dynamischen bzw. periodenübergeifenden Betrachtung der Vorzug eingeräumt.

Mit dem Customer Communication Value (CCV) liegt ein umfassender dynamischer Ansatz zur kundenbezogenen Kosten-Nutzen-Analyse der Dialogkommunikation vor. Der CCV setzt sich aus einem vergangenheitsbezogenen und einem zukunftsbezogenen Wert zusammen (Lischka, 2000). Die Bestimmung kundenindividueller Kosten- und Nutzengrößen in der Vergangenheit ist mit zwei Problemen verbunden: 1) zum einen die individuelle Zuordnung der Kosten und des Nutzens auf die einzelnen Kunden, 2) zum anderen die Quantifizierung des monetären Nutzens pro Kunde. Für die individuelle Kostenermittlung schlägt Lischka (2000) die Prozesskostenrechnung vor. Die Bestimmung des kundenindividuellen Nutzens kann über eine pauschale bzw. eine kundengruppenbasierte Ermittlung erfolgen. Der ermittelte kundenindividuelle Nutzen wird monetär quantifiziert, indem der kundenindividuelle prozentuale Anteil am Gesamtumsatz herangezogen wird, der auf Maßnahmen der Dialogkommunikation zurückzuführen ist (Lischka, 2000). Werden die kundenindividuellen Kostengrößen der vergangenen Perioden aufsummiert und von der Summe der kundenindividuellen Nutzengrößen des betrachteten Zeitraums abgezogen, ergibt sich der vergangenheitsbezogene CCV, auch Customer Communication Profit (CCP) genannt. Mit Hilfe des CCPs kann periodenbezogen die Kommunikationsprofitabilität einzelner und ähnlicher Kunden miteinander verglichen sowie der Beitrag der Dialogkommunikation zum Beziehungserfolg abgebildet werden.

Der zukunftsbezogene CCV-Wert ergibt sich für den einzelnen Kunden aus den individuell prognostizierten Kosten- und Nutzengrößen. Eine Prognose der Kosten- und Nutzengrößen empfiehlt sich aufgrund des hohen Aufwands. Zusätzlich sollte der Prognose-zeitraum unter Berücksichtigung der Unsicherheit über den weiteren Fortbestand der Geschäftsbeziehung fünf Jahre nicht überschreiten (Dwyer, 1989). Ferner nehmen vor allem die in fernerer Zukunft zu erwartenden Nutzengrößen durch die

Diskontierung der Zahlungsströme einen immer geringeren Anteil am CCV ein (Dwyer, 1997; Lischka, 2000).

Für die Bestimmung der zukünftigen kundengruppenbezogenen Nutzen- und Kostengrößen kommen drei Ansätze in Betracht (Dwyer, 1997). Der erste Ansatz basiert auf der durchschnittlichen Kundenbindungsdauer, der mit dem Problem verbunden ist, dass durch die Fortschreibung kundenbezogener Entwicklungen im Zeitablauf sich diese nicht in den Nutzen- und Kostengrößen widerspiegeln. Der zweite Ansatz auf Basis des Customer-Retention-Modells ermittelt für jede Periode eine Kundenbindungsrate und diskontiert die Nutzen- und Kostengrößen der Dialogkommunikation. Liegen deutliche zeitliche Diskrepanzen zwischen den einzelnen Maßnahmen der Dialogkommunikation vor, so empfiehlt sich das Ausweichen auf das Customer-Migration-Modell, dem dritten Ansatz (Dwyer, 1997). Hier liegen die Schwächen darin, dass passive Kunden vernachlässigt und Änderungen von Umsatzanteilen im Zeitablauf ausgeschlossen werden (Lischka, 2000).

Der CCV kann sowohl für die Erfolgskontrolle von Maßnahmen der Dialogkommunikation als auch für die Planung zukünftiger Maßnahmen herangezogen werden. Mit Hilfe periodenbezogener Berechnungen könnte somit die Steuerung der Dialogkommunikation erfolgen.

> Der CCV stellt eine verhaltensbezogene Erfolgsgröße für das Kommunikationsverhalten als indirekte Wirkung der Beziehungsqualität dar.

### 7.4.2   Weiterempfehlungsverhalten als Wirkungsgröße der Beziehungsqualität

Wie sich Beziehungsqualität in Geschäftsbeziehungen auf das faktische Weiterempfehlungsverhalten des Kunden auswirkt, wurde bisher empirisch nicht untersucht. Auf theoretischer Ebene hat sich vor allem Cornelsen (2000, 2006) mit dem monetären Wert des Weiterempfehlungsverhaltens beschäftigt, den er im Rahmen eines Kundenwert-Modells als Referenzwert bezeichnet. Cornelsen (2000, 190) definiert Referenzen als „eine Form der direkten, verbalen Kommunikation zwischen zwei Personen, bei der positive, negative oder neutrale Informationen über einen Anbieter bzw. dessen Angebotsleistung (Produkt, Marke u.a.) ausgetauscht werden, ohne dass dabei kommerzielle Interessen im Vordergrund stehen". Aufgrund der großen inhaltlichen Übereinstimmung werden die Begriffe Referenzen und Weiterempfehlung synonym verwendet (Cornelsen, 2006). Der Referenzwert bildet den monetären Wert des Weiterempfehlungsverhaltens des Kunden für den Anbieter ab.

Das Referenzwert-Modell „REVAL" (=REference VALue) von Cornelsen (2000) findet im Relationship Marketing große Akzeptanz und wird daher auch für diese Arbeit herangezogen. Der monetäre Referenzwert setzt sich aus folgenden beiden Konstrukten zusammen: 1) dem durchschnittlichen Referenzvolumen und 2) dem kundenindividuellen Referenzpotenzial (vgl. nachfolgend Cornelsen, 2006). Das Referenzvolumen bildet im Modell die „Wertkomponente" und das Referenzpotenzial die „Mengenkomponente" ab.

Beginnend mit der Analyse des **Referenzpotenzials**, welches sich aus den drei Determinanten „Soziales Netz", „Meinungsführerschaft" und „Kundenzufriedenheit" zusammensetzt (vgl. Abbildung 7.6) und definiert ist, als die Fähigkeit des Referenzgebers einen Kunden zu beeinflussen.

1) Das soziale Netz bildet die Anzahl der Bruttokontakte mit Personen innerhalb des jeweiligen sozialen Netzwerks ab, in dem sich der Referenzgeber befindet. Auf diese Weise wird die Häufigkeit der Referenzabgabe dargestellt.

2) Wie stark die Wirkung der Referenz ist, hängt maßgeblich von der Meinungsführerschaft des Referenzgebers ab. Mit dieser Determinante wird berücksichtigt, dass nicht alle Referenzen den gleichen Einfluss auf den aktuellen bzw. potenziellen Kunden haben.

3) Die dritte Determinante des Referenzpotenzials repräsentiert die Richtung der Beeinflussung (positiv, negativ, neutral) auf Basis der Kundenzufriedenheit des Referenzgebers gegenüber dem Referenzobjekt.

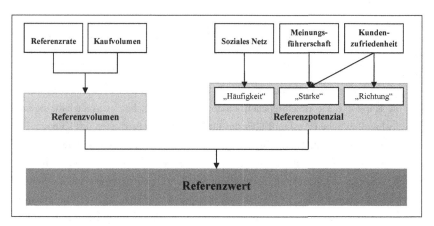

Abbildung 7.6: Das Referenzwert-Modell „REVAL".
Quelle: in Anlehnung an Cornelsen, 2000, 199.

Mit dem **Referenzvolumen** soll eine Antwort auf die Frage gegeben werden, welchen monetären Wert das Referenzpotenzial für das anbietende Unternehmen hat. Dazu ist zunächst die Anzahl der Referenzgespräche in Erfahrung zu bringen. Die dann vorliegende „Brutto-Referenzrate" muss anschließend durch die Anzahl der beteiligten Referenzgeber dividiert werden (=„Netto-Referenzrate"), da zum Beispiel ein potentieller Kunde von mehreren Personen eine Referenz erhalten haben kann und allen einzelnen Referenzen ein Teil-Einfluss zukommt. Durch die Verknüpfung mit dem Kaufvolumen beispielsweise in Form des durchschnittlichen segmentbezogenen Umsatzes sowie dem Referenzpotenzial ergibt sich am Ende eine monetäre Größe als Referenzwert.

Schwächen weist der REVAL-Ansatz vor allem in Bezug auf die Individualität auf. Das Kauf- und Nutzungsverhalten sowie die Referenzrate werden durch Durchschnittsgrößen abgebildet, die individuelle Unterschiede vernachlässigen und damit keine einzelfallbezogenen Aussagen möglich machen. Des Weiteren stellt die Meinungsführerschaft in der Konzeptionalisierung des Referenzpotenzials aufgrund der Vielzahl sozio-psychologischer Einflussfaktoren ein schwer messbares Konstrukt dar. Ferner bleiben die dynamischen Effekte unberücksichtigt, die aufgrund der Investitionsperspektive von Corporate-Hospitality-Maßnahmen jedoch von großer Bedeutung sind. Aussagen zu Wirkungen der Beziehungsqualität auf den Referenzwert sind daher nur bedingt über einen Periodenvergleich oder Messungen vor und nach einer Corporate-Hospitality-Maßnahme möglich. Trotz der dargestellten Schwächen liefert der Ansatz einen monetären Wert für eine wichtige verhaltensbezoge Erfolgsgröße im Gesamtmodell.

---

Der Referenzwert stellt eine zweite verhaltensbezogene Erfolgsgröße dar und bildet das Weiterempfehlungsverhalten als indirekte Wirkung der Beziehungsqualität ab.

---

### 7.4.3 Kaufverhalten als Wirkungsgröße der Beziehungsqualität

Die in Kapitel 6.3.2 beschriebenen Faktoren der faktischen, verhaltensbezogenen Kundenloyalität geben Auskunft über das tatsächliche Kaufverhalten des Kunden. Dazu zählen Wiederkauf, Cross-Buying, gezahlter Preis, Kauffrequenzsteigerung und Preiserhöhungsakzeptanz bzw. -toleranz. Für eine periodenbezogene Betrachtung werden die Umsätze des Kunden in der betrachteten Periode aufsummiert und die Summe der Auszahlungen für den Erhalt der Geschäftsbeziehung abgezogen (Bruhn, Georgi, Treyer & Leumann, 2000). Das Ergebnis ermöglicht eine periodenbezogene Aussage über den monetären Erfolg der Geschäftsbeziehung.

Aufgrund des Investitionscharakters von Corporate-Hospitality-Maßnahmen gibt erst eine periodenübergreifende bzw. dynamische Betrachtung der Ein- und Auszahlungen eine Auskunft über den kundenindividuellen Erfolg einer Geschäftsbeziehung, gemessen am faktischen Kaufverhalten. Dazu werden in Anlehnung an die Kapitalwertberechnung die einzelnen Zahlungsströme periodengerecht diskontiert. Der Kapitalwert der Ein- und Auszahlungen stellt einen vergleichsweise einfachen, jedoch dem tatsächlichen Kaufverhalten absolut gerecht werdenden Ansatz für die Abbildung des Kaufverhaltens dar. Inwieweit die Grenzen beispielsweise von Preiserhöhungsakzeptanz bzw. –toleranz tatsächlich ausgereizt wurden, kann anhand dessen nicht beurteilt werden. Hier spielt vor allem das Verhandlungsgeschick der Beteiligten eine nicht zu unterschätzende Rolle.

> Das Kaufverhalten als Summe der diskontierten Ein- und Auszahlungen über die gesamte Geschäftsbeziehung stellt eine dritte verhaltensbezogene Erfolgsgröße der Beziehungsqualität dar.

### 7.4.4 Ökonomischer Erfolg als Wirkungsgröße der Beziehungsqualität

Die Erfolge bei den bisher einzeln betrachteten ökonomischen Größen stellen nur Zwischenschritte des maßgeblichen Erfolgskriteriums „ökonomischer Erfolg" dar. Letztendlich sollen sich die einzelnen erzielten Wirkungen auch im Unternehmenserfolg widerspiegeln. Daher kann diese Größe auch als die globale Erfolgsgröße betrachtet werden. Der Kundenwert stellt solch eine globale Erfolgsgröße im Kundenmanagement dar und bietet sich hier für die Abbildung des ökonomischen Erfolgs an (Bauer et al., 2006; Helm & Günter, 2006; Reckenfelderbäumer & Welling, 2006).

Der Kundenwert ist definiert als die Summe aller Beiträge eines Kunden, die zum Erreichen von monetären und nicht-monetären Zielen des anbietenden Unternehmens beitragen (Bauer et al., 2006). Ausgehend von einem negativen Begriffsverständnis, kann der Kundenwert auch als der Schaden angesehen werden, der bei der Abwanderung des betreffenden Kunden eintritt (Plinke, 1989). Dieser ökonomische Wert jedes einzelnen Kunden beinhaltet sowohl quantitative als auch qualitative Beiträge. Die Transaktionswerte resultieren in erster Linie direkt aus Transaktionen, während die Interaktionswerte sich vor allem aus Beiträgen der Interaktionen zwischen Kunden-Kunden bzw. zwischen Kunden-Anbieter ergeben und sich erst zukünftig in Form von Umsatzerhöhungen und/oder Kostensenkungen auswirken (Bauer et al., 2006).

Die Wirkungen von Corporate-Hospitality-Maßnahmen werden sich vor allem in den Interaktionswerten widerspiegeln, so dass diese Daten mit jenen aus dem Verkauf verbunden werden müssen, um Aussagen zum Kundenwert treffen zu können. Eine ein-periodische, statische Betrachtung der Kundenbeziehung kommt hierfür nicht in Be-tracht, da diese das zukünftige Potenzial vor allem der Interaktionswerte unzureichend berücksichtigt. Eine mehrperiodische, dynamische Betrachtung von Kundenbeziehun-gen bildet den Kundenwert auf Basis der dynamischen Investitionsrechnung als Custo-mer Lifetime Value (CLV) über die gesamte Dauer der Kundenbeziehung ab (Bruhn, 2009a).

Die Konzeptionalisierung des Kundenwertes lässt sich in vier Stufen aufteilen (Bruhn, 2009a):

1) Auf der ersten Stufe werden sämtliche Ein- und Auszahlungen kumuliert und anschließend auf den aktuellen Zeitpunkt diskontiert. Zukünftig erwartete Zah-lungen weisen damit zum Gegenwartszeitpunkt einen geringeren Wert auf als bereits erfolgte Zahlungsströme. Insofern kann der diskontierte CLV auch als Grundlage für strategische Entscheidungen herangezogen werden.

$$CLV = -I_0 + \sum_{t=0}^{T} \frac{(E_t - A_t)}{(1 + r)^t} \cdot R^t$$

$I_0$ = Akquisitionsinvestition in Periode t=0
$t$ = Periode
$T$ = voraussichtliche Anzahl der Jahre der Kundenbeziehung
$E_t$ = kundenspezifische Einzahlungen
$A_t$ = kundenspezifische Auszahlungen
$r$ = Kalkulationszinsfuß (Diskontierungsfaktor)
$R$ = Kundenbindungswahrscheinlichkeitsfaktor

2) Mit der Einführung der Kundenbindungswahrscheinlichkeit (R) wird eine Grö-ße berücksichtigt, die mögliche Risiken des Abbruchs einer Kundenbeziehung abbilden soll. Für die Bestimmung des Faktors kommen verschiedene pragmati-sche und stochastische Ansätze in Frage (Bruhn, 2009a).

3) Das tatsächliche Weiterempfehlungsverhalten des Kunden wird im Referenz-wert berücksichtigt. Dieser setzt sich aus branchenspezifischen Referenzraten, Meinungsführergrad, Größe des sozialen Netzwerks und der Zufriedenheit zu-sammen. Die einzelnen Faktoren werden mittels empirischer Analysen ermittelt und anschließend in einem Verrechnungsalgorithmus zu einem Referenzwert verrechnet (Bruhn, 2009a).

4) Auf der vierten Stufe werden alle weiteren Einflussfaktoren des Kundenwertes berücksichtigt. Hier kommen in erster Linie Informations-, Kooperations- und Synergiepotenziale in Betracht.

> Der ökonomische Erfolg der Beziehungsqualität setzt sich aus dem Kommunikationsverhalten zwischen Kunde und Anbieter, dem Weiterempfehlungsverhalten des Kunden sowie dem Kaufverhalten des Kunden zusammen.

**Zusammenfassend** kann festgestellt werden, dass die drei Konstrukte auf der Verhaltensebene (Kommunikations-, Weiterempfehlungs- und Kaufverhalten) einzelne Erfolgsgrößen einer guten Beziehungsqualität darstellen. Jedoch erst durch die Kombination dieser drei Größen wirkt sich der Erfolg auf der Beziehungsebene auch bestmöglich auf den ökonomischen Erfolg auf der Unternehmensebene aus (vgl. Abbildung 7.7).

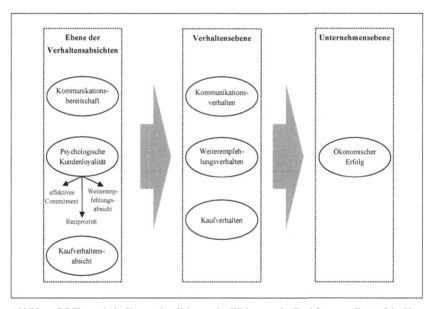

Abbildung 7.7 Theoretische Konzeptionalisierung der Wirkungen der Beziehungsqualität auf der Verhaltens- und Unternehmensebene.
Quelle: eigene Darstellung.

### 7.5  Ein theoretisches Wirkungsmodell für Corporate Hospitality

Basierend auf den vorherigen Ausführungen liegt nun ein Wirkungsmodell für Corporate Hospitality (vgl. Abbildung 7.8) mit dem zentralen Konstrukt der Beziehungsqualität vor. Dieses weist fünf Ebenen auf, die aufeinander aufbauen und der Wirkungskette von Corporate-Hospitality-Maßnahmen (vgl. Kapitel 2.1) entsprechen.

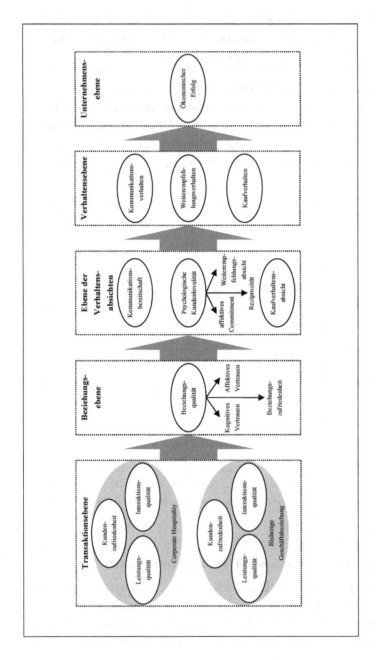

Abbildung 7.8: Theoretisches Wirkungsmodell für Corporate Hospitality.

Quelle: eigene Darstellung.

Ausgehend von der Transaktionsebene, auf der noch einmal zwischen der Transaktionsqualität der Corporate-Hospitality-Maßnahme und der Transaktionsqualität der
bisherigen Geschäftsbeziehung unterschieden wird, werden hier die Einflussgrößen
auf die Beziehungsqualität – den im Fokus stehenden Konstrukt auf der Beziehungsebene – abgebildet. Nach eingehender Auseinandersetzung wird hier die Beziehungsqualität durch die drei Dimensionen „kognitives Vertrauen", „Beziehungszufriedenheit" und „affektives Vertrauen" bestimmt.

Die Beziehungsqualität wirkt sich auf die Konstrukte der Verhaltensabsichten aus.
Hier wurden die Kommunikationsbereitschaft, die psychologische Kundenloyalität
und die Kaufverhaltensabsicht als zentrale Konstrukte identifiziert. Der psychologischen Kundenloyalität kommt neben der Beziehungsqualität eine besondere Bedeutung im Rahmen des Wirkungsmodells zu, da erstere eines der bedeutsamsten Ziele
von Corporate-Hospitality-Maßnahmen darstellt. Die Dimensionen „Commitment"
und „Weiterempfehlungsabsicht" wurden in der Literatur umfassend diskutiert. Diesbezüglich besteht unter Marketingwissenschaftlern weitestgehend Einigkeit. „Reziprozität" als dritte hinzugezogene Dimension der psychologischen Kundenloyalität fand
in dieser Arbeit erstmalig Berücksichtigung im Rahmen der Konzeptionalisierung von
Kundenloyalität. Mit der Einbeziehung dieser Dimension in das Wirkungsmodell wird
den Spezifika von Corporate Hospitality besonders Rechnung getragen.

Auf der vierten Ebene, der Verhaltensebene, werden die beobachtbaren Verhaltenswirkungen des Kunden abgebildet in Form von Kommunikations-, Weiterempfeh-
lungs- und Kaufverhalten. Alle drei Konstrukte stellen Grundlagen für den ökonomischen Erfolg als globale Erfolgsgröße der Beziehungsqualität auf der Unternehmensebene dar.

## 7.6 Zusammenhänge im Wirkungsmodell

Ausgehend von den zuvor konzeptualisierten Konstrukten gilt es nachfolgend, die Zusammenhänge zwischen den Konstrukten zu erklären. Die identifizierten Zusammenhänge werden am Ende dann in das Wirkungsmodell integriert.

### 7.6.1 Wirkungszusammenhänge auf der Transaktionsebene
In Kapitel 2.2.3 wurde dargestellt, dass Corporate Hospitality vor allem in bereits bestehenden Geschäftsbeziehungen zum Einsatz kommt. Die Transaktionsqualität der
bisherigen Geschäftsbeziehung stellt somit ein Ausgangsniveau dar, was berücksichtigt werden muss. Um einen potenziellen, indirekten Einfluss der Transaktionsqualität

der bisherigen Geschäftsbeziehung über die Transaktionsqualität von Corporate Hospitality auf die Beziehungsqualität zu berücksichtigen, muss die Wirkung der Transaktionsqualität der bisherigen Geschäftsbeziehung auf die Transaktionsqualität der Corporate-Hospitality-Maßnahme untersucht werden.

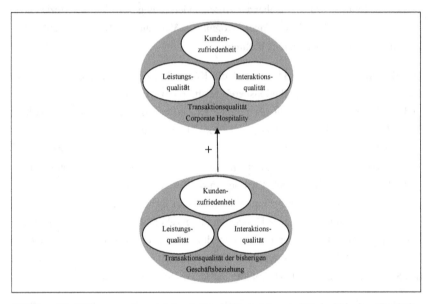

Abbildung 7.9: Wirkungszusammenhang zwischen der Transaktionsqualität der bisherigen Geschäftsbeziehung und der Transaktionsqualität von Corporate Hospitality.

Quelle: eigene Darstellung.

Es wird angenommen, dass die Transaktionsqualität der bisherigen Geschäftsbeziehung bereits Einfluss auf die Annahme bzw. Ablehnung einer Einladung zu einer Corporate-Hospitality-Maßnahme hat. Weiterhin wird vermutet, dass Fehler in der Umsetzung von Corporate Hospitality unter dem Einfluss der Transaktionsqualität der bisherigen Geschäftsbeziehung bewertet werden.[36] Daher wird ein positiver Einfluss zwischen beiden Konstrukten postuliert (vgl. Abbildung 7.9), wobei die Transaktionsqualität von Corporate Hospitality als die abhängige und die Transaktionsqualität der bisherigen Geschäftsbeziehung als die unabhängige Variable definiert wird.

---

[36] Eine verspätete Abholung beispielsweise vom Flughafen am Eventort wird dem Gastgeber schneller verziehen und als Ausnahme betrachtet, wenn bei bisherigen Transaktionen immer Pünktlichkeit und Termintreue gegeben war.

$H_{01}$: Die Transaktionsqualität der bisherigen Geschäftsbeziehung beeinflusst die Transaktionsqualität von Corporate Hospitality positiv.

### 7.6.2 Wirkungszusammenhänge zwischen Transaktions- und Beziehungsebene

Der positive Wirkungszusammenhang zwischen der Transaktionsqualität und der Beziehungsqualität wurde empirisch bereits mehrfach bestätigt (vgl. Kapitel 6.2.2). Durch die Unterscheidung auf der Transaktionsebene wird angestrebt, die Einflussstärke der beiden Konstrukte der Transaktionsqualität auf die Beziehungsqualität unabhängig voneinander zu erforschen (vgl. Abbildung 7.10), um die tatsächlichen Wirkungen durch Corporate Hospitality aufzudecken und von den Wirkungen der Transaktionsqualität aus der bisherigen Geschäftsbeziehung abzugrenzen.

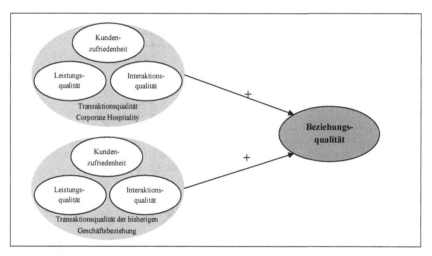

Abbildung 7.10: Wirkungszusammenhang zwischen der Transaktionsqualität der bisherigen Geschäftsbeziehung sowie der Corporate-Hospitality-Maßnahme und der Beziehungsqualität.

Quelle: eigene Darstellung.

$H_{02}$: Die Transaktionsqualität der Corporate-Hospitality-Maßnahme beeinflusst die Beziehungsqualität positiv.

$H_{03}$: Die Transaktionsqualität der bisherigen Geschäftsbeziehung wirkt sich positiv auf die Beziehungsqualität aus.

### 7.6.3 Wirkungszusammenhänge zwischen Beziehungsebene und Ebene der Verhaltensabsichten

Entsprechend der Annahme, dass die Konstrukte auf der Beziehungsebene die Konstrukte auf der Verhaltensebene beeinflussen, werden nun die einzelnen Beziehungen zwischen den Konstrukten betrachtet. Da die Beziehungsqualität als einziges Konstrukt die Beziehungsebene repräsentiert, wird ein positiver Einfluss auf alle drei Konstrukte auf der Ebene der Verhaltensabsichten (Kommunikationsbereitschaft, psychologische Kundenloyalität, Kaufverhaltensabsicht) angenommen (vgl. Abbildung 7.11).

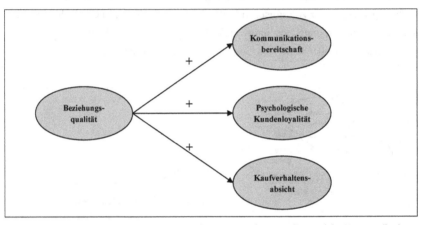

Abbildung 7.11: Wirkungszusammenhang zwischen der Beziehungsqualität und der Kommunikationsbereitschaft, der psychologischen Kundenbindung bzw. der Kaufverhaltensabsicht.

Quelle: eigene Darstellung.

| | |
|---|---|
| H<sub>04</sub>: | Die Kommunikationsbereitschaft des Kunden mit dem Anbieter wird durch die Beziehungsqualität positiv beeinflusst. |
| H<sub>05</sub>: | Eine gute Beziehungsqualität wirkt sich positiv auf die psychologische Kundenloyalität aus. |
| H<sub>06</sub>: | Die Kaufverhaltensabsicht des Kunden wird durch die Beziehungsqualität zum Anbieter positiv beeinflusst. |

### 7.6.4 Wirkungszusammenhänge auf der Ebene der Verhaltensabsichten

Das Konstrukt der psychologischen Kundenloyalität nimmt im Vergleich zu den beiden anderen Konstrukten eine zentrale Rolle ein, da in den bisherigen theoretischen und empirischen Arbeiten ein großer Einfluss nachgewiesen wurde (Hadwich, 2003). Mit dem Commitment, der Reziprozität und dem Weiterempfehlungsverhalten ist es durch drei sehr zentrale Dimensionen bestimmt, denen besondere Aufmerksamkeit zukommt. Aufgrund dessen wird ein Wirkungszusammenhang der psychologischen Kundenloyalität auf die Kommunikationsbereitschaft sowie auf die Kaufverhaltensabsicht postuliert (vgl. Abbildung 7.12).

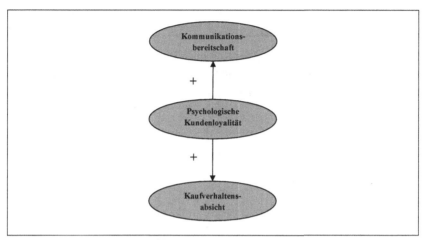

Abbildung 7.12: Wirkungszusammenhang zwischen der psychologischen Kundenloyalität und der Kommunikationsbereitschaft bzw. der Kaufverhaltensabsicht.

Quelle: eigene Darstellung.

$H_{07}$:     Die psychologische Kundenloyalität beeinflusst die Kommunikationsbereitschaft des Kunden positiv.

$H_{08}$:     Die psychologische Kundenloyalität wirkt sich positiv auf die Kaufverhaltensabsicht aus.

### 7.6.5 Wirkungszusammenhänge zwischen der Ebene der Verhaltensabsichten und der Verhaltensebene

Die Verhaltensabsichten stellen eine Zwischenstufe der Wirkungen der Beziehungsqualität auf das Verhalten der Kunden dar. Folglich wird ein Zusammenhang zwischen den direkt zuzuordnenden Konstrukten auf der Ebene der Verhaltensabsichten und der Verhaltensebene angenommen und in empirischen Arbeiten auch bestätigt (Hadwich, 2003). Diese Wirkungszusammenhänge betreffen die Kommunikationsbereitschaft und das Kommunikationsverhalten, die Weiterempfehlungsabsicht als Teil der psychologischen Kundenloyalität und das Weiterempfehlungsverhalten sowie die Kaufverhaltensabsicht und das Kaufverhalten (vgl. Abbildung 7.13).

| $H_{09}$: | Die Kommunikationsbereitschaft beeinflusst das tatsächliche Kommunikationsverhalten positiv. |
|---|---|
| $H_{10}$: | Die psychologische Kundenloyalität wirkt sich positiv auf das Weiterempfehlungsverhalten des Kunden aus. |
| $H_{11}$: | Die Kaufverhaltensabsicht beeinflusst das tatsächliche Kaufverhalten positiv. |

Aufgrund der zentralen Bedeutung des Konstrukts der psychologischen Kundenloyalität und deren drei Dimensionen wird zusätzlich ein Wirkungszusammenhang auf das Kommunikationsverhalten sowie auf das Kaufverhalten postuliert (vgl. Abbildung 7.13).

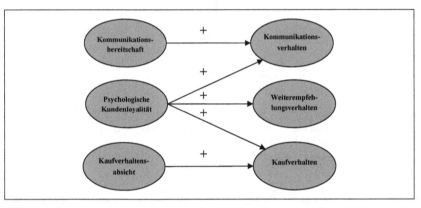

Abbildung 7.13: Wirkungszusammenhang zwischen den Konstrukten auf der Ebene der Verhaltensabsichten und der Verhaltensebene.
Quelle: eigene Darstellung.

| $H_{12}$: Die psychologische Kundenloyalität wirkt sich positiv auf das Kommunikationsverhalten des Kunden mit dem Anbieter aus. |
|---|
| $H_{13}$: Die psychologische Kundenloyalität beeinflusst das Kaufverhalten des Kunden beim Anbieter positiv. |

### 7.6.6 Wirkungszusammenhänge zwischen der Verhaltens- und der Unternehmensebene

Der ökonomische Erfolg stellt auf der Unternehmensebene die globale Erfolgsgröße der Beziehungsqualität dar. Mit den drei Konstrukten auf der Verhaltensebene wird das Kundenverhalten als Ergebnis der Beziehungsqualität abgebildet und spiegelt sich idealerweise im ökonomischen Erfolg bzw. Misserfolg wider (vgl. Abbildung 7.14).

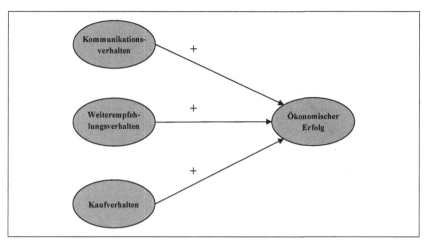

Abbildung 7.14: Wirkungszusammenhang zwischen dem Kommunikationsverhalten, dem Weiterempfehlungsverhalten bzw. dem Kaufverhalten und dem ökonomischen Erfolg.

Quelle: eigene Darstellung.

| | |
|---|---|
| $H_{14}$: | Das Kommunikationsverhalten des Kunden beeinflusst den ökonomischen Erfolg des Unternehmens positiv. |
| $H_{15}$: | Das Weiterempfehlungsverhalten des Kunden wirkt sich positiv auf den ökonomischen Erfolg des Unternehmens aus. |
| $H_{16}$: | Das Kaufverhalten des Kunden beeinflusst den ökonomischen Erfolg des Unternehmens positiv. |

## 7.6.7 Zusammenfassung der Wirkungszusammenhänge

Die in den vorangegangenen Abschnitten erarbeiteten Hypothesen zu den Wirkungszusammenhängen der einzelnen Konstrukte können nun zu einem ganzheitlichen Wirkungsmodell aggregiert werden (vgl. Abbildung 7.15). Basierend auf dem in Kapitel 7.5 vorgestellten Wirkungsmodell (vgl. Abbildung 7.8) konnten Zusammenhänge zwischen den Konstrukten sowohl innerhalb als auch zwischen den fünf Ebenen abgeleitet werden. Auf der **Transaktionsebene** wird ein Einfluss der drei Dimensionen der bisherigen Geschäftsbeziehung auf die der Corporate-Hospitality-Maßnahme angenommen. Der Einfluss des Konstrukts „Transaktionsqualität der Corporate-Hospitality-Maßnahme" mit seinen drei Dimensionen der Kundenzufriedenheit, der Leistungsqualität sowie der Interaktionsqualität – immer bezogen auf die Corporate-Hospitality-Maßnahme – auf die Beziehungsqualität stellt für diese Arbeit den zentralen Wirkungszusammenhang dar.

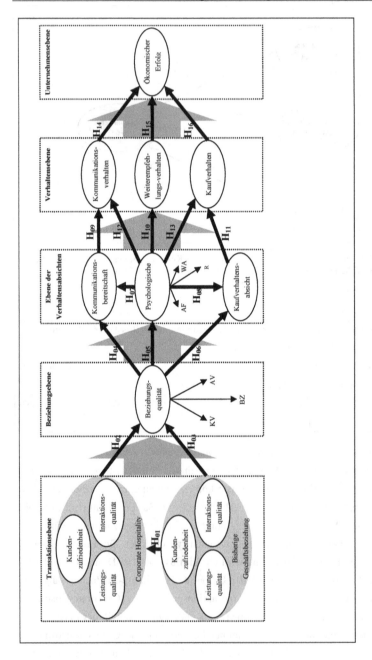

Abbildung 7.15: Theoretisches Wirkungsmodell für Corporate Hospitality inklusive Wirkungszusammenhänge.

Quelle: eigene Darstellung.

Durch die Berücksichtigung der Transaktionsqualität der bisherigen Geschäftsbeziehung können die Wirkungszusammenhänge zwischen der Transaktions- und der **Beziehungsebene** isoliert gemessen und entsprechend zugeordnet werden.

Empirisch wurden mehrfach bereits Zusammenhänge zwischen der Beziehungsqualität – als einziges berücksichtigtes Konstrukt auf der Beziehungsebene – und den Konstrukten auf der **Ebene der Verhaltensabsichten** bestätigt, so dass diese auch für diese Arbeit angenommen werden. Das Konstrukt „Psychologische Kundenloyalität" repräsentiert das zentrale Ziel von Corporate-Hospitality-Maßnahmen: Kundenbindung. Aufgrund dieser zentralen Bedeutung wird zwischen diesem Konstrukt und den weiteren Konstrukten auf dieser Ebene sowie auf der **Verhaltensebene** ein Zusammenhang vermutet. Ferner kann in logischer Konsequenz ein Wirkungszusammenhang zwischen der Kommunikationsbereitschaft und dem Kommunikationsverhalten sowie zwischen der Kaufverhaltensabsicht und dem Kaufverhalten angenommen werden. Es wird außerdem postuliert, dass der ökonomische Erfolg als einziges Konstrukt auf der **Unternehmensebene** durch die drei Konstrukte auf der Verhaltensebene positiv beeinflusst wird.

Unberücksichtigt blieb bisher die Struktur der Zusammenhänge. Für eine theoretische Erklärung von Wirkungsverläufen kann das Kano-Modell (vgl. Abbildung 7.16) herangezogen werden. Dem Kano-Modell liegt die Annahme zugrunde, dass der Wirkungsverlauf von Ursache-Wirkungs-Zusammenhängen von den Erwartungen des Kunden bezogen auf einzelne Geschäftsbeziehungsmerkmale abhängt. In diesem Ansatz werden drei Arten von Merkmalen berücksichtigt (Bruhn, 2009a; Hadwich, 2003; Kano, 1984; Schütze, 1992):

1) Basismerkmale werden vom Kunden als Mindestanforderungen erwartet und haben nur geringe Auswirkungen auf Folgegrößen (zum Beispiel Kundenzufriedenheit). Der Wirkungsverlauf kann als degressiv beschrieben werden.

2) Leistungsmerkmale stellen Soll-Anforderungen dar, die sich negativ auf Folgegrößen auswirken, wenn sie fehlen und eine positive Wirkung auf nachgelagerte Größen haben, wenn sie vorhanden sind. Leistungsmerkmale entsprechen in ihrem Wirkungsverlauf einer linearen Funktion.

3) Begeisterungsmerkmale werden vom Kunden nicht erwartet und wirken sich bei Vorhandensein positiv und bei Fehlen nicht auf Folgegrößen aus. Der Wirkungsverlauf ist progressiv.

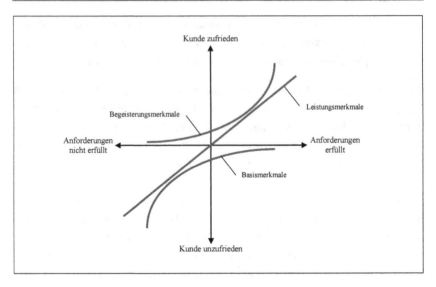

Abbildung 7.16: Wirkungsverläufe von Ursache-Wirkungs-Zusammenhängen nach dem Kano-Modell.
Quelle: in Anlehnung an Kano, 1984, 41.

Mit Hilfe des Kano-Modells können lineare, progressive und degressive Wirkungsverläufe erklärt werden. Hadwich (2003) hält ebenfalls die Erklärung von s- und sattelförmigen Wirkungsverläufen als Kombination aus den drei Grundverläufen für möglich. Aufgrund des hohen Allgemeinheitsgrades des Kano-Modells ist es jedoch nicht möglich, konkrete Hypothesen über Wirkungsverläufe von Beziehungen im Wirkungsmodell abzuleiten. Ein Rückgriff auf empirische Beiträge erweist sich ebenfalls nicht als zielführend, da in nur wenigen Arbeiten bisher die Wirkungsverläufe von Zusammenhängen untersucht wurden. Zudem weisen die Untersuchungen aufgrund der unterschiedlichen Erhebungsdesigns auch teilweise stark abweichende Ergebnisse auf. Es kann jedoch festgehalten werden, dass in den meisten Arbeiten ein nicht-linearer Wirkungszusammenhang festgestellt wurde (Bruhn & Siems, 2002; Hennig-Thurau et al., 1999; Homburg, 2000).[37] Da sich weder theoretisch noch auf Basis von Sekundärdaten eine Struktur der Modellzusammenhänge in dieser Arbeit ableiten lässt, wird allgemein angenommen, dass die Wirkungsverläufe nicht-linearer Natur sind.

| $H_{17}$: | Die Wirkungsbeziehungen im Wirkungsmodell weisen einen nicht-linearen Verlauf auf. |
| --- | --- |

---

[37] Ein Überblick zu empirischen Befunden von Wirkungsverläufen ist bei Hadwich (2003) zu finden.

## 7.7 Moderierende Konstrukte im Wirkungsmodell

Moderatoren können die Ursache dafür sein, dass Zusammenhänge zwischen zwei Variablen nicht immer gleich stark ausgeprägt sind (Ambler, 1998; Stock, 2001) und müssen daher bei der Analyse von Ursache-Wirkungs-Beziehungen berücksichtigt werden. Allgemein kommen Beziehungs-, Branchen-, Interaktions-, Personen- und Leistungsmerkmale als Moderatoren in Betracht (De Wulf et al., 2001; Hadwich, 2003; Homburg, 2000; Stock, 2001). Aufgrund der Vielzahl in Frage kommender Moderatoren ist eine Auswahl erforderlich, um die Modellkomplexität nicht unnötig zu erhöhen. Die Berücksichtigung von Branchen- und Personenmerkmalen erweist sich für das vorliegende Wirkungsmodell als zu spezifisch, um mit einbezogen zu werden. Zunächst gilt es erst einmal, allgemeine Wirkungen und Wirkungszusammenhänge aufzudecken und zu prüfen. Erst wenn hierzu entsprechende Erkenntnisse vorliegen, wäre in einem der nächsten Schritte eine Berücksichtigung von Branchen- und/oder Personenmerkmalen empfehlenswert.

Nachfolgend werden einzelne Beziehungs-, Interaktions- und Leistungsmerkmale berücksichtigt. Dabei handelt es sich im Einzelnen um die Beziehungsdauer, die Beziehungsneigung, den Individualisierungsgrad, den Integrationsgrad sowie den sportlichen Verlauf des Events. Bei der Auswahl wurde besonders darauf geachtet, dass sowohl allgemeine als auch spezifische Moderatoren für Corporate-Hospitality-Maßnahmen Berücksichtigung finden. Moderierende Effekte in der Dialogkommunikation sind bisher kaum untersucht worden. Aus diesem Grund weisen die entwickelten Hypothesen teilweise einen stark explorativen Charakter auf (Frommeyer, 2005).

### 7.7.1 Beziehungsmerkmale als moderierende Effekte

In Kapitel 6.5 wurden bereits die Beziehungsdauer, das Produktkategorie-Involvement, der Beziehungsbond sowie die Beziehungsneigung als moderierende Faktoren diskutiert. Aus Gründen der Vereinfachung ist eine weitere Einschränkung der Moderatorenanzahl erforderlich. Die Beziehungsdauer wird als Moderator berücksichtigt, da sie in einigen Untersuchungen auch als Determinante eingeführt wurde und von einem stark moderierenden Effekt ausgegangen werden kann.

Die **Beziehungsdauer** gibt die absolute Anzahl an Jahren oder Monaten seit Beginn der Geschäftsbeziehung zwischen Anbieter und Kunde bis zum aktuellen Zeitpunkt wieder. Mit zunehmender Dauer einer Geschäftsbeziehung nimmt die Unsicherheit zwischen beiden Parteien ab, und es entwickelt sich stärkeres Vertrauen (Klee, 2000). In der Untersuchung von Hadwich (2003) konnte ein negativer moderierender Effekt der Leistungsqualität sowie der Interaktionsqualität auf die Beziehungsqualität bestätigt werden. Ein positiver Einfluss des Moderators „Beziehungsdauer" wurde bei der Kundenzufriedenheit auf die Beziehungsqualität nachgewiesen. Unter Berücksichtigung dieser Kenntnis ist es von Interesse zu erfahren, ob diese moderierenden Effekte auch für Corporate-Hospitality-Maßnahmen zutreffen.

$H_{18}$:   Der positive Einfluss der Leistungsqualität der Corporate-Hospitality-Maßnahme auf die Beziehungsqualität nimmt mit zunehmender Dauer der Geschäftsbeziehung ab.

$H_{19}$:   Der positive Einfluss der Interaktionsqualität der Corporate-Hospitality-Maßnahme auf die Beziehungsqualität nimmt mit zunehmender Dauer der Geschäftsbeziehung ab.

$H_{20}$:   Der positive Einfluss der Kundenzufriedenheit mit der Corporate-Hospitality-Maßnahme auf die Beziehungsqualität steigt mit zunehmender Dauer der Geschäftsbeziehung.

Als zweiter Moderator mit entsprechender Effektstärke wird die **Beziehungsneigung** mit einbezogen. In Kapitel 2.2.4 ist die Bereitschaft des Kunden, eine Beziehung mit dem Anbieter einzugehen, bereits als Voraussetzung für den Erfolg von Corporate-Hospitality-Maßnahmen erwähnt worden. De Wulf et al. (2001) wiesen einen positiven moderierenden Effekt der Beziehungsneigung auf die Beziehungsqualität nach. In Anlehnung an das Ziel, spezifische Effekte von Corporate-Hospitality-Maßnahmen zu prüfen, wird ein positiver Einfluss der Beziehungsneigung auf die Wirkungszusammenhänge zwischen den einzelnen Determinanten der Transaktionsqualität von Corporate Hospitality auf die Beziehungsqualität postuliert.

$H_{21}$:   Der positive Einfluss der Leistungsqualität der Corporate-Hospitality-Maßnahme auf die Beziehungsqualität steigt mit zunehmender Beziehungsneigung.

$H_{22}$:   Der positive Einfluss der Interaktionsqualität der Corporate-Hospitality-Maßnahme auf die Beziehungsqualität nimmt mit zunehmender Beziehungsneigung zu.

$H_{23}$:   Der positive Einfluss der Kundenzufriedenheit mit der Corporate-Hospitality-Maßnahme auf die Beziehungsqualität steigt mit zunehmender Beziehungsneigung.

*7.7.2 Interaktionsmerkmale als moderierende Effekte*

Als moderierende Variable in der Gruppe der Interaktionsmerkmale wurde bisher vor allem die Kontakthäufigkeit verwendet (Frommeyer, 2005; Stock, 2001). Mit der Wahl dieser Variable wird vor allem die Quantität der Interaktion in den Fokus gestellt. Corporate-Hospitality-Maßnahmen zielen schon aufgrund der Preisintensität in erster Linie auf die Interaktionsqualität ab. Anstatt der Kontakthäufigkeit wird daher der **Individualisierungsgrad** der Interaktion herangezogen. Dieser gibt an, inwieweit die Interaktionen den persönlichen Wünschen und Bedürfnissen des Kunden entsprechen. Wird zum Beispiel einem begeisterten Golfspieler die Möglichkeit gegeben, mit einem prominenten, professionellen Golfprofi, wie beispielsweise Bernhard Langer, zusammen ein Turnier mit wenigen weiteren Teilnehmern zu spielen, so zeugt dies von einem sehr hohen Individualisierungsgrad. Es wird postuliert, dass der Individualisierungsgrad einen Einfluss auf die Wirkungszusammenhänge im Modell hat.

$H_{24}$: Der Individualisierungsgrad der Corporate-Hospitality-Maßnahme hat einen Einfluss auf die Zusammenhänge im Wirkungsmodell.

*7.7.3 Leistungsmerkmale als moderierende Effekte*

Der **Integrationsgrad** gibt das Ausmaß der Einbindung des Kunden in den Leistungserstellungsprozess an (Stock, 2001). Bezogen auf die Produkte bzw. Dienstleistungen des Anbieters wird damit vor allem auf eine Risikoverteilung, Qualitätssteigerung und/oder Zeitersparnis abgezielt (Hadwich, 2003). Im Rahmen von Corporate-Hospitality-Maßnahmen ist hier die aktive Einbindung in das Sportevent gemeint, um zum Beispiel die Emotionen des Kunden zu verstärken. Ein Beispiel der Integration könnte die Bereitstellung von einheitlicher Teamkleidung sein, die identisch mit denen der am Wettkampf beteiligten Sportler ist.

Hadwich (2003) konnte in seiner Untersuchung einen positiv moderierenden Effekt des Integrationsgrades bei der Leistungsqualität und deren Einfluss auf die Beziehungsqualität bestätigen. Ein Einfluss dieses Moderators auf die Wirkungszusammenhänge zwischen Interaktionsqualität und Beziehungsqualität sowie zwischen Kundenzufriedenheit und Beziehungsqualität konnte nicht bewiesen werden. Gemäß der Zielsetzung, spezifische Effekte von Corporate-Hospitality-Maßnahmen zu prüfen, werden folgende Hypothesen für den Integrationsgrad als Moderator aufgestellt:

| | |
|---|---|
| H$_{25}$: | Der positive Einfluss der Leistungsqualität der Corporate-Hospitality-Maßnahme auf die Beziehungsqualität steigt mit zunehmendem Integrationsgrad. |
| H$_{26}$: | Der positive Einfluss der Interaktionsqualität der Corporate-Hospitality-Maßnahme auf die Beziehungsqualität nimmt mit zunehmendem Integrationsgrad zu. |
| H$_{27}$: | Der positive Einfluss der Kundenzufriedenheit mit der Corporate-Hospitality-Maßnahme auf die Beziehungsqualität steigt mit zunehmendem Integrationsgrad. |

Als zweiter Moderator in der Kategorie der Leistungsmerkmale wird der **sportliche Verlauf des Events** berücksichtigt. Unter diesem – absichtlich sehr allgemein gefassten – Moderator sind Aspekte wie beispielsweise Spannung, sportliche Leistungen der Athleten oder Schiedsrichterentscheidungen zusammengefasst. Mit der Berücksichtigung eines solchen Moderators wird beabsichtigt, den Einfluss des sportlichen Geschehens im Wirkungsmodell zu untersuchen.

| | |
|---|---|
| H$_{28}$: | Der sportliche Verlauf des Events hat einen Einfluss auf die Zusammenhänge im Wirkungsmodell. |

### 7.7.4 Zusammenfassung der moderierenden Effekte

Um die Komplexität des Wirkungsmodells nicht unnötig zu erhöhen, sind die in der Literatur bereits diskutierten Branchen- und Personenmerkmale für diese Arbeit als moderierende Effekte ausgeschlossen worden. Stattdessen wurden zwei Beziehungsmerkmale (Beziehungsdauer, Beziehungsneigung), ein Interaktionsmerkmal (Individualisierungsgrad) und zwei Leistungsmerkmale (Integrationsgrad, sportlicher Verlauf des Events) hier berücksichtigt, um moderierende Effekte von Corporate-Hospitality-Maßnahmen zu prüfen.

Aufgrund bisher nicht vorliegender Forschungsergebnisse wurden die Wirkungen der Moderatoren „Individualisierungsgrad" und „sportlicher Verlauf des Events" in Form von allgemeinen moderierenden Effekten integriert. Bei den verbleibenden drei Konstrukten wird ein moderierender Effekt auf die Wirkungszusammenhänge zwischen den drei Dimensionen des Konstrukts „Transaktionsqualität der Corporate-Hospitality-Maßnahme" und der Beziehungsqualität angenommen (vgl. Tabelle 7.1). Damit wird dem Schwerpunkt der Arbeit Rechnung getragen, spezifische Wirkungen von Corporate Hospitality zu untersuchen.

Tabelle 7.1: Übersicht der moderierenden Effekte im Wirkungsmodell.
Quelle: eigene Darstellung.

| | Leistungsqualität der Corporate-Hospitality-Maßnahme → Beziehungsqualität | Interaktionsqualität der Corporate-Hospitality-Maßnahme → Beziehungsqualität | Kundenzufriedenheit der Corporate-Hospitality-Maßnahme → Beziehungsqualität | Allgemeine moderierende Effekte |
|---|---|---|---|---|
| Beziehungsdauer | X | X | X | |
| Beziehungsneigung | X | X | X | |
| Individualisierungsgrad | | | | X |
| Integrationsgrad | X | X | X | |
| Sportlicher Verlauf des Events | | | | X |

Mit der Integration der moderierenden Effekte liegt nun ein Wirkungsmodell (vgl. Abbildung 7.17) vor, das schrittweise auf Basis theoretischer Erkenntnisse und bisheriger empirischer Untersuchungsergebnisse entwickelt wurde. Nachfolgend werden noch einmal die wichtigsten Ergebnisse des Entwicklungsprozesses zusammengefasst sowie einer kritischen Würdigung unterzogen.

## 7.8   Zusammenfassung und kritische Würdigung des Wirkungsmodells

Im Ergebnis der Aufarbeitung des Forschungsstandes zur Evaluation von Corporate-Hospitality-Maßnahmen konnte kein umfassender Ansatz zu den Wirkungen dieses Dialogkommunikationsinstruments identifiziert werden. Durch die Verknüpfung der Ergebnisse aus den Kapiteln vier und sechs liegt nun ein umfassendes theoretisches Wirkungsmodell für Corporate-Hospitality-Maßnahmen (vgl. Abbildung 7.17) vor.

Die Beziehungsqualität stellt das zentrale Konstrukt des Wirkungsmodells dar. Es wird durch die Größen „kognitives" und „affektives Vertrauen" sowie durch die Beziehungszufriedenheit abgebildet. Als Einflussgrößen auf der Transaktionsebene wurden die Kundenzufriedenheit, die Interaktionsqualität und die Leistungsqualität jeweils bezogen auf die Corporate-Hospitality-Maßnahmen sowie auf die bisherige Geschäftsbeziehung berücksichtigt, die das Ausmaß der Beziehungsqualität bestimmen. In Bezug auf die Wirkungen der Beziehungsqualität erfolgte eine Differenzierung der Konstrukte auf den Ebenen der Verhaltensabsichten, des tatsächlichen Verhaltens und des Unternehmens. Die Kommunikationsbereitschaft, die psychologische Kundenloyalität und die Kaufverhaltensabsicht fanden als Konstrukte der Verhaltensabsichten Berücksichtigung. Eine besondere Stellung nimmt dabei die psychologische Kundenloyalität ein, die über die Größen „affektives Commitment", „Reziprozität" und „Weiterempfehlungsabsicht" abgebildet ist und neben der Beziehungsqualität das zweite zentrale Konstrukt des Wirkungsmodells darstellt. Der besonderen Bedeutung dieses Konstrukts wird durch die Annahme von Wirkungseinflüssen auf die weiteren Größen der Verhaltensabsichten und des tatsächlichen Verhaltens Rechnung getragen. Das aus einer guten Beziehungsqualität resultierende Verhalten auf Kundenseite wird im Wirkungsmodell durch das Kommunikations-, Weiterempfehlungs- und Kaufverhalten abgebildet. Alle drei genannten Verhaltensformen wirken sich auf den ökonomischen Erfolg als einziges berücksichtigtes Konstrukt auf Unternehmensebene aus. Als Moderatoren wurden die Beziehungsdauer, die Beziehungsneigung, der Individualisierungsgrad, der Integrationsgrad sowie der sportliche Verlauf des Events ins Wirkungsmodell integriert.

Die abgeleiteten Wirkungszusammenhänge zwischen den einzelnen Konstrukten sowie die Wirkungen der Moderatoren wurden als Hypothesen in das Modell aufgenommen und nachfolgend in Tabelle 7.2 noch einmal zusammengefasst. Solange die vermuteten Zusammenhänge empirisch nicht bestätigt bzw. widerlegt werden, bleiben es Annahmen zu Wirkungsbeziehungen.

Während der Entwicklung des Wirkungsmodells war es aus Komplexitätsgründen notwendig, sich auf eine Auswahl von Determinanten, Dimensionen und Moderatoren zu beschränken. Dies geschah insbesondere unter Berücksichtigung der gestellten Ziele dieser Arbeit sowie unter Beachtung der Besonderheiten von Corporate-Hospitality-Maßnahmen im Sport. Es ist anzunehmen, dass neben den berücksichtigten Größen weitere existieren, die hier unberücksichtigt blieben. Insbesondere bei den ausgewählten Moderatoren ist weiterer Forschungsbedarf gegeben. Als kritisch könnte sich auch die Fokussierung auf affektive und konative Wirkungen zu Lasten der vorgelagerten kognitiven Wirkungen erweisen, wenn sich diese in empirischen Untersuchungen als bedeutend herausstellen. Trotz der genannten Einschränkungen liegt erstmalig ein umfassender Ansatz zur Wirkungsmessung von Corporate Hospitality im Rahmen von Sportevents vor, der als Orientierung für weitere Forschungsarbeiten dient.

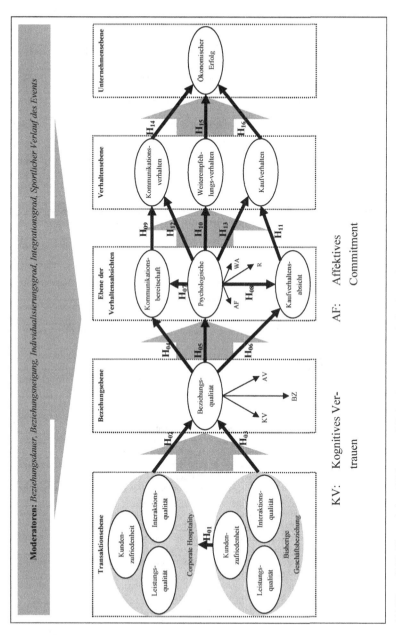

Abbildung 7.17: Theoretisches Wirkungsmodell für Corporate Hospitality im Rahmen von Sportevents inklusive Wirkungszusammenhänge und Moderatoren.

Quelle: eigene Darstellung.

Tabelle 7.2: Übersicht zu den Hypothesen des entwickelten Wirkungsmodells.

Quelle: eigene Darstellung.

| | |
|---|---|
| $H_{01}$ | Die Transaktionsqualität der bisherigen Geschäftsbeziehung beeinflusst die Transaktionsqualität von Corporate Hospitality positiv. |
| $H_{02}$ | Die Transaktionsqualität der Corporate-Hospitality-Maßnahme beeinflusst die Beziehungsqualität positiv. |
| $H_{03}$ | Die Transaktionsqualität der bisherigen Geschäftsbeziehung wirkt sich positiv auf die Beziehungsqualität aus. |
| $H_{04}$ | Die Kommunikationsbereitschaft des Kunden mit dem Anbieter wird durch die Beziehungsqualität positiv beeinflusst. |
| $H_{05}$ | Eine gute Beziehungsqualität wirkt sich positiv auf die psychologische Kundenloyalität aus. |
| $H_{06}$ | Die Kaufverhaltensabsicht des Kunden wird durch die Beziehungsqualität zum Anbieter positiv beeinflusst. |
| $H_{07}$ | Die psychologische Kundenloyalität beeinflusst die Kommunikationsbereitschaft des Kunden positiv. |
| $H_{08}$ | Die psychologische Kundenloyalität wirkt sich positiv auf die Kaufverhaltensabsicht aus. |
| $H_{09}$ | Die Kommunikationsbereitschaft beeinflusst das tatsächliche Kommunikationsverhalten positiv. |
| $H_{10}$ | Die psychologische Kundenloyalität wirkt sich positiv auf das Weiterempfehlungsverhalten des Kunden aus. |
| $H_{11}$ | Die Kaufverhaltensabsicht beeinflusst das tatsächliche Kaufverhalten positiv. |
| $H_{12}$ | Die psychologische Kundenloyalität wirkt sich positiv auf das Kommunikationsverhalten des Kunden mit dem Anbieter aus. |
| $H_{13}$ | Die psychologische Kundenloyalität beeinflusst das Kaufverhalten des Kunden beim Anbieter positiv. |
| $H_{14}$ | Das Kommunikationsverhalten des Kunden beeinflusst den ökonomischen Erfolg des Unternehmens positiv. |
| $H_{15}$ | Das Weiterempfehlungsverhalten des Kunden wirkt sich positiv auf den ökonomischen Erfolg des Unternehmens aus. |
| $H_{16}$ | Das Kaufverhalten des Kunden beeinflusst den ökonomischen Erfolg des Unternehmens positiv. |
| $H_{17}$ | Die Wirkungsbeziehungen im Wirkungsmodell weisen einen nicht-linearen Verlauf auf. |
| $H_{18}$ | Der positive Einfluss der Leistungsqualität der Corporate-Hospitality-Maßnahme auf die Beziehungsqualität nimmt mit zunehmender Dauer der Geschäftsbeziehung ab. |
| $H_{19}$ | Der positive Einfluss der Interaktionsqualität der Corporate-Hospitality-Maßnahme auf die Beziehungsqualität nimmt mit zunehmender Dauer der Geschäftsbeziehung ab. |
| $H_{20}$ | Der positive Einfluss der Kundenzufriedenheit mit der Corporate-Hospitality-Maßnahme auf die Beziehungsqualität steigt mit zunehmender Dauer der Geschäftsbeziehung. |
| $H_{21}$ | Der positive Einfluss der Leistungsqualität der Corporate-Hospitality-Maßnahme auf die Beziehungsqualität steigt mit zunehmender Beziehungsneigung. |
| $H_{22}$ | Der positive Einfluss der Interaktionsqualität der Corporate-Hospitality-Maßnahme auf die Beziehungsqualität nimmt mit zunehmender Beziehungsneigung zu. |
| $H_{23}$ | Der positive Einfluss der Kundenzufriedenheit mit der Corporate-Hospitality-Maßnahme auf die Beziehungsqualität steigt mit zunehmender Beziehungsneigung. |
| $H_{24}$ | Der Individualisierungsgrad der Corporate-Hospitality-Maßnahme hat einen Einfluss auf die Zusammenhänge im Wirkungsmodell. |
| $H_{25}$ | Der positive Einfluss der Leistungsqualität der Corporate-Hospitality-Maßnahme auf die Beziehungsqualität steigt mit zunehmendem Integrationsgrad. |
| $H_{26}$ | Der positive Einfluss der Interaktionsqualität der Corporate-Hospitality-Maßnahme auf die Beziehungsqualität nimmt mit zunehmendem Integrationsgrad zu. |
| $H_{27}$ | Der positive Einfluss der Kundenzufriedenheit mit der Corporate-Hospitality-Maßnahme auf die Beziehungsqualität steigt mit zunehmendem Integrationsgrad. |
| $H_{28}$ | Der sportliche Verlauf des Events hat einen Einfluss auf die Zusammenhänge im Wirkungsmodell. |

# 8 Vorschlag für ein empirisches Forschungsdesign

Nachdem ein Wirkungsmodell für Corporate-Hospitality-Maßnahmen mit dazugehörigen Hypothesen zu den Wirkungszusammenhängen erarbeitet wurde, gilt es jetzt, ein
entsprechendes empirisches Forschungsdesign zu entwickeln, um die Wirkungen und
Wirkungsbeziehungen zu überprüfen (vgl. Abbildung 8.1). In diesem Zusammenhang
ist zu berücksichtigen, dass aufgrund der in Kapitel 1.2 beschriebenen rechtlichen
Problematik die praktische Umsetzung des empirischen Forschungsdesigns als aktuell
unmöglich einzuschätzen ist. Dennoch soll der Anspruch erhoben werden, ein Forschungsdesign vorzustellen, welches unter Kosten-Nutzen-Aspekten ausgewogen ist,
im Falle einer Änderung der rechtlichen Rahmenbedingungen zu einer sofortigen Anwendung kommen könnte und den größtmöglichen Erkenntnisbeitrag bringt.

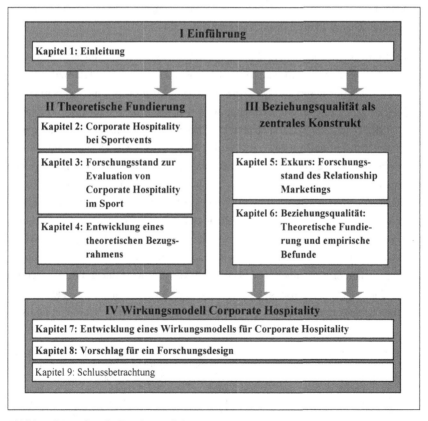

Abbildung 8.1: Aufbau der Forschungsarbeit.
Quelle: eigene Darstellung.

## 8.1 Untersuchungsansatz und -methodik

Der Untersuchungsansatz für das hier definierte Untersuchungsproblem, die affektiven und konativen Wirkungen von Corporate-Hospitality-Maßnahmen zu erklären, ist offensichtlich kausal-analytisch ausgerichtet. Da empirische Untersuchungen zu den affektiven und konativen Wirkungen von Corporate Hospitality bislang nicht vorliegen und aufgrund der Spezifik des Themas auch nicht auf anderweitige Sekundärdaten zurückgegriffen werden kann, ist eine Primärdatenerhebung zwingend erforderlich. Zusätzlich sind für die konativen Wirkungen und für Aussagen zum ökonomischen Erfolg Sekundärdaten aus dem Controlling des Unternehmens heranzuziehen. Hier kommen vor allem Umsätze, Deckungsbeiträge, Kosten für das Geschäftsbeziehungsmanagement, Kommunikationskosten u.ä. Kennzahlen in Frage. Da diese Daten in der Regel unternehmensintern vorhanden sind, liegt der Fokus des nachfolgenden Forschungsdesigns auf der Entwicklung eines Untersuchungsansatzes für die Messung der psychologischen Wirkungen von Corporate Hospitality.

Unter Berücksichtigung der Ausführungen im theoretischen Bezugsrahmen dieser Arbeit (vgl. Kapitel 4.3) wird eine Methodentriangulation[38] aus standardisierter Befragung und Experiment (ergänzt durch die Sekundärdaten aus dem Unternehmen) vorgeschlagen. Die standardisierte Befragung weist vor allem die Vorteile der Vergleichbarkeit der Daten, der Wiederholbarkeit der Datenerhebung und der eingeschränkten Einflussnahme auf das Antwortverhalten des Befragten auf. Gleichzeitig sind mit dieser Form der Datenerhebung jedoch auch folgende Nachteile verbunden: mangelnde Auskunftsbereitschaft aufgrund äußerer Umstände (unangenehmes Befragungsthema, Zeitmangel, Aversionen), kognitive Unzulänglichkeiten (mangelndes Erinnerungs-, Urteils-, Konzentrations- und Verbalisierungsvermögen), Gefahr der Selbstachtung und Selbstdarstellung (Über- bzw. Untertreibung, Verdrängen, Lügen, Ausweichen, Anpassen) sowie taktische Beantwortungsprobleme (u.a. Lerneffekte aus vorherigen Fragen, soziale Erwünschtheit) (Berekhoven, Eckert & Ellenrieder, 2006). Kritisch für diese Untersuchung ist insbesondere die Auskunftsfähigkeit der Probanden zu den Untersuchungskonstrukten, da diese weitgehend psychologischer Natur sind und sich

---

[38] Bei der Betrachtung eines Forschungsgegenstandes aus mindestens zwei verschiedenen Blickwinkeln wird von einer Triangulation gesprochen (Flick, 2004). Eine Methodentriangulation beinhaltet die Verwendung verschiedener Forschungsmethoden, um ein Untersuchungsproblem zu lösen. Ziel ist dabei, die Nachteile einzelner Methoden durch die Hinzuziehung mindestens einer weiteren Methode zu reduzieren, um Fehlinterpretationen zu minimieren, die Qualität der Forschungsergebnisse zu verbessern sowie die Validität der Forschungsergebnisse zu maximieren (Denzin, 1978; Flick, 2004).

überwiegend dem Bewusstsein der Befragten entziehen. Dennoch stellt die Befragung die meistgenutzte Untersuchungsmethode in ähnlichen Studien zum Relationship Marketing dar. Die Operationalisierung der zentralen Konstrukte wurde in einer Vielzahl von Untersuchungen in den letzten Jahren immer weiter verfeinert. Die Arbeiten von De Wulf et al. (2001), Hennig-Thurau et al. (1999), Palmatier et al. (2006), Palmatier et al. (2007) sowie Rauyruen und Miller (2007) bieten für die Entwicklung eines Fragebogens zu dieser Untersuchung eine gute Grundlage.

Die Nachteile einer standardisierten Befragung können zum Teil durch die experimentelle Untersuchung von Probanden mit Hilfe von neurowissenschaftlichen Untersuchungstechniken, wie hier beispielsweise der funktionellen Magnetresonanztomographie (fMRT), ausgeglichen werden. Die Vorteile für die Anwendung von fMRT-Untersuchungen beziehen sich vor allem darauf, dass die entsprechenden Wirkungen direkt, ohne Verzerrungen und unter Kontrolle aller übrigen Variablen gemessen werden können. Demgegenüber stehen vor allem die Nachteile, dass es sich um eine künstliche Untersuchungsumgebung handelt, zusätzlich erfahrenes medizinisches sowie technisches Personal benötigt wird und aufgrund der hohen Kosten für die Untersuchungsdurchführung bisherige Studien nur eine geringe Probandenzahl (n=8-20) aufweisen (Kenning, Plassmann & Ahlert, 2007a; Weber, 2011). Angesichts der Tatsache, dass Corporate-Hospitality-Maßnahmen in der Regel nur für einen sehr kleinen Kundenkreis angeboten werden und die in Betracht kommende Anzahl an Probanden somit überschaubar ist (n<50), wäre der grundsätzliche Nachteil der geringen Probandenzahl hier nicht ausschlaggebend. Der Nachteil der mit der fMRT-Untersuchung verbundenen Kosten, 300-400 Euro pro Stunde und Proband (Huesing, Jäncke & Tag, 2006), bleibt bestehen. Eine abschließende Aussage zum Kosten-Nutzen-Verhältnis kann erst im Nachhinein getroffen werden, wenn die Untersuchungsergebnisse vorliegen und bewertet sind, da eine derartige Untersuchung bisher noch nicht durchgeführt wurde.

Die fMRT-Untersuchung wird zusätzlich um das Reaktionszeitmessverfahren ergänzt. Es basiert im Wesentlichen auf zwei zentralen Kennwerten: 1) Die Reaktionszeit, die der Proband benötigt, um eine entsprechende Antwort auf die vorgegebene Frage zu geben. Liegt diese zwischen 500 und 2.500 Millisekunden (Scarabis & Heinsen, 2009), kann davon ausgegangen werden, dass die Beantwortung durch das implizite menschliche System erfolgt ist, ohne bewusst das Antwortverhalten zu reflektieren und dieses ggf. entsprechend der sozialen Erwünschtheit bzw. Unerwünschtheit anzupassen. 2) Die Reaktionsrichtung, die Auskunft darüber gibt, ob der Proband den

Untersuchungsgegenstand mit einem bestimmten Attribut assoziiert oder nicht. In der Praxis erfolgt dies durch die Betätigung einer von zwei Tasten. Eine Taste steht für die positive Ausprägung bzw. Zustimmung und die zweite Taste für die entsprechende negative Ausprägung bzw. Ablehnung (Scarabis & Heinsen, 2008). Mit Hilfe dieser Ergänzung ist es möglich, einzelne wichtige Aspekte des standisierten Fragebogens noch einmal abzufragen, bei gleichzeitiger Betrachtung der Gehirnaktivitäten, um diese mit dem unterbewußten Antwortverhalten abzugleichen.

## 8.2 Untersuchungsablauf

Um die spezifischen Wirkungen von Corporate Hospitality zu messen, wurde hier der Vorzug einer Vergleichsmessung vor und nach der Maßnahme eingeräumt. D.h., es werden insgesamt vier Studien durchgeführt, zwei Befragungen und zwei fMRT-Untersuchungen, jeweils eine vor der Corporate-Hospitality-Maßnahme und eine im Anschluss (siehe Abbildung 8.2). Der Beginn der Corporate-Hospitality-Maßnahme wird mit dem Zeitpunkt des Versands der Einladungen festgelegt. Die Maßnahme endet mit dem Datum der letzten unmittelbaren Post-Event-Maßnahme (zum Beispiel Dankeschreiben, Versand eines Erinnerungsgeschenks o.ä.).

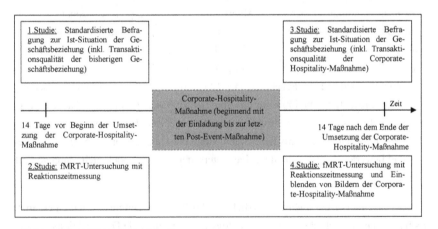

Abbildung 8.2: Zeitlicher Verlauf der Untersuchung.

Quelle: eigene Darstellung.

Die Auswahl der Gäste bzw. Probanden erfolgt nach individuellen unternehmensinternen Kriterien, so dass eine Definition spezifischer Auswahlkriterien hier entfällt, um keinen Einfluss auf den Prozess auszuüben. Einzig für die fMRT-Untersuchung sollten die Probanden über eine entsprechende medizinische Tauglichkeit[39] verfügen. Ansonsten stellen die Gäste für eine Corporate-Hospitality-Maßnahme eines Unternehmens gleichzeitig auch die Probanden für die Untersuchung dar.

In der **ersten Studie** (14 Tage vor Beginn der Corporate-Hospitality-Maßnahme) erfolgt mittels einer standardisierten Befragung die Erfassung der aktuellen Ist-Situation der Geschäftsbeziehung zum Unternehmen aus Kundensicht. Die potentiellen Gäste der Corporate-Hospitality-Maßnahme werden gebeten, Angaben zur Transaktionsqualität (Kundenzufriedenheit, Leistungs- und Interaktionsqualität), Beziehungsqualität, Kommunikationsverhalten, psychologischen Kundenloyalität, Kaufverhaltensabsicht, Kommunikationsverhalten, Weiterempfehlungsverhalten und Kaufverhalten zu machen, ohne einen Zusammenhang zur Corporate-Hospitality-Maßnahme herzustellen.

Gegenstand der **zweiten Studie** ist eine Nullmessung der Gehirnaktivitäten bezüglich des Unternehmens 14 Tage vor Beginn der Corporate-Hospitality-Maßnahme. Ziel ist es zu erfahren, welche Gehirnareale aktiviert werden und wie stark diese auf bestimmte vorgegebene visuelle Reize, wie beispielsweise Wort-Bild-Marke des Unternehmens, Marken des Unternehmens, Personen des Top-Managements, direkte Ansprechpartner des Kunden, Wort-Bild-Marke von Wettbewerbern, Marken der Wettbewerber, reagieren. Der Fokus liegt hier auf der Analyse der Emotionen, die mit den visuellen Reizen hervorgerufen werden. Ergänzt wird die fMRT-Untersuchung dann durch eine Reaktionszeitmessung. Den Probanden werden ausgewählte Bilder aus der zuvor gezeigten Reihe visueller Reize dargestellt, die jetzt zusammen mit Attributen, wie beispielsweise Glaubwürdigkeit, Sympathie oder Dankbarkeit, eingeblendet werden. Der Proband hat jetzt die Aufgabe, die Übereinstimmung des visuellen Reizes (zum Beispiel Foto vom Ansprechpartner im Unternehmen) mit dem Attribut (zum Beispiel Dankbarkeit) mittels zweier Tasten auf Zustimmung (rechte Hand) bzw. Ablehnung (linke Hand) zu bewerten.

Ziel der **dritten Studie** soll es sein, entsprechende Vergleichsdaten 14 Tage nach Ende der letzten Post-Event-Maßnahme zu generieren. Hier kommt wiederum eine standardisierte Befragung zum Einsatz, die sich zur ersten Studie nur in einem Punkt unterscheidet. Anstatt der Daten zur Transaktionsqualität der bisherigen Geschäftsbeziehung wird nun die Transaktionsqualität der Corporate-Hospitality-Maßnahme erhoben.

---

[39] Die Universität Bonn hat in einer Broschüre Risiken und Ausschlusskriterien für fMRT-Untersuchungen zusammengefaßt: http://epileptologie-bonn.de/cms/upload/download/pdf/infofmri.pdf.

Für diese Befragung kommen selbstverständlich nur diejenigen Personen in Frage, die auch tatsächlich an der Corporate-Hospitality-Maßnahme teilgenommen haben.

In der **vierten Studie**, die ebenfalls 14 Tage nach der letzten Post-Event-Maßnahme durchgeführt werden sollte, erfolgt die fMRT-Vergleichsuntersuchung zur zweiten Studie. Der erste Teil der Untersuchung ist völlig identisch mit dem der zweiten Studie. Im zweiten Untersuchungsteil soll durch die Einblendung von Fotos von der Corporate-Hospitality-Maßnahme noch einmal eine Stimulation des Probanden stattfinden, in dessen Anschluss die gleichen visuellen Reize wie in Studie zwei noch einmal in abgeänderter Reihenfolge gesetzt werden. Hierdurch soll zum einen untersucht werden, wie der Proband auf die Bilder von der Corporate-Hospitality-Maßnahme reagiert, und zum anderen, ob das Hervorrufen der Erinnerungen an das Event eine Änderung in den Gehirnaktivitäten auf die visuellen Reize bewirkt.

## 8.3   Kritische Würdigung des empirisches Forschungsdesigns

Unter Berücksichtigung der zu Beginn dieses Kapitels dargestellten Anforderungen (ausgewogenes Kosten-Nutzen-Verhältnis, sofortige Anwendung im Falle einer Änderung der rechtlichen Rahmenbedingungen, größtmöglicher Erkenntnisfortschritt) wurde ein Vorschlag für ein empirisches Forschungsdesign entwickelt, das diesen am besten gerecht wird. Dennoch weist es drei wesentliche Nachteile auf:

1) Bei Untersuchungen in der Vergangenheit gab es immer wieder Probleme bezüglich der Teilnahme der Gäste an Befragungen im Rahmen von Corporate-Hospitality-Maßnahmen. Die Bereitschaft der Gäste, auch noch an zwei fMRT-Untersuchung teilzunehmen, muss als äußerst kritisch eingeschätzt werden, da diese nur an bestimmten Orten durchgeführt werden können und entsprechende zeitliche Ressourcen damit einhergehen.

2) Angesichts der geringen Probandenzahl bei einer einzelnen Corporate-Hospitality-Maßnahmen wirken sich ggf. Einmaleffekte, wie beispielsweise besonders schlechte sportliche Leistung, besonders negativ oder positiv auf die Untersuchungsergebnisse aus und verzerren diese enorm.

3) In dem vorgeschlagenen Forschungsdesign werden ausschließlich kurzfristige Wirkungen erhoben, die jedoch der langfristigen Orientierung von Relationship-Marketing-Maßnahmen entgegenstehen.

Neben diesen wesentlichen Nachteilen sind noch kleinere Aspekte zu beachten und ggf. zu berücksichtigen. 1) Während des Untersuchungszeitraums sollten keine umfangreichen parallelen Marketingmaßnahmen vom Unternehmen stattfinden, die als Ursache für mögliche Verzerrungen in Frage kommen. 2) Kunden des Unternehmens, die an der ersten Studie teilgenommen haben, aber letztendlich die Einladung für die Corporate-Hospitality-Maßnahme nicht wahrnehmen konnten, durften bzw. wollten, können als Kontrollgruppe herangezogen werden. 3) Ferner sind bei den ersten beiden Studien auch die Kunden einzubeziehen, die bei Absagen von Gästen auf der Warteliste stehen und nachrücken.

Auf Basis der drei zuvor genannten wesentlichen Kritikpunkte werden nachfolgend drei alternative Forschungsdesigns vorgestellt, die jeweils einen der aufgezeigten drei wesentlichen Nachteile nicht aufweisen, dafür jedoch andere Schwachstellen offenbaren.

## 8.4 Alternative Forschungsdesigns

### 8.4.1 Alternatives Forschungsdesign I

Das erste alternative Forschungsdesign greift die Bedenken bezüglich der fehlenden Bereitschaft der Gäste bzw. Probanden für die vorgeschlagene fMRT-Untersuchung auf. Da auch alle anderen in Frage kommenden neurowissenschaftlichen Techniken mit Laboruntersuchungen verbunden sind, um entsprechende Gehirnaktivitäten auf vorgegebene Reize zu untersuchen, gibt es zu diesem Nachteil des vorgeschlagenen Forschungsdesigns nur die Alternative des Verzichts auf die fMRT-Untersuchungen. Dies geht einher mit einem Verlust an Erklärungskraft für die Wirkungen und Wirkungszusammenhänge im entwickelten Modell, insbesondere was die psychologischen, unbewussten Wirkungen betrifft. Dennoch ist zu vermuten, dass ein Großteil der Wirkungszusammenhänge im Modell auf Basis der Befragungsergebnisse überprüft werden kann.

Wie in Abbildung 8.3 dargestellt ist, beschränkt sich das alternative Forschungsdesign I auf die standardisierte Befragung 14 Tage vor Beginn der Corporate-Hospitality-Maßnahme und die zweite Befragung zwei Wochen nach der letzten Post-Event-Maßnahme. Beide Befragungen unterscheiden sich lediglich darin, dass in der ersten Erhebung zusätzlich die Transaktionsqualität der bisherigen Geschäftsbeziehung und in der zweiten Erhebung stattdessen die Transaktionsqualität der Corporate-Hospitality-Maßnahme abgefragt wird.

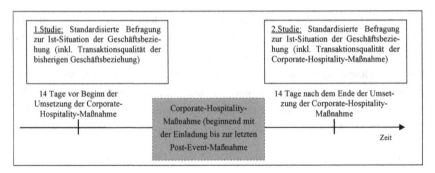

Abbildung 8.3: Alternatives Forschungsdesign I – ohne fMRT-Untersuchung.

Quelle: eigene Darstellung.


## 8.4.2 Alternatives Forschungsdesign II

Um Einmaleffekte bei einer einzelnen Corporate-Hospitality-Maßnahme auf die Wirkungszusammenhänge im Modell zu minimieren, könnten - bei gleichzeitiger Kontrolle aller anderen Einflussfaktoren (gleiche Sportart, gleicher Ort u.ä.) - mehrere Corporate-Hospitality-Maßnahmen für die Datenerhebung genutzt werden. Mit zunehmender
Anzahl an Events würden sich die positiven oder negativen Einmaleffekte einer einzelnen Maßnahme reduzieren. Jedoch kann nicht davon ausgegangen werden, dass
beliebig viele Corporate-Hospitality-Maßnahmen für eine derartige Untersuchung berücksichtigt werden können, so dass hier von zwei Events ausgegangen wird (siehe
Abbildung 8.4). Jede weitere Corporate-Hospitality-Maßnahme, die für die Datenerhebung berücksichtigt werden kann, reduziert den Einfluss von Einmaleffekten. Nachtei-
lig wirkt sich hier vor allem der höhere Ressourcenbedarf für die Durchführung der
Untersuchungen aus. Demgegenüber stehen ggf. Erfahrungseffekte bei der Untersuchungsdurchführung sowie im Idealfall eine höhere Probandenzahl, was in der Regel
zu einer Erhöhung der Validität der Untersuchungsergebnisse führen sollte.

Der Untersuchungsablauf ändert sich hier nicht, sondern wird lediglich entsprechend
der Anzahl der Corporate-Hospitality-Maßnahmen wiederholt. Für den Fall, dass eine
zufällige Zusammensetzung der Untersuchungsgruppen als gegeben erachtet werden
kann, könnten vor allem die moderierenden Effekte im Wirkungsmodell besonders gut
untersucht werden, da Vergleiche zwischen den Untersuchungsgruppen nun möglich
wären.

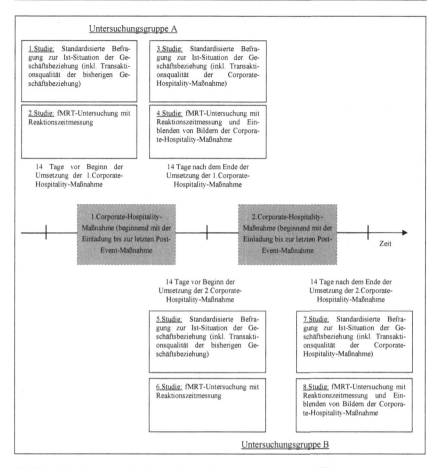

Abbildung 8.4: Alternatives Forschungsdesign III - Ausschluss von Einmaleffekten.

Quelle: eigene Darstellung.

### 8.4.3 Alternatives Forschungsdesign III

Der dritte wesentliche Nachteil des vorgestellten Forschungsdesigns bezieht sich auf die kurzfristige Wirkungsmessung, die grundsätzlich im Widerspruch zur langfristigen Ausrichtung von Relationship-Marketing-Maßnahmen steht. Als Lösungsansatz wird hier eine zufällige Aufteilung der gesamten Untersuchungsgruppe in zwei Untersuchungsgruppen (Untersuchungsgruppe A und B) mit möglichst gleicher Personenanzahl empfohlen. Ziel der Unterteilung ist es, die Wirkungen einer Corporate-Hospitality-Maßnahme in unterschiedlichen Zeitabständen zu messen, ohne die Probanden übermäßig zu belasten und somit verstärkt Untersuchungsverweigerungen zu riskieren.

Im Vergleich zum vorgeschlagenen Forschungsdesign unterscheidet sich das dritte alternative Forschungsdesign (siehe Abbildung 8.5) in der Form, dass zwei Wochen vor Beginn der Corporate-Hospitality-Maßnahme nur die Untersuchungsgruppe A befragt und untersucht wird. 14 Tage nach der letzten Post-Event-Maßnahme werden die Untersuchungsgruppen A und B gebeten, den standardisierten Fragebogen inklusive der Transaktionsqualität zur Corporate-Hospitality-Maßnahme zu beantworten und sich der fMRT-Untersuchung zu unterziehen. Die zweite Erhebung für die Gruppe B erfolgt dann drei Monate nach der letzten Post-Event-Maßnahme. Diese beinhaltet die standardisierte Befragung einschließlich der Transaktionsqualität zur bisherigen Geschäftsbeziehung sowie der Corporate-Hospitality-Maßnahme und die fMRT-Untersuchung. Der Aufbau und Ablauf der fMRT-Untersuchung für die Untersuchungsgruppe B entspricht zu beiden Untersuchungszeitpunkten der vierten Studie im vorgeschlagenen Forschungsdesign (vgl. Kapitel 8.2).

In Anbetracht der Herausforderung, trotz einer geringen Probandenanzahl (vermutlich n<50) langfristige Wirkungen von Corporate-Hospitality-Maßnahmen zu messen, stellt das hier vorgestellte Forschungsdesign eine gute Alternative dar. Der größte Vorteil liegt hier vor allem in der Möglichkeit, dass die Messergebnisse von zwei unterschiedlichen Zeitpunkten mit der Ausgangsmessung vor der Corporate-Hospitality-Maßnahme in Beziehung gesetzt werden können, bei gleichzeitigem Vorliegen einer Kontrollmöglichkeit der Ergebnisse der Untersuchungsgruppe A und B zum Zeitpunkt 14 Tage nach der letzten Post-Event-Maßnahme. Somit sind mit hoher Wahrscheinlichkeit valide Ergebnisse in Bezug auf die Wirkungen von Corporate Hospitality über einen befristeten Zeitraum möglich.

Für den Fall, dass die fMRT-Untersuchungen nicht durchgeführt werden können, ist zu überlegen, ob bei entsprechend vorhandenen Ausgangsbedingungen nicht eine Kombination mit dem ersten alternativen Forschungsdesign als bestmögliche Alternative in Frage kommt.

Kritisch muss in diesem Zusammenhang insbesondere der dritte Messzeitpunkt, drei Monate nach der Corporate-Hospitality-Maßnahme, gesehen werden. Von langfristigen Wirkungen kann hier sicherlich nicht gesprochen werden, jedoch darf hier auch nicht außer Acht gelassen werden, dass sich Kunde und Unternehmen in einem dynamischen Umfeld bewegen. Veränderungen im persönlichen Umfeld des Kunden, im

Wettbewerbsumfeld des Unternehmens, im Markt und im Unternehmen selbst führen dazu, dass die Wirkungen von Corporate Hospitality mit zunehmender Dauer „verwässert" und Wirkungszusammenhänge immer schwerer nachweisbar werden. Des Weiteren ist mit zunehmender zeitlicher Distanz zur Corporate-Hospitality-Maßnahme, auch eine erhöhte Gefahr der Antwort- und Untersuchungsverweigerung zu befürchten.

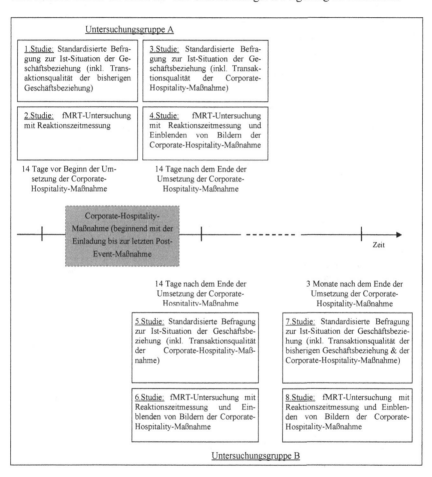

Abbildung 8.5: Alternatives Forschungsdesign III – unter besonderer Berücksichtigung der Langzeiteffekte.

Quelle: eigene Darstellung.

## 8.5 Zusammenfassung

Ziel dieses Kapitels war es, unter Berücksichtigung von drei Bedingungen (ausgewogenes Kosten-Nutzen-Verhältnis, sofortige Anwendung im Falle einer Änderung der rechtlichen Rahmenbedingungen, größtmöglicher Erkenntnisbeitrag) ein empirisches Forschungsdesign zu entwickeln, mit Hilfe dessen das entwickelte Wirkungsmodell für Corporate-Hospitality-Maßnahmen überprüft werden kann. Aus methodischer Sicht wird eine Triangulation aus standardisierter Befragung, Experiment (fMRT-Untersuchung kombiniert mit einer Reaktionszeitmessung) und Auswertung von unternehmensinternen Sekundärdaten vorgeschlagen. Die Datenerhebung soll zu zwei Messzeitpunkten stattfinden, zum einen 14 Tage vor Beginn der Corporate-Hospitality-Maßnahme zum anderen zwei Wochen danach. Zu beiden Zeitpunkten der Datenerhebung sollen die standardisierte Befragung sowie die fMRT-Untersuchung zum Einsatz kommen, so dass insgesamt Daten aus vier Studien vorliegen (vgl. Tabelle 8.1). Die Inhalte der Datenerhebung unterscheiden sich zu beiden Zeitpunkten geringfügig.

Tabelle 8.1: Übersicht zum Aufbau des vorgeschlagenen Forschungsdesigns

| Methode / Zeitpunkt Datenerhebung | Standardisierte Befragung | fMRT-Untersuchung mit Zeitreaktionsmessung |
|---|---|---|
| 14 Tage vor der Corporate-Hospitality-Maßnahme | Studie 1 | Studie 2 |
| 14 Tage nach der Corporate-Hospitality-Maßnahme | Studie 3 | Studie 4 |

Das empfohlene Forschungsdesign weist im Wesentlichen jedoch drei zentrale Schwächen auf: 1) Die Bereitschaft der Gäste, an zwei fMRT-Untersuchung teilzunehmen, muss als äußerst kritisch eingeschätzt werden. 2) Aufgrund der zu erwartenden geringen Probandenzahl können Einmaleffekte die Untersuchungsergebnisse enorm verzerren. 3) Langfristige Wirkungen werden mit diesem Forschungsdesign nicht erfasst.

Auf Basis der dargestellten Schwächen wurden drei alternative Forschungsdesigns vorgestellt, welche die einzelnen Nachteile reduzieren. Der so erworbene Vorteil geht jedoch einher mit neu auftretenden Schwächen. Im Ergebnis liegen somit vier Forschungsdesigns vor: ein Ideal-Forschungsdesign und drei Alternativen.

# 9  Schlussbetrachtung

In diesem Kapitel werden zunächst die zentralen Ergebnisse dieser Arbeit zusammengefasst und aus wissenschaftlicher Perspektive bewertet. Darauf aufbauend wird weiterer Forschungsbedarf aufgezeigt. In Kapitel 9.3 erfolgt eine Diskussion der Implikationen für die Unternehmenspraxis.

## 9.1  Zusammenfassung der zentralen Ergebnisse

Corporate Hospitality hat sich zu einem wichtigen Finanzierungsinstrument für Sporteventveranstalter sowie zu einem bedeutenden Kommunikationsinstrument für Unternehmen entwickelt. Trotzdem existiert bislang keine wissenschaftliche Untersuchung, die sich umfassend mit dem Thema Corporate Hospitality bei Sportevents auseinandersetzt und unter Kosten-Nutzen-Aspekten betrachtet. Aus diesem Grund bestand das Ziel dieser Arbeit darin, aus Unternehmensperspektive ein theoretisches Modell für Corporate-Hospitality-Maßnahmen im Rahmen von Sportevents zu entwickeln, welches Aussagen zu den Wirkungen bei der Hauptzielgruppe der Kunden ermöglicht.

Auf Basis der identifizierten Erkenntnislücke wurden folgende Forschungsfragen formuliert:

1) Welche affektiven und konativen Wirkungen können durch Corporate-Hospitality-Maßnahmen im Rahmen von Sportevents hervorgerufen werden?
2) Anhand welcher Größen können die affektiven und konativen Wirkungen von Corporate Hospitality im Rahmen von Sportevents gemessen werden?
3) Wie sieht ein Wirkungsmodell von Corporate-Hospitality-Maßnahmen im Sport aus, d.h. welche Einflussgrößen, welche Wirkungszusammenhänge und welche Moderatoren sind zu berücksichtigen?

Um die Forschungsfragen zu beantworten, fand ein umfassender, mehrstufiger Forschungsansatz Anwendung. In einem ersten Schritt wurden die Grundlagen zum Terminus „Corporate Hospitality" erstmalig umfassend und systematisch aufgearbeitet, darauf aufbauend eine Arbeitsdefinition entwickelt (vgl. Kapitel 2.1), von verwandten Termini abgegrenzt und innerhalb des Marketings eingeordnet (vgl. Kapitel 2.2.4). Im Ergebnis wurde ein marketingtheoretisches Fundament erarbeitet, welches eine wesentliche Grundlage für die Erreichung des Forschungsziels dieser Arbeit darstellt. Von zentraler Bedeutung ist dabei die Wirkungskette von Corporate Hospitality (vgl. Abbildung 9.1), wonach Corporate-Hospitality-Maßnahmen zunächst nur psychologische Wirkungen beim Kunden hervorrufen können und diese sich dann über Verhaltenswirkungen im ökonomischen Erfolg niederschlagen.

Abbildung 9.1: Wirkungskette von Corporate Hospitality.
Quelle: in Anlehnung an Bruhn, 2009c, 495.

Für die Beantwortung der Forschungsfragen dieser Arbeit wurde folgende Definition zu Grunde gelegt: Corporate Hospitality im Sport ist ein eigenständiges Instrument der Dialogkommunikation, mit Hilfe dessen die Beziehungsqualität zu verschiedenen Stakeholdern einer Organisation verbessert werden kann, indem besondere Sportevents in einer angenehmen Atmosphäre gemeinsam erlebt werden.

Im weiteren Verlauf der Arbeit wurde in Kapitel drei der Forschungsstand zur Evaluation von Corporate Hospitality (vgl. Kapitel 3.3) sowie zur Evaluation der verwandten Instrumente „Sportsponsoring" und „Event" analysiert (vgl. Kapitel 3.4). Neben den allgemeinen Herausforderungen von Wirkungskontrollen – Erkenntnis-, Kausalitäts-, Faktoren-, Mess- und Effizienzproblemen – sind folgende Besonderheiten bei der Evaluation von Corporate-Hospitality-Maßnahmen zu berücksichtigen:

1)  Die aktuelle strafrechtliche und steuerlich-rechtliche Situation muss bei der Durchführung von Wirkungskontrollen auf Gast- und Gastgeberseite unbedingt beachtet werden. Dieser Aspekt wurde im folgenden Verlauf der Arbeit ausgeblendet.

2)  Bei den Gästen handelt es sich meist um äußerst wichtige Personen für das Unternehmen, so dass bei der Auswahl sowie Ansprache der Gäste mit hoher Sensibilität vorzugehen ist.

3)  Aufgrund des Status der Gäste ist die Auswahl entsprechender Methoden stark eingeschränkt und zugleich mit Schwächen an Erklärungstiefe sowie Generalisierbarkeit verbunden.

In einem nächsten Schritt wurden relevante ökonomische, verhaltenswissenschaftliche und neuroökonomische Theorien identifiziert sowie hinsichtlich ihres Erklärungsbeitrags geprüft (vgl. Kapitel vier). Aufgrund der Transaktionsorientierung leisten die ökonomischen Theorien nur einen grundlegenden Erklärungsbeitrag. Sie sind jedoch für Corporate-Hospitality-Maßnahmen, die zu den beziehungsorientierten Maßnahmen im Marketingmanagement zählen, unzureichend. Die verhaltenswissenschaftlichen Theorien ermöglichen es, Geschäftsbeziehungen zwischen Unternehmen und Kunden gut zu erklären.

Für den Einsatz von Corporate Hospitality liefert insbesondere die soziale Austauschtheorie ein gutes theoretisches Fundament. Corporate Hospitality kann als Geschenk bzw. sozialer Tausch aufgefasst werden. Die Vorteilhaftigkeit des Austauschs von sozialen Aspekten für eine Geschäftsbeziehung wird begründet und zugleich eine Abgrenzung zum ökonomischen Tausch (Bestechung) gegeben. Geschenke basieren auf der Balance der ausgetauschten Werte und begründen eine reziprozitäre Beziehung zwischen Schenkenden und Beschenkten. Aufgrund der zeitlichen Asymmetrie von Leistung und Gegenleistung entstehen zwischen beiden Parteien Bindungen, die sich u.a. in Form von Vertrauen und Commitment ausdrücken und affektive Wirkungen von Corporate Hospitality darstellen. Die neuroökonomische Theorie scheint in der Lage zu sein, die Bedeutung von emotionalen Aspekten in Geschäftsbeziehungen sowie bei Corporate-Hospitality-Maßnahmen im Rahmen von Sportevents zu erklären. Jedoch fehlt es der jungen Theorie noch an ausreichenden Forschungserkenntnissen, um einen stärkeren Erklärungsbeitrag zu leisten. Im Ergebnis bildet der entwickelte theoretische Bezugsrahmen die Ausgangsbasis für die weitere Beantwortung der Forschungsfragen.

Das bereits in der Arbeitsdefinition festgelegte Zielkonstrukt „Beziehungsqualität" stellt die zentrale affektive Wirkung von Corporate Hospitality dar. Auf Grundlage bisheriger theoretischer und empirischer Untersuchungsergebnisse wurde die Beziehungsqualität weiter analysiert (vgl. Kapitel 6.1). Ferner wurden Einflussgrößen sowie direkte und indirekte Wirkungsgrößen der Beziehungsqualität untersucht und in einem Grundmodell zusammengefasst (vgl. Kapitel 6.2 bis 6.4). Dieses Grundmodell (vgl. Abbildung 9.2) besteht aus fünf Ebenen (Transaktions-, Beziehungs-, Verhaltensabsichts-, Verhaltens- und Unternehmensebene) und stellt die Beziehungsqualität in den Mittelpunkt. Im Ergebnis wurden eine höhere Beziehungsqualität, eine stärkere psychologische Kundenloyalität und stärkere Verhaltensabsichten in Bezug auf die Kommunikation und die Kaufentscheidungen als affektive Wirkungen berücksichtigt. Als konative Wirkungen von Corporate-Hospitality-Maßnahmen konnten ein positiveres Verhalten gegenüber dem gastgebenden Unternehmen und Dritten sowie ein höherer ökonomischer Erfolg identifiziert und integriert werden. Somit ist die erste Forschungsfrage nach den affektiven und konativen Wirkungen von Corporate-Hospitality-Maßnahmen im Sport beantwortet.

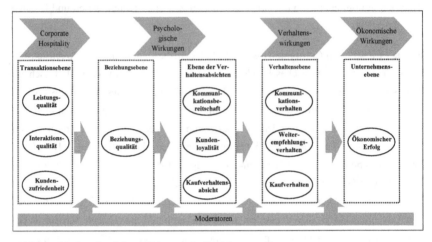

Abbildung 9.2: Grundmodell zu Wirkungen der Beziehungsqualität.
Quelle: in Anlehnung an Hadwich, 2003, 56.

Anschließend wurden die einzelnen Konstrukte der fünf Ebenen des Grundmodells schrittweise mit den Ergebnissen der theoretischen Fundierung zusammengeführt, präzisiert und den Besonderheiten von Corporate Hospitality im Sport ggf. entsprechend angepasst (vgl. Kapitel 7.1 bis 7.5). Im Ergebnis lag ein spezifisches Wirkungsmodell für Corporate-Hospitality-Maßnahmen im Sport vor, in dem kognitives und affektives Vertrauen, Beziehungszufriedenheit, affektives Commitment, Reziprozität, Weiterempfehlungsabsicht, Kommunikationsbereitschaft und Kaufverhaltensabsicht als Größen der affektiven Wirkungen sowie Kommunikations-, Weiterempfehlungs- und Kaufverhalten und Kundenwert als Größen der konativen Wirkungen Berücksichtigung fanden. Dementsprechend konnte die zweite Forschungsfrage zu den Größen der affektiven und konativen Wirkungen beantwortet werden.

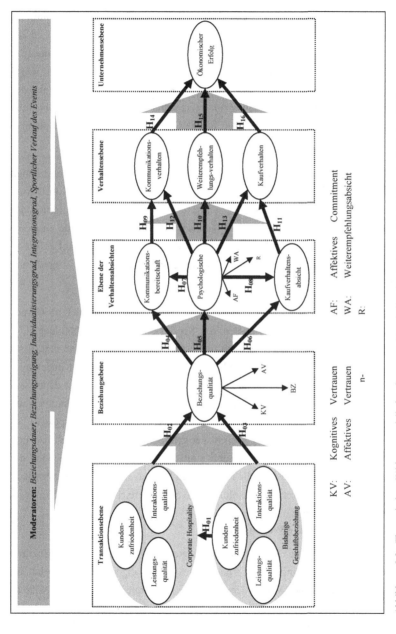

Abbildung 9.3: Theoretisches Wirkungsmodell für Corporate Hospitality im Rahmen von Sportevents inklusive Wirkungszusammenhänge und Moderatoren.

Quelle: eigene Darstellung.

Zur Beantwortung der dritten Forschungsfrage nach den Einflussgrößen, Wirkungszusammenhängen und Moderatoren von Corporate Hospitality wurden abschließend zunächst als Einflussgrößen die Kundenzufriedenheit, die Leistungsqualität und die
Interaktionsqualität jeweils bezogen auf die Corporate-Hospitality-Maßnahme sowie
auf die bisherige Geschäftsbeziehung ermittelt (vgl. Kapitel 7.1). Die Transaktionsqualität der bisherigen Geschäftsbeziehung mit seinen drei Dimensionen fand ebenfalls
Berücksichtigung, um die spezifischen Einflüsse aus der Corporate-Hospitality-
Maßnahme zu erhalten.

Im Weiteren wurden die einzelnen Konstrukte auf mögliche Wirkungszusammenhänge
untereinander geprüft (vgl. Kapitel 7.6). Interdependenzen zwischen den Konstrukten
wurden entsprechend im Modell berücksichtigt (vgl. Abbildung 9.3). Aufgrund der
Vielzahl an moderierenden Effekten und der damit verbundenen Zunahme an Komplexität erfolgte eine Auswahl der relevantesten Moderatoren (vgl. Kapitel 7.7): Beziehungsdauer, Beziehungsneigung, Individualisierungsgrad, Integrationsgrad und
sportlicher Verlauf des Events.

Im Ergebnis der vorliegenden Arbeit liegt ein spezifisches Wirkungsmodell für Corporate Hospitality-Maßnahmen im Rahmen von Sportevents vor (vgl. Abbildung 9.3),
welches sich vor allem auf die affektiven und konativen Wirkungen fokussiert. Erstmalig wurde explizit die Reziprozität als Dimension der psychologischen Kundenloyalität in ein Wirkungsmodell der Dialogkommunikation integriert. Dies ist darauf zurückzuführen, dass Corporate Hospitality als sozialer Tausch zwischen Unternehmen
und Kunde aufgefasst wird. Aus der Marketing- und Kommunikationsperspektive betrachtet, stellt Corporate Hospitality nach bisherigem Stand ein äußerst effektives und
effizientes Instrument der Dialogkommunikation dar, da bei einem Ausblenden der
aktuellen strafrechtlichen und steuerlich-rechtlichen Problematik beziehungsorientierte
Marketing- und Kommunikationsziele ohne Streuverluste erreicht werden können.

**9.2   Implikationen für die Wissenschaft**

Unter konzeptionellen Aspekten leistet die vorliegende Arbeit einen Erkenntnisbeitrag
zum inhaltlichen Verständnis von Corporate Hospitality allgemein und speziell im
Sport. In der Vergangenheit wurde der Terminus „Corporate Hospitality" in wissenschaftlichen und praxisorientierten Veröffentlichungen zwar verwendet, jedoch be-
standen hinsichtlich seiner tatsächlichen inhaltlichen Bedeutung erhebliche Defizite.
Der Mangel eines adäquaten Begriffsverständnisses begründet sich dadurch, dass zahl-
reiche Definitionsansätze existieren, eine klare Abgrenzung zu verwandten Konstruk-

ten fehlt und eine Einordnung des Instruments innerhalb des Marketings bisher nicht stattgefunden hat. Der **erste konzeptionelle Beitrag** dieser Arbeit besteht in der inhaltlichen Präzisierung des Terminus „Corporate Hospitality". Die Entwicklung des Begriffsverständnisses wurde auf Basis einer systematischen Aufarbeitung existierender Erkenntnisse zu Corporate Hospitality im Sport vorgenommen. Mit dieser Arbeit ist es gelungen, ein ganzheitliches Begriffsverständnis für Corporate Hospitality zu entwickeln. Zukünftige Forschungsarbeiten zu dieser Thematik können sich an diesem definitorischen Ansatz orientieren.

Der **zweite konzeptionelle Beitrag** besteht in der Einbindung von Corporate Hospitality in einen theoretischen Bezugsrahmen. Als theoretische Bezugspunkte dienten hierbei wirtschaftswissenschaftliche (Prinzipal-Agenten-Theorie und Transaktionskostenansatz), verhaltenswissenschaftliche (Allgemeine und soziale Austauschtheorie, Interaktions- und Netzwerktheorie) sowie neuroökonomische Erklärungsansätze. Insbesondere die verhaltenswissenschaftlichen Theorien leisten einen hohen Erklärungsbeitrag zu Wirkungen und Nutzen von Corporate Hospitality. Zukünftige Forschungsarbeiten zu diesem Thema könnten durch die Einbindung weiterer Theorien, wie zum Beispiel Resource-based view, zu einer besseren theoretischen Fundierung beitragen. Ferner könnte die weitere Forschung von einer stärkeren Berücksichtigung der neuroökonomischen Ansätze profitieren und zu mehr Erklärungstiefe führen.

Durch die Verknüpfung der theoretischen und empirischen Forschungsergebnisse zur Wirkungsmessung der Beziehungsqualität mit den bisherigen Erkenntnissen und Besonderheiten des Dialogkommunikationsinstruments „Corporate Hospitality" konnte ein theoretisches Wirkungsmodell erarbeitet werden, das den **dritten konzeptionellen Beitrag** der vorliegenden Arbeit darstellt. Für zukünftige Forschungsarbeiten liegt ein Wirkungsmodell vor, welches zunächst auf seine Gültigkeit empirisch zu prüfen und ggf. zu modifizieren ist, sowie anhand dessen die singulären Wirkungen einer Corporate-Hospitality-Maßnahme den Kosten gegenübergestellt werden können. Dies ermöglicht eine Aussage zur Effizienz dieses Kommunikationsinstruments im Vergleich zu anderen Kommunikationsmaßnahmen vor allem in der Business-to-Business-Kommunikation. Des Weiteren wären Langzeitanalysen von Geschäftsbeziehungen, bei denen Corporate Hospitality eingesetzt wird, mit Geschäftsbeziehungen ohne deren Einsatz eine interessante Forschungsarbeit.

Die vorliegende Arbeit unterliegt jedoch auch einigen Restriktionen, die weitere Ansatzpunkte für zukünftige Forschung bieten. Die **erste und zugleich bedeutendste**

**Restriktion** bezieht sich auf die fehlende empirische Überprüfung des Wirkungsmodells. Alle vorliegenden Erkenntnisse basieren auf theoretischen Überlegungen und sind daher mit Einschränkungen verbunden. Eine empirische Prüfung des Wirkungsmodells erweist sich aufgrund der aktuellen strafrechtlichen Situation als nahezu unmöglich, da führende Rechtsanwälte im Sport Unternehmen vor jeglicher Corporate-Hospitality-Erfolgskontrolle warnen. Diese juristische Auffassung steht im starken Widerspruch zum modernen Marketingverständnis, in dem die Erfolgsmessung von Marketingmaßnahmen eine zentrale Bedeutung einnimmt (vgl. Kapitel 1.3).

Eine **zweite Restriktion** besteht in der vorgenommenen Auswahl der Determinanten, Dimensionen und Moderatoren. Es ist anzunehmen, dass weitere Größen existieren, die in dieser Arbeit nicht berücksichtigt wurden und ebenfalls Wirkungsbeziehungen zu bestehenden Konstrukten aufweisen. Zukünftige Forschungsarbeiten könnten insbesondere durch die Analyse des Einflusses von Moderatoren auf die einzelnen Konstrukte im Wirkungsmodell einen weiteren Beitrag zu der Thematik leisten.

Die **dritte Restriktion** bezieht sich auf die Fokussierung der Wirkungen. Zum einen wurden kognitive Wirkungen als vorgelagerte Effekte der im Zentrum stehenden affektiven und konativen Wirkungen in dieser Arbeit nicht berücksichtigt. Zum anderen beschränkte sich die vorliegende Untersuchung auf die Zielgruppe der Kunden. In zukünftigen Forschungen sollten die kognitiven Wirkungen berücksichtigt und deren Einfluss auf die affektiven Wirkungen analysiert werden. Ferner können die Wirkungen bei weiteren Zielgruppen von Corporate Hospitality (zum Beispiel Mitarbeitern, Lieferanten, Partnern) Gegenstand weiterer Forschungsarbeiten sein, um im Ergebnis auch Aussagen zu Kosten-Nutzen-Aspekten von Corporate Hospitality in Bezug auf die unterschiedlichen Zielgruppen zu treffen.

Eine **vierte Restriktion** liegt in der inhaltlichen Fokussierung dieser Arbeit auf Events im Sport. Jedoch werden u.a. auch Konzerte, Ausstellungen und Theatervorstellungen für Corporate-Hospitality-Maßnahmen genutzt. Durch einen Vergleich der Wirkungen bei verschiedenen Veranstaltungen in zukünftigen Forschungsarbeiten könnten Aussagen zur Effektivität und Effizienz in Abhängigkeit von der Veranstaltungsart getroffen werden.

Eine **fünfte Restriktion** besteht in den berücksichtigten Größen im Wirkungsmodell, die vorwiegend qualitativer Natur sind. Das Problem der Monetarisierung qualitativer Ergebnisse wurde in dieser Arbeit angesprochen, jedoch kein entsprechender Lösungsansatz entwickelt. Vor dem Hintergrund einer gewünschten Gegenüberstellung der

Kosten und des Nutzens von Corporate Hospitality begründet dieser Aspekt weiteren Forschungsbedarf.

## 9.3  Implikationen für die Praxis

Neben Ansatzpunkten für die Marketingforschung bieten die Ergebnisse dieser Arbeit auch Erkenntnisse für die Marketingpraxis. Auf theoretischer Ebene wurde aufgezeigt, dass Corporate Hospitality als Investition in langfristig angelegte Geschäftsbeziehungen erfolgreich sein kann und sich dann im ökonomischen Erfolg des Unternehmens niederschlägt. Dies setzt jedoch in Anbetracht der aktuellen strafrechtlichen Unsicherheiten voraus, dass **Corporate Hospitality als Kommunikationsinstrument** insbesondere **aus strafrechtlicher Sicht akzeptiert wird.** Dafür sollten sich nicht nur die Unternehmen über ihre Fachverbände und Interessenvereinigungen einsetzen, sondern auch die Spitzensportverbände als Interessensvertreter der Sportvereine und Sporteventveranstalter sowie die Kommunen als Eigentümer vieler Sportstadien und -arenen, die zur Finanzierung größerer Sportstätten und Sportevents auf die Einnahmen aus dem Verkauf von Corporate-Hospitality-Rechten angewiesen sind.

Dem oft mit Corporate Hospitality verbundenen Vorwurf der Bestechung kann dadurch entgegengetreten werden, indem Unternehmen **keine konkreten ökonomischen Erwartungshaltungen mit der Corporate-Hospitality-Maßnahme verknüpfen.** In diesem Fall handelt es sich um einen sozialen Tausch, der sich eindeutig vom ökonomischen Tausch (Bestechung) abgrenzt, welcher durch eine vorher eindeutig definierte Leistung (Corporate-Hospitality-Maßnahme) und Gegenleistung (zum Beispiel Auftragsvergabe) gekennzeichnet ist.

Mit den vorliegenden Ergebnissen zur Wirkungskontrolle von Corporate Hospitality wird den Unternehmen als Nutzern dieses Kommunikationsinstruments ein Ansatz für die Evaluation aufgezeigt, den es **in den Managementprozess von Corporate-Hospitality-Maßnahmen zu integrieren** gilt, um nachhaltig die Effektivität und Effizienz dieses Instruments zu optimieren. Auch für Anbieter von Corporate-Hospitality-Möglichkeiten sowie für Unternehmen, die Corporate-Hospitality-Maßnahmen planen und umsetzen, bietet diese Arbeit Ansatzpunkte für den Managementprozess, indem zum Beispiel die Bedeutung der Transaktionsqualität von Corporate-Hospitality-Maßnahmen für die verfolgten Ziele der gastgebenden Unternehmen herausgestellt wird.

Weitere detailliertere und operative Implikationen für die Marketingpraxis erweisen sich aufgrund des fehlenden empirischen Nachweises als sehr schwierig. Daher ist davon auszugehen, dasss nur mit zunehmender Anzahl an durchgeführten Wirkungsmessungen von Corporate-Hospitality-Maßnahmen auch Handlungsempfehlungen für das operative Marketing-Management abgeleitet werden können.

**Insgesamt ist festzuhalten,** das der Fokus der Sportevent- und Impactforschung bisher auf Forschungsarbeiten zum volkswirtschaftlichen Nutzen von Sportevents sowie auf dem Konsumverhalten von Sporteventtouristen als Privatpersonen liegt. Der geschäftliche Sporteventtourismus stellt in diesem Rahmen einen völlig unterrepräsentierten Forschungsbereich dar. Corporate Hospitality hat sich sowohl auf Angebots- als auch auf Nachfragerseite von Unternehmen als ein wichtiges Finanzierungs- bzw. Kommunkationsinstrument im Rahmen von Sportevents entwickelt und stellt eine Form von geschäftlichem Sporteventtourismus dar. Mit dieser Arbeit ist die Sporteventforschung um den Bereich „Corporate Hospitality" erweitert worden. Auch wenn im Ergebnis der Arbeit keine empirischen Erkenntnisse vorliegen, so sind doch wesentliche Grundlagen für die weitere Forschung in diesem Bereich gelegt worden, auf die zukünftige Arbeiten aufbauen können.

# Literaturverzeichnis

**Adler, P.** (2001). Market, Hierarchy, and Trust. The Knowledge Economy and the Future of Capitalism. *Organization Science, 12*(2), 215-234.

**Ahlert, D., Kenning, P. & Petermann, F.** (2001). Die Bedeutung von Vertrauen für die Interaktionsbeziehungen zwischen Dienstleistungsanbietern und -nachfragern. In M. Bruhn & B. Stauss (Hrsg.), *Dienstleistungsmanagement, Jahrbuch 2001. Interaktionen im Dienstleistungsbereich* (S. 279-298). Wiesbaden: Gabler.

**Allen, N. & Meyer, J.** (1990). The Measurement and Antecedents of Affective, Continuance and Normative Commitment to the Organization. *Journal of Occupational Psychology, 63*(1), 1-18.

**Allen, J., O'Toole, W., Harris, R. & McDonnel, I.** (2008). *Festival and Special Event Management.* Milton: John Wiley & Sons.

**Althaus, M.** (2007). Public Affairs und Lobbying. In M. Piwinger & A. Zerfaß (Hrsg.), *Handbuch Unternehmenskommunikation* (S. 797-816). Wiesbaden: Gabler.

**Ambler, T.** (1998). *Mediation and Moderation: Roles and Tests.* Pan'Agra Working Paper, No. 98-904. London: London Business School.

**Andersen, P. H. & Kumar, R.** (2006). Emotions, trust and relationship development in business relationships: A conceptual model for buyer-seller dyads. *Industrial Marketing Management, 35*(4), 522-535.

**Anderson, J. C. & Narus J. A.** (1990). A Model of Distributor Firm and Manufacturer Firm Working Partnerships. *Journal of Marketing, 54*(1), 62-74.

**Anderson, E. & Weitz, B.** (1989). Determinants of Continuity in Conventional Industrial Channel Dyads. *Marketing Science, 8*(4), 310-323.

**Andrews, J.** (2001). *IEG Glossary and Lexicon.* Retrieved 15 December 2005, from http://www.sponsorship.com/learn/glossary.asp.

**Aulakh, P. S., Kotabe, M. & Sahay, A.** (1996). Trust and Performance in Cross Border Marketing Partnerships: A Behavioral Approach. *Journal of International Business Studies, 27*(5), 1005-1032.

**Backhaus, C.** (2009). *Beziehungsqualität in Dienstleistungsnetzwerken. Theoretische Fundierung und empirische Analyse.* Wiesbaden: Gabler.

**Backhaus, K. & Büschken, J.** (1997a). Organisationales Kaufverhalten. In B. Tietz, R. Köhler & J. Zentes (Hrsg.), *Handwörterbuch des Marketing* (pp. 1954-1966). Stuttgart: Schaeffer-Poeschel.

**Backhaus, K. & Büschken, J.** (1997b). What do we know about Business-to-Business Interactions? – A Synopsis of Empirical Research on Buyer-Seller Interactions. In H. G. Gemünden (ed.), *Relationships and Networks in International Markets* (S. 13-36). Oxford: Pergamon.

**Backhaus, K. & Voeth, M.** (2007). *Industriegütermarketing* (8. Aufl.). München: Vahlen.

**Backhaus, K., Baumeister, C., Koch, M. & Mühlfeld, K.** (2008). Kundenbindung im Industriegütermarketing. In M. Bruhn & C. Homburg (Hrsg.), *Handbuch Kundenbindungsmanagement. Strategien und Instrumente für ein erfolgreiches CRM* (6. Aufl.; S. 215-247). Wiesbaden: Gabler.

**Barry, A.** (1992). Days of wine and roses. *Journal of Purchasing & Supply Management*, Oct/1992, 22-26.

**Bassenge, C.** (2000). *Dienstleister als Sponsoren. Imageprofilierung durch kommunikatives Engagement im Sport.* Wiesbaden: DUV.

**Bauer, H., Huber, F. & Neumann, M.** (2004). Antezedenzien und Konsequenzen von Vertrauen im elektronischen Handel. *Der Markt – Zeitschrift für Absatzwirtschaft und Marketing, 43*(2), 47-57.

**Bauer, H., Stokburger G. & Hammmerschmidt, M.** (2006). *Marketing Performance - Messen, Analysieren, Optimieren.* Wiesbaden: Gabler.

**Bayón, T.** (1997). *Neuere Mikroökonomie und Marketing. Eine wissenschaftstheoretisch geleitete Analyse.* Wiesbaden: Gabler.

**Baxter, J.** (2000). *Corporate Hospitality: 2000 Market Report.* London: Key Note.

**Becker, C. & Walzel, S.** (2008). *Evaluation von Corporate Hospitality – unter besonderer Berücksichtigung der Olympischen Spiele in Peking.* Unveröffentlichter Forschungsbericht. Köln: Deutsche Sporthochschule Köln.

**Behrens, G. & Neumaier, M.** (2004). Der Einfluss des Unbewussten auf das Konsumentenverhalten. In A. Gröppel-Klein (Hrsg.), *Konsumentenverhaltensforschung im 21. Jahrhundert* (S. 3-27). Wiesbaden: DUV.

**Beinborn, P.** (2007). Commitment durch Sponsoring – die Mitarbeiter als Adressaten der Sponsoring-Aktivitäten. In D. Ahlert, D. Woisetschläger & V. Vogel (Hrsg.), *Exzellentes Sponsoring* (S. 355-374). Wiesbaden: DUV.

**Belk, R.** (1979). Gift Giving Behavior. In J. Sheth (ed.), *Research in Marketing, Vol. 2* (pp. 95-126). Greenwich: JAI Press.

**Beltramini, R. F.** (1996): Business Believes in Gift Giving. In C. Otnes & R. F. Beltramini (eds.), *Gift Giving. A Research Anthology* (pp. 163-173). Bowling Green: Popular Press.

**Bennett, R.** (2003). Corporate hospitality: executive indulgence or vital corporate communications weapon? *Corporate Communications: An international Journal, 8*(4), 229-240.

**Berekhoven, L., Eckert, W. & Ellenrieder, P.** (2006). Marktforschung. Methodische Grundlagen und praktische Anwendung. Wiesbaden: Gabler.

**Berry, L. L.** (1995). Relationship Marketing of Services – Growing Interest, Emerging Perspectives. *Journal of the Academy of Marketing Science, 23*(4), 236-245.

**Berry, L. L. & Parasuraman, A.** (1991). *Marketing Services.* New York: Free Press.

**Bertrams, J., Bieling, M. & Eschweiler, M.** (2004). Kundenbindungsinstrumente im deutschen Profifußball – eine Status-Quo-Analyse der Saison 2002/03.

In M. Bieling, M. Eschweiler & J. Hardenacke (Hrsg.), *Business-to-Business-Marketing im Profifußball* (S. 167-198). Wiesbaden: DUV.

**Bezold, T.** (2008). Hospitality. In T. Bezold, L. Thieme & R. Wadsack (Hrsg.), *Handwörterbuch des Sportmanagements, Band 2* (S. 66-70). Frankfurt am Main: Lang.

**Blackmann, H., Smith, J., Rowe, A. & Stewart, S.** (2005). *Travel & Tourism.* Oxford: Heinemann.

**Blau, P. M.** (1964). *Exchange and Power in Social Life.* New York: Wiley.

**Bliemel, F. & Eggert, A.** (1998). Kundenbindung – die neue Sollstrategie? *Marketing - Zeitschrift für betriebswirtschaftliche Forschung, 1/1998,* 37-46.

**Boles, J. S. & Barksdale, H. C.** (1997): Business Relationships: An Examniation of the Effetcts of Buyer-Salesperson Relationships on Customer Retention and Willingness to Refer and Recommend. *Journal of Business and Industrial Marketing, 12*(3/4), 248-259.

**Boles, J. S., Johnson, J. T. & Barksdale, H. C.** (2000). How Salespeople Build Quality Relationships: A Replication and Extension. *Journal of Business Research, 48*(1), 75-82.

**Bortz, J. & Döring, N.** (2006). *Forschungsmethoden und Evaluation für Human- und Sozialwissenschaftler* (4. Aufl.). Heidelberg: Springer.

**Boulding, K. E.** (1981). *A Preface to Grants Economics.* New York: Praeger.

**Brockes, H.-W.** (2006). Sponsoring-Controlling. In S. Reinecke & T. Tomczack (Hrsg.), *Handbuch Marketing Controlling* (S. 593-610). Wiesbaden: Gabler.

**Brown, A. A., Horvath, J. & Neuberger, E.** (1998). The Economics of Grants and Exchange: The Transactions Matrix. *The American Economist, 42*(2), 19-33.

**Bruhn, M.** (1998). *Sponsoring. Systematische Planung und integrativer Einsatz* (3. Aufl.). Frankfurt am Main: FAZ.

**Bruhn, M.** (2001). *Relationship Marketing. Das Management von Kundenbeziehungen.* München: Vahlen.

**Bruhn, M.** (2003a). *Sponsoring. Systematische Planung und integrativer Einsatz* (4. Aufl.). Wiesbaden: Gabler.

**Bruhn, M.** (2003b). Denk- und Planungsansatz der Integrierten Marketing-Kommunikation. In A. Hermanns & F. Riedmüller (Hrsg.), *Sponsoring und Events im Sport* (S. 23-46). München: Vahlen.

**Bruhn, M.** (2004). Markenführung und Sponsoring. In M. Bruhn (Hrsg.), *Handbuch Markenführung, Band 2* (S. 1593-1630). Wiesbaden: Gabler.

**Bruhn, M.** (2005). *Unternehmens- und Marketingkommunikation: Handbuch für ein integriertes Kommunikationsmanagement.* München: Vahlen.

**Bruhn, M.** (2006). Das Konzept der kundenorientierten Unternehmensführung. In H.H. Hinterhuber & K. Matzler (Hrsg.), *Kundenorientierte Unternehmensfüh-*

*rung. Kundenorientierung, Kundenzufriedenheit, Kundenbindung* (S. 33-65). Wiesbaden: Gabler.

**Bruhn, M.** (2007). *Kommunikationspolitik. Systematischer Einsatz der Kommunikation für Unternehmen* (4. Aufl.). München: Vahlen.

**Bruhn, M.** (2009a). *Relationship Marketing. Das Management von Kundenbeziehungen* (2. Aufl.). München: Vahlen.

**Bruhn, M.** (2009b). Das kommunikationspolitische Instrumentarium. In M. Bruhn, F.-R. Esch & T. Langner (Hrsg.), *Handbuch Kommunikation: Grundlagen, innovative Ansätze, praktische Umsetzung* (S. 23-43). Wiesbaden: Gabler.

**Bruhn, M.** (2009c). Kommunikationspolitik im Relationship Marketing. In M. Bruhn, F.-R. Esch & T. Langner (Hrsg.): *Handbuch Kommunikation: Grundlagen, innovative Ansätze, praktische Umsetzung* (S. 485-510). Wiesbaden: Gabler.

**Bruhn, M.** (2009d). Sponsoring. In M. Bruhn, F.-R. Esch & T. Langner (Hrsg.), *Handbuch Kommunikation: Grundlagen, innovative Ansätze, praktische Umsetzung* (S. 157-176). Wiesbaden: Gabler.

**Bruhn, M. & Siems, F.** (2002). Nonlinear Correlations Between Relationship Marketing Constructs. Causes, Empirical Findings, and Implications. *Proceedings of th 10th ICRM, 2*, 467-482.

**Bruhn, M., Georgi, D., Treyer, M. & Leumann, S.** (2000). Wertorientiertes Relationship Marketing: Vom Kundenwert zum Customer Lifetime Value. *Die Unternehmung, 54*(3), 167-187.

**BSML Reports** (1990). *The Effectiveness of Corporate Hospitality. An Objective, Independent Analysis of the Corporate Hospitality Industry.* London: BSML.

**Burmann, C.** (2002). Erfolgskontrolle im Eventmanagement. In M. Hosang (Hrsg.), *Event & Marketing* (S. 93-123). Frankfurt: Deutscher Fachverlag.

**Burmann, C. & Nitschke, A.** (2005). Profilierung von Marken mit Sponsoring und Events. In H. Meffert, C. Burmann & M. Koers (Hrsg.), *Markenmanagement – Grundlagen der identitätsorientierten Markenführung* (2. Aufl.; S. 387-409), Wiesbaden: Gabler.

**Burton, N. & Chadwick, S.** (2008). *Ambush Marketing in Sport: An Assessment of Implications and Management Strategies.* CIBS Working Paper Series, No. 3. Retrieved 04 June 2009, from www.coventry.ac.uk/researchnet/d/691.

**Buss, E.** (1985). *Lehrbuch der Wirtschaftssoziologie.* Berlin: de Gruyter.

**Buß, E.** (2007). Image und Reputation – Werttreiber für das Management. In M. Piwinger & A. Zerfaß (Hrsg.), *Handbuch Unternehmenskommunikation* (S. 227-243). Wiesbaden: Gabler.

**Buttle, F. A.** (1998). Word of Mouth: Understanding and Managing Referral Marketing. *Journal of Strategic Marketing, 6*(3), 241-254.

**Calaminus, G.** (1994). Netzwerkansätze im Investitionsgütermarketing – Eine Weiterentwicklung multi-organisationaler Interaktionsansätze? In M. Kleinaltenkamp & K. Schubert (Hrsg.), *Netzwerkansätze im Business-to-Business-Marketing: Be-*

*schaffung, Absatz und Implementierung neuer Technologien* (S. 93-124). Wiesbaden: Gabler.

**Church, A. H.** (1993). Estimating the effect of incentives on mail survey response rates. *Public Opinion Quarterly, 57*(1), 62-79.

**Church, R.** (2003). *Bidding & Hosting. The Guide to successful Sporting Events.* London: Sportcal Global Communications.

**Cialdini, R.** (2004). *Die Psychologie des Überzeugens. Ein Lehrbuch für alle, die ihren Mitmenschen und sich selbst auf die Schliche kommen wollen* (5. Aufl.). Bern: Huber.

**Clark, B.** (2001). A summary of thinking on measuring the value of marketing. *Journal of Targeting, Measurement and Analysis for Marketing, 9*(4), 357-369.

**Clark, J., Lachowetz, T., Irwin, R. & Schimmel, K.** (2003). Business-to-Business Relationships and Sport: Using Sponsorship as a Critical Sales Event. *International Journal of Sports Marketing & Sponsorship, 5*(2), 129-144.

**Coakley, J.** (2009). *Sports in Society. Issues and Controveries* (10th ed.). New York: McGraw-Hill.

**Coase, R.** (1937). The Nature of the Firm. *Economica, 4*(16), 386-405.

**Collett, P.** (2008). Sponsorship-related hospitality: Planning for measurable success. *Journal of Sponsorship, 1*(3), 286-296.

**Cording, S.** (2009): Hospitality unter Generalverdacht? In M. Schlösser (Hrsg.), *Sponsors Clubmanager Report* (2. Aufl.; S. 18-19). Hamburg: Sponsors.

**Cornelsen, J.** (2000). *Kundenwertanalysen im Beziehungsmarketing.* Nürnberg: GIM.

**Cornelsen, J.** (2006). Kundenbewertung mit Referenzwerten. In B. Günter & S. Helm (Hrsg.), *Kundenwert. Grundlagen, Innovative Konzepte, Praktische Umsetzungen* (3. Aufl.; S. 183-215). Wiesbaden: Gabler.

**Cornwell, B. & Amis, J.** (2005). Global Sport Sponsorship. What now? What's next? In J. Amis & B. Cornwell (eds.), *Global Sport Sponsorship* (pp. 297-307). Oxford: Berg.

**Coulter, R., Price, L. & Feick, L.** (2003). Rethinking the Origins of Involvement and Brand Commitment: Insights from Postsocialist Central Europe. *Journal of Consumer Research, 30*(2), 151-169.

**Cox, J.** (2004). How to identify trust and reciprocity. *Games and Economic Behavior, 46*(2), 260-281.

**Crosby, L. A., Evans, K. R. & Cowles, D.** (1990). Relationship Quality in Services Selling. An Interpersonal Influence Perspective. *Journal of Marketing, 54*(3), 68-81.

**Dann, S. & Dann, S.** (2005). *Australian Corporate Hospitality in Review.* Paper presented at the 2nd Australasian Nonprofit and Social Marketing Conference (22 to 23 September 2005); Melbourne, Australia.

**Das, T. K. & Teng, B.-S.** (1998). Between Trust and Control: Developing Confidence in Partner Cooperation in Alliances. *Academy of Management Review, 23*(3), 491-512.

**Davidson, R. & Cope, B.** (2003). *Business Travel. Conferences, Incentive Travel, Exhibitions, Corporate Hospitality and Corporate Travel.* Essex: Pearson.

**De Wulf, K., Odekerken-Schröder, G. & Iacobucci, D.** (2001). Investments in Consumer Relationships: A Cross Country and Cross-Industry Exploration. *Journal of Marketing, 65*(4), 33-51.

**Dehesselles, T.** (2006). VIP-Einladungen. Danaer-Geschenk?! *Sponsors,* 4/2006, 48-49.

**Deimel, K.** (1992). *Wirkungen der Sportwerbung: eine verhaltenswissenschaftliche Analyse.* Frankfurt am Main: Lang.

**Denize, S. & Young, L.** (2007). Concerning trust and information. *Industrial Marketing Management, 36*(7), 968-982.

**Denzin, N.K.** (1978). The Logic of Naturalistic Inquiry. In: N.K. Denzin (ed.) *Sociological Methods: A Sourcebook* (pp. 245-276). New York: McGraw-Hill.

**Dick, A. S. & Basu, K.** (1994). Customer Loyalty: Toward an Integrated Conceptual Framework. *Journal of the Academy of Marketing Science, 22*(2), 99-113.

**Diekmann, A.** (2004). The Power of Reciprocity. Fairness, Reciprocity, and Stakes in Variants of the Dictator Game. *Journal of Conflict Resolution, 48*(4), 487–505.

**Digel, H. & Fahrner, M.** (2008a). *The international Sports Hospitality Market, Final Report. Research Project Conducted on Behalf of the FIFA.* Unpublished research report. Tübingen: University of Tübingen.

**Digel, H. & Fahrner, M.** (2008b). Hospitality Marketing im Sport. In G. Nufer & A. Bühler (Hrsg.), *Management und Marketing im Sport: Betriebswirtschaftliche Grundlagen und Anwendungen der Sportökonomie* (S. 443-465). Berlin: Erich Schmidt.

**Diller, H.** (1996). Kundenbindung als Marketingziel. *Marketing ZFP, 18*(2), 81-94.

**Diller, H.** (1998). Planung und Marketing. In H. Diller (Hrsg.), *Marketingplanung* (2. Aufl.; S. 1-29). München: Vahlen.

**Diller, H., Haas, A. & Ivens, B.** (2005). *Verkauf und Kundenmanagement. Eine prozessorientierte Konzeption.* Stuttgart: Kohlhammer.

**Domning, M., Elger, C. E. & Rasel, A.** (2009). *Neurokommunikation im Eventmarketing. Wie die Wirkung von Events neurowissenschaftlich planbar wird.* Wiesbaden: Gabler.

**Donabedian, A.** (1980). *The Definition of Quality and Approaches to its Assessment,* Ann Arbor: Health Administration Press.

**Doney, P. M. & Cannon J. P.** (1997). An Examination of the Nature of Trust in Buyer-Seller Relationships. *Journal of Marketing, 62*(2), 1-13.

**Drees, N.** (1992). *Sportsponsoring.* Wiesbaden: DUV.

**Drengner, J.** (2003). Kontrolle/Evaluierung von Sportevents. In A. Hermanns & F. Riedmüller (Hrsg.), *Sponsoring und Events im Sport* (S. 171-192). München: Vahlen.

**Drengner, J.** (2006). *Imagewirkungen von Eventmarketing. Entwicklung eines ganzheitlichen Messansatzes* (2. Aufl.). Wiesbaden: DUV.

**Drengner, J.** (2007). State of the Art der Wirkungs- und Erfolgsforschung im Eventmarketing. In O. Nickel (Hrsg.), *Eventmarketing* (S. 135-147). München: Vahlen.

**Dufwenberg, M. & Kirchsteiger, G.** (2004). A theory of sequential reciprocity. *Games and Economic Behavior, 47*(2), 268-298.

**Dwyer, F.** (1989). Customer Lifetime Valuation to Support Marketing Decision Making. *Journal of Direct Marketing, 3*(4), 8-15.

**Dwyer, F.** (1997). Customer Lifetime Valuation to Support Marketing Decision Making. *Journal of Direct Marketing, 11*(4), 6-13.

**Dwyer, F., Schurr, P. H. & Oh, S.** (1987). Developing Buyer-Seller Relationships. *Journal of Marketing, 51*(2), 11-27.

**Eggert, A.** (1999). *Kundenbindung aus Kundensicht.* Wiesbaden: DUV.

**Eggert, A., Helm, S. & Garnefeld, I.** (2007). Kundenbindung durch Weiterempfehlung? Eine experimentelle Untersuchung der Wirkung positiver Kundenempfehlung auf die Bindung des Empfehlenden. *Marketing ZFP, 29*(4), 233-245.

**Egner, T. & Jäck, S.** (2006). Steuerminderung durch VIP-Logen – Wunsch oder Wirklichkeit? *SpuRt,* 3/2006, 90-96.

**Empacher, S.** (2001). Die Entwicklung vom Volkssport zu profitorientierten Einheiten: Dargestellt am Beispiel des Fußballs. In A. Hermanns & F. Riedmüller (Hrsg.), *Management-Handbuch Sport-Marketing* (S. 201-215). München: Vahlen.

**Esch, F.-R. & Möll, T.** (2004). Mensch und Marke – Neuromarketing als Zugang zur Erfassung der Wirkung von Marken. In A. Gröppel-Klein (Hrsg.), *Konsumentenverhaltensforschung im 21. Jahrhundert* (S. 67-98). Wiesbaden: DUV.

**Esch, F.-R. & Möll, T.** (2005). Kognitionspsychologische und neuroökonomische Zugänge zum Phänomen Marke. In F.-R. Esch (Hrsg.), *Moderne Markenführung – Grundlagen, innovative Ansätze, praktische Umsetzungen* (S. 61-82). Wiesbaden: Gabler.

**Esch, F.-R. & Möll, T.** (2009). Ich fühle, also bin ich – Markenemotionen machen den Unterschied. *Marketing Review St. Gallen, 26*(4), 22-26.

**Esch, F.-R. & Rutenberg, J.** (2004). Mental Convenience beim Einkaufen. *Thexis,* 4/2004, 22-26.

**Esch, F.-R. & Rutenberg, J.** (2006). Komplexitätsreduktion durch Vertrauen – kognitive Entlastung für Konsumenten. In H. Bauer, M. Neumann & A. Schüle (Hrsg.), *Konsumentenvertrauen* (S. 193-205). München: Vahlen.

**Esch, F.-R., Tomczak, T., Kernstock, J. & Langner, T.** (2004). *Corporate Brand Management. Marken als Anker strategischer Führung*. Wiesbaden: Gabler.

**Evans, K. R. & Crosby, L. A.** (1989). A Theoretical Model of Interpersonal Relational Quality in Enduring Service Sales Realtionships. In M. J. Bitner & L. A. Crosby (eds.), *Designing a Winning Service Strategy* (pp. 58-63), Chicago: American Marketing Association.

**Falk, A.** (2002). Eigennutz kontra Reziprozität: Befunde und Implikationen. *Wirtschaft und Gesellschaft, 28*, 383-401.

**Fantapié Altobelli, C. & Hoffmann, S.** (2006). Reziprozität und Konsumentenvertrauen. In H. Bauer, M. Neumann & A. Schüle (Hrsg.), *Konsumentenvertrauen* (S. 53-61). München: Vahlen.

**Fehr, E. & Gächter, S.** (2000). Fairness and Retaliation: The Economics of Reciprocity. *Journal of Economic Perspectives, 14*(3), 159–181.

**Fehr, E., Gächter, S. & Kirchsteiger, G.** (1997). Reciprocity as a contrast enforcement device: experimental evidence. *Econometrica, 65*(4), 833-860.

**Felser, G.** (2007). *Werbe- und Konsumentenpsychologie*. Heidelberg: Springer.

**Fill, C.** (2002). *Marketing Communications. Contexts, Strategies and Applications* (3rd ed.). Harlow: Financial Times Prentice Hall.

**Flick, U.** (2004). Triangulation. In U. Flick, E. von Kardorff & I. Steinke (Hrsg.), *Qualitative Forschung*, (S. 309-318). Reinbek: Rowohlt.

**Fombrun, C. E.** (1996). *Reputation. Realizing Value from the Corporate Image*. Boston: Harvard Business School Press.

**Franzen, A. & Pointner, S.** (2007). Sozialkapital: Konzeptualisierungen und Messungen. In A. Franzen & M. Freitag (Hrsg.), *Sozialkapital. Grundlagen und Anwendungen, Kölner Zeitschrift für Soziologie und Sozialpsychologie*, Sonderheft 47/2007, (S. 66-90). Wiesbaden: VS Verlag für Sozialwissenschaften.

**Frenzen, J. & Davis, H.** (1990). Purchasing Behavior in embedded Markets. *Journal of Consumer Research, 17*(1), 1-12.

**Frommeyer, A.** (2005). *Kommunikationsqualität in persönlichen Kundenbeziehungen. Konzeptualisierung und empirische Prüfung*. Wiesbaden: Gabler.

**Fullerton, S.** (2007). *Sports Marketing* (2nd ed.). New York: McGraw-Hill.

**Ganesan, S.** (1994). Determinants of Long-Term Orientation in Buyer-Seller Relationships. *Journal of Marketing, 58*(2), 1-19.

**Garbarino, E. & Johnson, M.** (1999). The Different Roles of Satisfaction, Trust, and Commitment in Customer Relationships. *Journal of Marketing, 63*(2), 70-87.

**Gardiner, S., James, M. & O'Leary, J.** (2006). Sports Law (3rd ed.). London: Cavendish.

**Garvin, D. A.** (1988). Die acht Dimensionen der Produktqualität. *Harvard Manager*, 10(3), 66-74.

**Gemünden, H. G.** (1990). Coping with Inter-Organizational Conflicts - Efficient Interaction Strategies for Buyer and Seller Organization. In: D. Ford (ed.), *Understanding Business Markets. Interaction, Relationships, Networks* (pp. 393-407). London: Academic Press.

**Georgi, D.** (2000). *Entwicklung von Kundenbeziehungen. Theoretische und empirische Analysen unter dynamischen Aspekten.* Wiesbaden: Gabler.

**Georgi, D., Hadwich, K. & Bruhn, M.** (2006). Vertrauen und Vertrautheit als Dimensionen der Beziehungsqualität – Konzeptionalisierung, Determinanten und Wirkungen. In H. Bauer, M. Neumann & A. Schüle (Hrsg.), *Konsumentenvertrauen* (S. 311-324). München: Vahlen.

**Geßler, J. & Eggert, W.** (2004). Messbarkeit und Kontrolle im Eventmarketing. In M. Hosang (Hrsg.), *Event & Marketing 2*, (S. 57-70). Frankfurt: Deutscher Fachverlag.

**Getz, D.** (2000). Event and Event Management. In J. Jafari (ed.), *Encyclopedia of Tourism* (pp. 209-211). London: Routledge.

**Geyskens, I., Steenkamp, J. M. & Kumar, N.** (1998). Generalizations about trust in marketing channel relationships using meta-analysis. *International Journal of Research in Marketing, 15*(3), 223-248.

**Giddens, A.** (1990). *Consequences of Modernity.* Stanford: Univ. Press.

**Gierl, H. & Gehrke, G.** (2004). Kundenbindung in industriellen Zuliefer-Abnehmer-Beziehungen. *Zeitschrift für betriebswirtschaftliche Forschung, 56*(5), 203-236.

**Glogger, A.** (1999). *Imagetransfer im Sponsoring.* Frankfurt am Main: Lang.

**Gneezy, U., Güth, W. & Verboven, F.** (2000). Presents or Investments? An experimental analysis. *Journal of Economic Psychology, 21*(5), 481-493.

**Gouldner, A. W.** (1960). The norm of reciprocity: a preliminary statement. *American Sociological Review, 25*(2), 161–78.

**Granovetter, M. S.** (1985). Economic Action and Social Structure: The Problem of Embeddedness. *American Journal of Sociology, 91*(3), 481-510.

**Grönroos, C.** (1994). From Marketing Mix to Relationship Marketing: Towards a Paradigm Shift in Marketing. *Management Decision, 32*(2), 4-20.

**Grund, M.** (1998). *Interaktionsbeziehungen im Dienstleistungsmarketing. Zusammenhänge zwischen Zufriedenheit und Bindung von Kunden und Mitarbeitern.* Wiesbaden: Gabler.

**Grupe, O.** (1987). *Sport als Kultur.* Zürich: Ed. Interfrom.

**Gupta, S., Lehmann, D.R. & Stuart, J.A.** (2004). Valuing Customers. *Journal of Marketing Research, 41*(1), 7-18.

**Guthardt, S.** (2010): Münchner Premierenbühne. *Sponsors*, 3/2010, 44-49.

**Guttmann, A.** (1981). Sport Spectators from Antiquity to the Renaissance. *Journal of Sport History, 8*(2), 5-27.

**Guttmann, A.** (1986). *Sports Spectators.* New York: Columbia University Press.

**Hadwich, K.** (2003). *Beziehungsqualität im Relationship Marketing. Konzeption und empirische Analyse eines Wirkungsmodells.* Wiesbaden: Gabler.

**Håkansson, H.** (1982). *International marketing and purchasing of industrial goods: an interaction approach.* New York: Wiley.

**Håkansson, H.** (1987). *Industrial Technological Development: A Network Approach.* London: Croom Helm.

**Han, S.-L., Wilson, D. T. & Dant, S. P.** (1993). Buyer-Supplier Relationships Today. *Industrial Marketing Management, 22*(4), 331-338.

**Hartland, T., Skinner, H. & Griffiths, A.** (2005). Tries and Conversions: Are Sports Sponsors Pursuing the Right Objectives? *International Journal of Sports Marketing & Sponsorship, 6*(3), 164-174.

**Häusel, H.-G.** (2006). *Brain Script.* München: Haufe.

**Häusel, H.-G.** (2008). Limbic®: Die Emotions- und Motivwelten im Gehirn des Kunden und Konsumenten kennen und treffen. In H.-G. Häusel (Hrsg.), *Neuromarketing. Erkenntnisse der Hirnforschung für Markenführung, Werbung und Verkauf* (S. 61-86). Freiburg: Haufe.

**Helm, S.** (2006). Der Wert der Kundenbeziehungen aus der Perspektive des Transaktionskostenansatzes. In B. Günter & S. Helm (Hrsg.), *Kundenwert. Grundlagen – Innovative Konzepte – Praktische Umsetzungen* (S. 103-124). Wiesbaden: Gabler.

**Helm, S.** (2010). Kundenbindung und Kundenempfehlung. In M. Bruhn & C. Homburg (Hrsg.), *Handbuch Kundenbindungsmanagement* (7. Aufl.; S. 145-163). Wiesbaden: Gabler.

**Helm, S. & Günter, B.** (2006). Kundenwert – eine Einführung in die theoretischen und praktischen Herausforderungen der Bewertung von Kundenbeziehungen. In B. Günter & S. Helm (Hrsg.), *Kundenwert. Grundlagen – Innovative Konzepte – Praktische Umsetzung* (3. Aufl.; S. 3-38). Wiesbaden: Gabler.

**Hennig-Thurau, T.** (2001). Beziehungsqualität. In H. Diller (Hrsg.), *Vahlens Großes Marketinglexikon* (S. 172-174). München: Vahlen.

**Hennig-Thurau, T. & Hansen, U.** (2000). Relationship Marketing – Some Reflections on the State-of-the-Art of the Relational Concept. In T. Hennig-Thurau & U. Hansen (eds.), *Relationship Marketing. Gaining Competitive Advantage Through Customer Satisfaction und Customer Retention* (pp. 3-28). Berlin: Springer.

**Hennig-Thurau, T. & Klee, A.** (1997). The Impact of Customer Satisfaction and Relationship Quality on Customer Retention. A Critical Assessment and Model Development. *Psychology & Marketing, 14*(8), 737-764.

**Hennig-Thurau, T., Klee, A. & Langner, M. F.** (1999). Das Relationship Quality-Modell zur Erklärung von Kundenbindung. Einordnung und empirische Überprüfung. *Zeitschrift für Betriebswirtschaft, 69*(2), 111-132.

**Henrich, J., Boyd, R., Bowles, S., Camerer, C., Fehr, E. & Gintis, H.** (2004). *Foundations of Human Sociality. Economic Experiments and Ethnographic Evidence from fifteen Small-Scale-Societies.* Oxford: Oxford University Press.

**Herbst, D.** (2007). Eventkommunikation: Strategische Botschaften erlebbar machen. In M. Piwinger & A. Zerfaß (Hrsg.), *Handbuch Unternehmenskommunikation* (S. 479-486). Wiesbaden: Gabler.

**Hermanns, A.** (1997). *Sponsoring. Grundlagen, Wirkungen, Management, Perspektiven* (2. Aufl.). München: Vahlen.

**Hermanns, A. & Glogger, A.** (1995). Wirkungsforschung im Sportsponsoring. *Werbeforschung & Praxis,* 2/1995, 64-68.

**Hermanns, A. & Marwitz, C.** (2008). *Sponsoring. Grundlagen, Wirkungen, Management, Markenführung* (3. Aufl.). München: Vahlen.

**Hesse, J. & Möller-Hergt, G.** (2007). Effizienzkontrolle von Event-Sponsoring – den Tatsachen ins „Auge" sehen? In D. Ahlert, D. Woisetschläger & V. Vogel (Hrsg.), *Exzellentes Sponsoring* (S. 289-302). Wiesbaden: DUV.

**Homans, G. C.** (1961). *Social Behavior: its elementary forms.* London: Routledge.

**Homburg, C.** (1991). *Modellgestützte Unternehmensplanung.* Wiesbaden: Gabler.

**Homburg, C.** (2000). *Kundennähe von Industriegüterunternehmen* (3. Aufl.). Wiesbaden: Gabler.

**Homburg, C. & Bruhn, M.** (2008). Kundenbindungsmanagement – Eine Einführung. In M. Bruhn & C. Homburg (Hrsg.), *Handbuch Kundenbindungsmanagement. Strategien und Instrumente für ein erfolgreiches CRM* (6. Aufl.; S. 3-37). Wiesbaden: Gabler.

**Homburg, C. & Faßnacht, M.** (2001). Kundennähe, Kundenzufriedenheit und Kundenbindung bei Dienstleistungsunternehmen. In M. Bruhn & H. Meffert (Hrsg.), *Handbuch Dienstleistungsmanagement. Von der strategischen Konzeption zur praktischen Umsetzung* (2. Aufl.; S. 441-463). Wiesbaden: Gabler.

**Homburg, C. & Fürst, A.** (2008). Überblick über die Messung von Kundenzufriedenheit und Kundenbindung. In M. Bruhn & C. Homburg (Hrsg.), *Handbuch Kundenbindungsmanagement. Strategien und Instrumente für ein erfolgreiches CRM* (6. Aufl.; S. 607-642). Wiesbaden: Gabler.

**Homburg, C. & Jensen, O.** (2004). Kundenbindung im Industriegütergeschäft. In K. Backhaus & M. Voeth (Hrsg.), *Handbuch Industriegütermarketing* (S. 481-519). Wiesbaden: Gabler.

**Homburg, C. & Krohmer, H.** (2009). *Marketingmanagement. Strategie, Instrumente, Umsetzung, Unternehmensführung* (3. Aufl.). Wiesbaden: Gabler.

**Homburg, C. & Sieben, F.** (2004). Customer Relationship Management – Strategische Ausrichtung statt IT-getriebenen Aktivismus. In C. Homburg (Hrsg.), *Perspektiven der marktorientierten Unternehmensführung* (S. 547-577). Wiesbaden: DUV.

**Homburg, C., Becker, A. & Hentschel, F.** (2008). Der Zusammenhang zwischen Kundenzufriedenheit und Kundenbindung. In M. Bruhn & C. Homburg (Hrsg.), *Handbuch Kundenbindungsmanagement. Strategien und Instrumente für ein erfolgreiches CRM* (6. Aufl.; S. 3-37). Wiesbaden: Gabler.

**Hruschka, H.** (1995). Marketing-Modelle. In B. Tietz (Hrsg.), *Handwörterbuch des Marketing* (2. Aufl.; S. 1628-1635). Stuttgart: Schäffer-Poeschel.

**Huber, F. & Matthes, I.** (2007). Sponsoringwirkung auf Einstellung und Kaufabsicht. Theoretische Grundlagen und Ergebnisse einer empirischer Studie. *Marketing ZFP, 29*(2), 90-104.

**Huber, F., Regier, S., Vollhardt, K. & Matthes, I.** (2005). *Sportsponsoring effektiv einsetzen: Zu den Auswirkungen von Sponsoringmaßnahmen auf Einstellung und Kaufabsicht der Verbraucher.* Wissenschaftliche Arbeitspapiere (F13). Mainz: Center of Market-Orientated Product and Production Management.

**Huber, F., Vollhardt, K., Meyer, F. & Regier, S.** (2007). Die Relevanz von Vertrauen im Beziehungsmarketing. *Tourismus Journal, 8*(4), 475-494.

**Huesing, B., Jäncke, L. & Tag, B.** (2006). *Impact Assesment of Neuroimaging.* Zürich: vdf Hochschulverlag.

**Hunt, S., Arnett, D. & Madhavaram, S.** (2006). The Explanatory Foundations of Relationship Marketing Theory. *Journal of Business & Industrial Marketing, 21*(2), 72-87.

**Jacoby, J.** (2002). Stimulus-organism-response reconsidered: an evolutionary step in modeling (consumer) behavior. *Journal of Consumer Psychology, 12*(1), 51-57.

**James, J. & Bolstein, R.** (1992). Effect of monetary incentives and follow-up mailings on the response rate and response quality in mail surveys. *Public Opinion Quarterly, 54*(4), 442-453.

**Jensen, M. C. & Meckling, W. H.** (1976). Theory of the Firm: Managerial Behavior, Agency Costs and Ownership Structure. *Journal of Financial Economics, 3*(4), 305-360.

**Johnson, D. S. & Grayson, K.** (2000). Sources and Dimensions of Trust in Service Relationships. In T. Swartz & D. Iacobucci (eds.), *The Handbook of Services Marketing and Management* (pp. 357-370). Thousand Oaks: Saege.

**Johnson, D. S. & Grayson, K.** (2003). Cognitive and affective trust in service relationships. *Journal of Business Research, 58*(4), 500-507.

**Johnson, J. L., Cullen, J. B., Sakano, T. & Takenouchi, H.** (1996). Setting the stage for trust and strategic integration in Japanese-U.S. cooperative alliances. *Journal of International Business Studies, 27*(5), 981-1004.

**Jung, S.** (1999). *Das Management von Geschäftsbeziehungen: Ein Ansatz auf transaktionstheoretischer, sozialpsychologischer und spieltheoretischer Basis.* Wiesbaden: DUV.

**Kahneman, D. & Frederick, S.** (2002). Representativeness revisited: Attribute substitution in intuitive judgment. In T. Gilovich, D. Griffin, D. & D. Kahneman (eds.),

*Heuristics and Biases: The Psychology of Intuitive Judgment* (pp. 49-81). Cambridge: Univ. Press.

**Kano, N.** (1984). Attractive Quality and Must-be Quality. *Journal of the Japanese Society for Quality Control, 14*(2), 39-48.

**Karle, R.** (2009). Unternehmer bitten zum Ball. *Handelsblatt*, 04.02.2009, 20.

**Kassebaum, U.** (2004). *Interpersonelles Vertrauen – Entwicklung eines Inventars zur Erfassung zur Erfassung spezifischer Aspekte des Konstrukts*, Dissertation an der Universität Hamburg.

**Kenning, P.** (2002). *Customer Trust Management. Ein Beitrag zum Vertrauensmanagement im Lebensmitteleinzelhandel*. Wiesbaden: DUV.

**Kenning, P.** (2008). Neuromarketing: Vom Hype zur Realität. In H.-G. Häusel (Hrsg.), *Neuromarketing. Erkenntnisse der Hirnforschung für Markenführung, Werbung und Verkauf* (S. 17-31). Freiburg: Haufe.

**Kenning, P. & Blut, M.** (2006). Vertrauen: Ein Objekt des Marketingmanagements?! In H. Bauer, M. Neumann & A. Schüle (Hrsg.), *Konsumentenvertrauen* (S. 3-15), München: Vahlen.

**Kenning, P., Plassmann, H. & Alhlert, D.** (2007a). Applications of functional magnetic resonance imaging for market research, in: *Qualitative Market Research: An Interna-tional Journal, 10*(2), 135-152.

**Kenning, P., Plassmann, H. & Ahlert, D.** (2007b). Consumer Neuroscience. Implikationen neurowissenschaftlicher Forschung für das Marketing. *Marketing ZFP, 29*(1), 55-67.

**Kenning, P., Plassmann, H., Deppe, M., Kugel, H. & Schwindt, W.** (2005). Wie stark eine Marke wirkt. *Havard Business Manager*, März 2005, 53-56.

**Key Note** (2007). *Corporate Hospitality. Market Report 2007*. Hampton: Key Note Ltd.

**Kiedaisch, I.** (1997). *Internationale Kunden-Lieferanten-Beziehungen. Determinanten, Steuerungsmechanismen, Beziehungsqualität*. Wiesbaden: Gabler.

**King, C. W. & Ring, L. J.** (1980). Market Positioning Across Retail Fashion Institutions: A Comparative Analysis of Store Types. *Journal of Retailing, 56*(1), 37-55.

**Klee, A.** (2000). *Strategisches Beziehungsmanagement*. Aachen: Shaker.

**Klöter, R. & Stuckstette, M.** (1994). Vom Buying Center zum Buying Network? In M. Kleinaltenkamp & K. Schubert (Hrsg.), *Netzwerkansätze im Business-to-Business-Marketing: Beschaffung, Absatz und Implementierung neuer Technologien* (S. 125-154). Wiesbaden: Gabler.

**Kolah, A.** (2004). *Maximising the value of hospitality*. London: Sportbusiness Group.

**Köhler, R.** (2006). Marketingcontrolling: Konzepte und Methoden. In S. Reinecke & T. Tomczak (Hrsg.), *Handbuch Marketingcontrolling* (S. 39-61). Wiesbaden: Gabler.

**Kotler, P., Bowen, J. T. & Makens, J. C.** (2006). *Marketing for Hospitality and Tourism* (4ᵗʰ ed.). Upper Saddle River: Pearson.

**Krafft, M.** (2007). *Kundenbindung und Kundenwert* (2.Aufl.). Heidelberg: Physica.

**Kroeber-Riel, W. & Weinberg, P.** (2003). *Konsumentenverhalten* (8. Aufl.). München: Vahlen.

**Kroeber-Riel, W., Weinberg, P. & Gröppel-Klein, A.** (2009). *Konsumentenverhalten* (9. Aufl.). München: Vahlen.

**Kromrey, H.** (2003). Evaluation in Wissenschaft und Gesellschaft. *Zeitschrift für Evaluation*, 1/2003, 93-116.

**Kumar, R.** (1997). The role of affect in negotiations: An integrative overview. *The Journal of Applied Behavioral Science, 33*(1), 84-100.

**Kumar, N., Scheer, L. & Steenkamp, J.-B.** (1995). The Effects of Supplier Fairness on Vulnerable Resellers. *Journal of Marketing Research, 32*(1), 54-65.

**Kuß, A.** (2009). *Marketing-Theorie. Eine Einführung*. Wiesbaden: Gabler.

**Lasslop, I.** (2003). *Effektivität und Effizienz von Marketing-Events – wirkungstheoretische Analyse und empirische Befunde*. Wiesbaden: Gabler.

**Lasslop, I., Burmann, C. & Nitschke, A.** (2007). Erfolgsbeurteilung von Events. In O. Nickel (Hrsg.), *Eventmarketing* (S. 117-134). München: Vahlen.

**Lawler, E. J.** (2001). An affect theory of social exchange. *American Journal of Sociology, 107*(2), 321-352.

**LeDoux, J.** (2001). *Das Netz der Gefühle: wie Emotionen entstehen*. München: DTV.

**Lewin, J. E. & Johnston, W. J.** (1997). Relationship Marketing Theory in Practice: A Case Study. *Journal of Business Research, 39*(1), 23-31.

**Lewis, J. D. & Weigert, A.** (1985). Trust as a Social Reality. *Social Forces, 63*(4), 967-985.

**Lischka, A.** (2000). *Dialogkommunikation im Relationship Marketing, Kosten-Nutzen-Analyse zur Steuerung von Interaktionsbeziehungen*. Wiesbaden: Gabler.

**Lockwood, A.** (2000). Hospitality. In: J. Jafari (ed.), *Encyclopedia of Tourism* (pp. 284-286). London: Routledge.

**Lorbeer, A.** (2003). *Vertrauensbildung in Kundenbeziehungen. Ansatzpunkt zum Kundenbindungsmanagement.* Wiesbaden: DUV.

**Ludwig, S. & Jacobi, N.** (2009). Hospitality im Compliance-Umfeld, FASPO (Hrsg.), *Jahrbuch Sponsoring 2009* (S. 40-44). Hamburg: New Business.

**Luhmann, N.** (1998). *Vertrauen. Ein Mechanismus der Reduktion sozialer Komplexität* (3. Aufl.). Stuttgart: Enke.

**Luhmann, N.** (2000). *Vertrauen. Ein Mechanismus der Reduktion sozialer Komplexität* (4. Aufl.). Stuttgart: Lucius & Lucius.

**Macharzina, K.** (2003). *Unternehmensführung. Das internationale Managementwissen – Konzepte, Methoden, Praxis*. Wiesbaden: Gabler.

**MAPS** (1998). *Corporate Hospitality (MP74008).* Retrieved 14 January 2008, from www.the-list.co.uk/acatalog/mp74008.html.

**Markert, G.** (2008). *Weiterempfehlung als Marketingziel: Analyse, empirische Prüfung und Managementimplikationen.* Wiesbaden: Gabler.

**Marwitz, C.** (2006). *Kontrolle des Sponsorings. State of the Art und methodischer Evaluationsansatz.* Wiesbaden: DUV.

**Marwitz, C.** (2008). Wirkungen des Sponsoring. In A. Bagusat, C. Marwitz & M. Vogl (Hrsg.), *Handbuch Sponsoring. Erfolgreiche Marketing- und Markenkommunikation* (S. 39-51). Berlin: Erich Schmidt.

**Mast, C.** (2005). Werte schaffen durch Kommunikation: Was von Kommunikationsmanagern erwartet wird. In J. Pfannenberg & A. Zerfaß (Hrsg.), *Wertschöpfung durch Kommunikation* (S. 27-35). Frankfurt: F.A.Z..

**Mast, C.** (2006). *Unternehmenskommunikation: ein Leitfaden.* Stuttgart: Lucius & Lucius.

**Masteralexis, L., Barr, C. & Hums, M.** (2005). *Principles and Practice of Sport Management.* Boston: Jones and Bartlett.

**Masterman, G. & Wood, E.** (2006). *Innovative Marketing Communications.* Amsterdam: Elsevier Butterworth-Heinemann.

**Mattmüller, R. & Tunder, R.** (1999). Das prozessorientierte Marketingverständnis. Eine neoinstitutionenökonomische Begründung. *Jahrbuch der Absatz- und Verbraucherforschung, 45*(4), 435-451.

**Maturana, H. & Varela, F.** (1987). *Der Baum der Erkenntnis: die biologischen Wurzeln der menschlichen Erkenntnis* (3. Aufl.). Bern: Scherz.

**Mauss, M.** (1990). *Die Gabe: Form und Funktion des Austauschs in archaischen Gesellschaften.* Frankfurt am Main: Suhrkamp.

**McAllister, D. J.** (1995). Affect- and cognition-based trust as foundations for interpersonal cooperation in organizations. *Academy of Management Journal, 38*(1), 24-59.

**McKenzie, S.** (1997). The trick of treats. *Marketing Week,* 17 January, 43-44.

**Meenaghan, T.** (2005). Evaluating Sponsorship Effects. In J. Amis & B. Cornwell (eds.), *Global Sport Sponsorship* (pp. 243-264). Oxford: Berg.

**Meffert, H.** (2000). *Marketing. Grundlagen marktorientierter Unternehmensführung. Konzepte, Instrumente, Praxisbeispiele.* Wiesbaden: Gabler.

**Meffert, H. & Bruhn, M.** (2006). *Dienstleistungsmarketing. Grundlagen, Konzepte, Methoden.* Wiesbaden: Gabler.

**Meffert, H., Burmann, C. & Kirchgeorg, M.** (2008). *Marketing. Grundlagen marktorientierter Unternehmensführung. Konzepte, Instrumente, Praxisbeispiele.* Wiesbaden: Gabler.

**Meurer, I.** (2005). *Ertragssteuerliche Behandlung von Aufwendungen für VIP-Logen in Sportstätten.* Berlin: Schreiben des Bundesministeriums der Finanzen an die oberste Finanzbehörde der Länder.

**Meyer, J. P. & Herscovitsch, L.** (2001). Commitment in the workplace: Toward a general model. *Human Resource Management Review, 11*(3), 299-326.

**Mittal, V. & Kamakura, W. A.** (2001). Satisfaction, Repurchase Intent, and Repurchase Behavior: Investigating the Moderating Effect of Customer Characteristics. *Journal of Marketing Research, 38*(1), 131-142.

**Mohr, J. & Nevin, J. R.** (1990). Communication Strategies in Marketing Channels: A Theoretical Perspective, *Journal of Marketing, 54*(4). 36-51.

**Möll, T.** (2007). *Messung und Wirkung von Markenemotionen.* Wiesbaden: DUV.

**Möllering, G.** (2002). Perceived trustworthiness and inter-firm governance: Empirical evidence from the UK printing industry. *Cambridge Journal of Economics, 26*(2), 139-160.

**Möllering, G. & Sydow, J.** (2006). Organisationen vertrauen – Organisationales Vertrauen in Kunden-Lieferanten-Beziehungen. In H. Bauer, M. Neumann & A. Schüle (Hrsg.), *Konsumentenvertrauen* (S. 63-75). München: Vahlen.

**Moore, K. R.** (1998). Trust and Relationship Commitment in Logistics Alliances: A Buyer Perspective. *International Journal of Purchasing and Materails Management, 34*(1), 24-37.

**Moorman, C., Deshpandé, R. & Zaltman, G.** (1993). Factors Affecting Trust in Market Research Relationships. *Journal of Marketing, 57*(1), 81-101.

**Morgan, R. & Hunt, S.** (1994). The Commitment-Trust Theory of Relationship Marketing. *Journal of Marketing, 58*(3), 20-38.

**Mullin, B., Hardy, S. & Sutton, W.** (2007). *Sport Marketing* (3rd ed.). Champaign: Human Kinetics Publ.

**MSI Marketing Research for Industry Ltd.** (2002). *Corporate Hospitality UK.* Chester: MSI.

**MSI Marketing Science Institute** (2008). *Research Priorities 2008-2010, Guide to MSI Research Programs and Procedures.* Retrieved 15 February 2009 from http://www.msi.org/pdf/MSI_RP08-10.pdf.

**Naundorf, P.** (2001). Messen und Bewerten in der PR – Grundlagen der Erfolgs- und Wirkungskontrolle. In G. Bentele, M. Piwinger & G. Schönborn (Hrsg.), *Kommunikationsmanagement* (Loseblatt, Art.-Nr. 4.06). Neuwied: Kriftel.

**Nitschke, A.** (2006). *Event-Marken-Fit und Kommunikationswirkung. Eine Längsschnittbetrachtung am Beispiel der Sponsoren der FIFA-Fußballweltmeisterschaft 2006^{TM}.* Wiesbaden: DUV.

**Nufer, G.** (2002). *Wirkungen von Event-Marketing. Theoretische Fundierung und empirische Analyse.* Wiesbaden: DUV.

**Nufer, G.** (2007). *Event-Marketing und -Management. Theorie und Praxis unter besonderer Berücksichtigung von Imagewirkungen* (3. Aufl.). Wiesbaden: DUV.

**Ockenfels, A.** (1999). *Fairneß, Reziprozität und Eigennutz. Ökonomische Theorie und experimentelle Evidenz.* Tübingen: Mohr Siebeck.

**Oliver, R. L.** (1980). A Cognitive Model of Antecendents and Consequences of Satisfaction Decisions. *Journal of Marketing Research, 17*(4), 460-469.

**Palamatier, R.W., Dant, R.P., Grewal, D. & Evans, K.R.** (2006). Factors Influencing the Effectiveness of Relationship Marketing: A Meta-Analysis, *Journal of Marketing, 70*(4), 136-153.

**Palmatier, R.W., Gopalakrishna, S. & Houston, M.B.** (2006). Returns on Business-to-Business Relationship Marketing Investments: Strategies for Leveraging Profits. *Marketing Science, 25*(5), 477-493.

**Palmatier, R.W., Scheer, L.K., Houston, M.B., Evans, K.R. & Gopalakrishna, S.** (2007). Use of relationship marketing programs in building customer-salesperson and customer-firm relationships: Differential influences on financial outcomes. *International Journal of Research in Marketing, 24*(3), 210-223.

**Palmatier, R.W.** (2008). *Relationship Marketing.* Cambridge: Marketing Science Institute.

**Parasuraman, A., Zeithaml, V.A. & Berry, L.L.** (1985). A Conceptual Model of Service Quality and Its Implications for Future Research. *Journal of Marketing, 49*(1), 41-50.

**Parasuraman, A., Zeithaml, V.A. & Berry, L.L.** (1988). SERVQUAL. A Multiple-Item Scale for Measuring Consumer Perceptions of Service Quality. *Journal of Retailing, 64*(1), 12-40.

**Pepels, W.** (2009). Neuromarketing: Ein Blick in das Gehirn des Konsumenten. In M. Bernecker & W. Pepels (Hrsg.), *Jahrbuch Marketing 2009* (S. 13-33). Köln: Johanna.

**Perugini, M., Gallucci, M., Presaghi, F. & Ercolani, A.P.** (2003). The Personal Norm of Reciprocity. *European Journal of Personality, 17*(4), 251-283.

**Petermann, F. & Winkel, S.** (2006). Interpersonelles Vertrauen – Grundlagen, Messung, empirische Befunde. In Bauer, M. Neumann & A. Schüle (Hrsg.), *Konsumentenvertrauen* (S. 77-91). München: Vahlen.

**Picot, A.** (1982). Transaktionskostenansatz in der Organisationstheorie. Stand der Diskussion und Aussagewert. *Die Betriebswirtschaft, 42*(2), 267-284.

**Picot, A.** (1991). Ökonomische Theorien der Organisation – Ein Überblick über neuere Ansätze und deren betriebswirtschaftliches Anwendungspotential. In D. Ordelheide, B. Rudolph & E. Büsselmann (Hrsg.), *Betriebswirtschaftslehre und ökonomische Theorie* (S. 143-170). Stuttgart: Schaeffer-Poeschel.

**Picot, A. & Dietl, H.** (1990). Transaktionskostentheorie. *Wirtschaftswissenschaftliches Studium, 4/1990,* 178-184.

**pilot checkpoint Gmbh** (2008). *Sponsor Visions 2008.* Hamburg.

200

Literaturverzeichnis

**Piwinger, M. & Porák, V.** (2007). Grundlagen und Voraussetzungen des Kommunikations-Controllings. In M. Piwinger & V. Porák (Hrsg.), *Kommunikations-Controlling* (S. 11-55). Wiesbaden: Gabler.

**Plinke, W.** (1989). Die Geschäftsbeziehung als Investition. In G. Specht, G. Silberer & W. H. Engelhardt (Hrsg.), *Marketing-Schnittstellen. Herausforderungen für das Management* (S. 305-325). Stuttgart: Poeschel.

**Plinke, W.** (1997). Grundlagen des Geschäftsbeziehungsmanagements. In M. Kleinaltenkamp & W. Plinke (Hrsg.), *Geschäftsbeziehungsmanagement* (S. 1-62). Berlin: Springer.

**Porák, V.** (2005). Methoden zur Erfolgs- und Wertbeitragsmessung von Kommunikation. In M. Piwinger & V. Porák (Hrsg.), *Kommunikations-Controlling* (S. 163-193). Wiesbaden: Gabler.

**Porák, V., Fieseler, C. & Hoffmann, C.** (2007). Methoden der Erfolgsmessung von Kommunikation. In M. Piwinger & A. Zerfaß (Hrsg.), *Handbuch Unternehmenskommunikation* (S. 536-556). Wiesbaden: Gabler.

**Porter, C.E. & Donthu, N.** (2008). Cultivating Trust and Harvesting Value in Virtual Communities. *Management Science, 54*(1), 113-128.

**Raab, G., Gernsheimer, O. & Schindler, M.** (2009). *Neuromarketing. Grundlagen, Erkenntnisse, Anwendungen.* Wiesbaden: Gabler.

**Ramsay, J.** (1990). Corporate Hospitality: Marketing of a Monster? *Management Decision, 28*(4), 20-22.

**Rauyruen, P. & Miller, K. E.** (2007). Relationship Quality as a Predictor of B2B Customer Loyalty. *Journal of Business Research, 60*(1), 21-31.

**Reckenfelderbäumer, M. & Welling, M.** (2006). Der Beitrag einer relativen Einzel- und Prozesskosten- und Deckungsbeitragsrechnung zur Ermittlung von Kundenwerten – konzeptionelle Überlegungen und Gestaltungsempfehlungen. In: B. Günter & S. Helm (Hrsg.), *Kundenwert. Grundlagen – Innovative Konzepte – Praktische Umsetzungen (3.* Aufl., S. 335-368). Wiesbaden: Gabler.

**Reichheld, F.R. & Sasser, W.E.** (1990). Zero Defections: Quality comes to Services. *Harvard Business Review, 68*(5), 105-111.

**Reinartz, W., Thomas, J.S. & Kumar, V.** (2005). Balancing Acquisition and Retention Resources to Maximize Customer Profitability. *Journal of Marketing, 69*(1), 63-79.

**Reinecke, S.** (2006). Return on Marketing? Möglichkeiten und Grenzen eines Erfolgsausweises des Marketing. In S. Reinecke & T. Tomczak (Hrsg.), *Handbuch Marketing-Controlling* (S. 3-37). Wiesbaden: Gabler.

**Reinecke, S. & Dittrich, S.** (2006). Controlling der Kundenbindung. In S. Reinecke & T. Tomczak (Hrsg.), *Handbuch Marketing-Controlling* (S. 309-341). Wiesbaden: Gabler.

**Reinecke, S. & Janz, S.** (2007). *Marketingcontrolling. Sicherstellen von Marketingeffektivität und –effizienz.* Stuttgart: Kohlhammer.

**Reinecke, S. & Janz, S.** (2009). Controlling der Marketingkommunikation. In M. Bruhn, F.-R. Esch & T. Langner (Hrsg.), *Handbuch Kommunikation: Grundlagen, innovative Ansätze, praktische Umsetzung* (S. 993-1020). Wiesbaden: Gabler.

**Rempel, J., Holmes, J. & Zanna, M.** (1985). Trust in Close Relationships. *Journal of Personality and Social Psychology, 49*(1), 95-112.

**Riedmüller, F.** (2003). *Dienstleistungsqualität bei professionellen Sportveranstaltungen. Entwicklung und Überprüfung eines Erklärungsmodells.* Frankfurt am Main: Lang.

**Ripperger, T.** (1998). *Ökonomik des Vertrauens: Analyse eines Organisationsprinzips.* Tübingen: Mohr Siebeck.

**Rolke, L.** (2007). Kennzahlen für die Unternehmenskommunikation. In M. Piwinger & A. Zerfaß (Hrsg.), *Handbuch Unternehmenskommunikation* (S. 575-585). Wiesbaden: Gabler.

**Rolke, L. & Jäger W.** (2009). Kommunikations-Controlling. Messung und Wirkung eines Return on Communication. In M. Bruhn, F.-R. Esch & T. Langner (Hrsg.), *Handbuch Kommunikation: Grundlagen, innovative Ansätze, praktische Umsetzung* (S. 1021-1041). Wiesbaden: Gabler.

**Rolke, L. & Koss, F.** (2005). *Value Corporate Communications. Wie sich Unternehmenskommunikation wertorientiert managen lässt. Eine exemplarische Studie mit neuen Kennzahlen, Benchmarks und einer Anleitung zum Kommunikations-Controlling.* Norderstedt: Books on Demand.

**Rotter, J. B.** (1967). A New Scale for the Measurement of Interpersonal Trust. *Journal of Personality, 35*(4), 651-655.

**Scarabis, M. & Heinsen, S.** (2008): „Implicit Diagnostic" – Die Fenster zum Unbewussten öffnen. *Marketing Review St. Gallen, 6*/2008, 29-33.

**Scarabis, M. & Heinsen, S.** (2009): Die implizite Marketingebene implementieren. *planung & analyse, 1*/2009, 45-48.

**Scheier, C.** (2008). Neuromarketing – Über den Mehrwert der Hirnforschung für das Marketing. In R. Kreutzer & W. Merkle (Hrsg.): *Die neue Macht des Marketing* (S. 305-323). Wiesbaden: Gabler.

**Schewe, G., Gaede, N. & Schulze zur Verth, D.** (2005). Erfolgsfaktoren professioneller Fußballvermarktung: Eine empirische Analyse ausgewählter Prozessstrukturen. In G. Schewe & P. Rohlmann (Hrsg.), *Sportmarketing, Perspektiven und Herausforderungen vor dem Hintergrund der Fußball-WM 2006* (S. 37-51). Schorndorf: Hofmann.

**Schilke, O. & Reimann, M.** (2007). Neuroökonmie: Grundverständnis, Methoden und betriebswirtschaftliche Anwendungsfelder. *Journal für Betriebswirtschaft, 57*(3-4), 247-262.

**Schimke, M. & Holzhäuser, F.** (2008). *Vereinbarkeit von Corporate Hospitality Maßnahmen im Sport mit dem deutschen Recht.* Vortrag gehalten auf dem 6.

Deutschen Sportökonomie-Kongress (19.-21. November 2008). Köln, Deutschland.

**Schlammerl, E.** (2007). Diesmal platzt Hoeneß der Kragen. *Frankfurter Allgemeine Zeitung*, 14.11.2007, 34.

**Schlenker, B.R., Helm, R. & Tedeschi, J.T.** (1973). The Effects of Personality and Situational Variables of Behavioral Trust. *Journal of Personality and Social Psychology, 25*(3), 419-427.

**Schmid, U.** (2006). *Event-Management im Spitzen-Wettkampfsport. Entwicklungen, Ziele und Organisationsprinzipien.* Hamburg: Kovac.

**Schmitz, G.** (1997). *Marketing für professionelle Dienstleistungen. Bedeutung und Dynamik der Geschäftsbeziehungen, dargestellt am Beispiel Wirtschaftsprüfung.* Wiesbaden: Gabler.

**Schubert, K.** (1994). Netzwerke und Netzwerkansätze: Leistungen und Grenzen eines sozialwissenschaftlichen Konzeptes. In M. Kleinaltenkamp & K. Schubert (Hrsg.), *Netzwerkansätze im Business-to-Business-Marketing: Beschaffung, Absatz und Implementierung neuer Technologien* (S. 8-49). Wiesbaden: Gabler.

**Schulte, P.** (2008). Planung und Bewertung von Hospitality-Maßnahmen. Vortrag gehalten auf dem 6. Deutschen Sportökonomie-Kongress (19.-21. November 2008). Köln, Deutschland.

**Schütze, R.** (1992). *Kundenzufriedenheit. After-Sales Marketing auf industriellen Märkten.* Wiesbaden: Gabler.

**Schweer, M. & Thies, B.** (2003). *Vertrauen als Organisationsprinzip. Perspektiven für komplexe soziale Systeme.* Bern: Huber.

**Selnes, F.** (1998). Antecedents and Consequences of Trust and Satisfaction in Buyer-Seller Relationships. *European Journal of Marketing, 32*(3/4), 305-322.

**Seppänen, R., Blomqvist, K. & Sundqvist, S.** (2007). Measuring Inter-organizational Trust – A Critical Review of the Empirical Research in 1990-2003. *Industrial Marketing Management, 36*(2), 249-265.

**Shapiro, D., Sheppard, B. H. & Cheraskin, L.** (1992). Business on a Handshake. *Negotiation Journal, 8*(4), 365-377.

**Sheth, J. N. & Parvatiyar, A.** (2002). Evolving Relationship Marketing into a Discipline. *Journal of Relationship Marketing, 1*(1), 3-16.

**Simon, H.** (1997). *Administrative Behavior.* New York: Free Press.

**Smith, A.** (2008). *Introduction to Sport Marketing.* Amsterdam: Butterworth-Heinemann.

**Söllner, A.** (1993). *Commitment in Geschäftsbeziehungen.* Wiesbaden: DUV.

**Sportfive** (2005). *Hospitality. Business-Seats und VIP-Logen im Fußball.* Hamburg.

**Sportfive** (2009). *Hospitality. Als Gastgeber zu Gast.* Hamburg.

**Stauss, B.** (2008). Kundenbindung durch Beschwerdemanagement. In M. Bruhn & C. Homburg (Hrsg.), *Handbuch Kundenbindungsmanagement. Strategien und Instrumente für ein erfolgreiches CRM* (6. Aufl.; S. 369-396). Wiesbaden: Gabler.

**Steffenhagen, H.** (2009). Ableitung von Kommunikationszielen. In M. Bruhn, F.-R. Esch & T. Langner (Hrsg.), *Handbuch Kommunikation: Grundlagen, innovative Ansätze, praktische Umsetzung* (S. 359-377). Wiesbaden: Gabler.

**Stegbauer, C.** (2002). *Reziprozität: Einführung in soziale Formen der Gegenseitigkeit.* Wiesbaden: Westdeutscher Verlag.

**Stock, R.** (2001). *Der Zusammenhang zwischen Mitarbeiter- und Kundenzufriedenheit. Direkte, indirekte und moderierende Effekte.* Wiesbaden: DUV.

**Stockmann, R.** (2007). Konkurrierende und komplementäre Ansätze zur Evaluation. In R. Stockmann (Hrsg.), *Handbuch zur Evaluation* (S. 71-107). Münster: Waxmann.

**Stotlar, D. K.** (2001). *Developing successful sport sponsorship plans.* Morgantown: FIT.

**Swan, J. E., Trawick, F. & Silvia, D. W.** (1985). How Industrial Salespeople Gain Customer Trust. *Industrial Marketing Management, 14*(3), 203-211.

**Thatcher, M.** (2000). Going places. *Marketing Business*, April/2000, 42-44.

**Thibaut, J. & Kelley, H.** (1959). *The Social Psychology of Groups.* New York: Wiley.

**Thommen, J.-P. & Achleitner, A.-K.** (2006). *Allgemeine Betriebswirtschaftslehre.* Wiesbaden: Gabler.

**Thurnwald, R.** (1957). Gegenseitigkeit im Aufbau und Funktionieren der Gesellungen und deren Institutionen. In R. Thurnwald (Hrsg.), *Grundfragen menschlicher Gesellung – ausgewählte Schriften* (S. 82-103). Berlin: Duncker & Humblot.

**Tomczak, T. & Mühlmeier, S.** (2007). *Evaluation der Relevanz von Sponsoring. Ergebnisse einer „360-Grad"-Untersuchung des Schweizer Sponsoringmarktes.* St. Gallen: Universität St. Gallen, Institut für Marketing Handel.

**Trommsdorff, V.** (2004). *Konsumentenverhalten* (6. Aufl.). Stuttgart: Kohlhammer.

**Vargo, S. L. & Lusch, R. F. (2004).** Evolving to a New Dominant Logic for Marketing. *Journal of Marketing, 68*(1), 1-17.

**Veblen, T. (2007).** *Theorie der feinen Leute – Eine ökonomische Untersuchung der Institutionen.* Frankfurt am Main: Fischer.

**Vetter, E. (2008).** Compliance in der Unternehmerpraxis. In G. Wecker & H. van Laak (Hrsg.), *Compliance in der Unternehmerpraxis. Grundlagen, Organisation und Umsetzung* (S. 29-42). Wiesbaden: Gabler.

**Voeth, M. & Tobies, I.** (2009). Kommunikation für Industriegüter. In M. Bruhn, F.-R. Esch & T. Langner (Hrsg.), *Handbuch Kommunikation: Grundlagen, innovative Ansätze, praktische Umsetzung* (S. 1101-1116). Wiesbaden: Gabler.

**Voeth, M., Niederauer, C. & Schwartz, M.** (2006). *Hospitality Maßnahmen als Kommunikationsinstrument für Industriegüterunternehmen.* Hohenheimer Arbeits- und Projektberichte zum Marketing, Nr. 14. Hohenheim: Förderverein für Marketing e.V. an der Universität Hohenheim.

**Walgenbach, P.** (2006). Wieso ist Vertrauen in ökonomischen Transaktionsbeziehungen so wichtig, und wie lässt es sich generieren? In H. Bauer, M. Neumann & A. Schüle (Hrsg.), *Konsumentenvertrauen* (S. 17-26). München: Vahlen.

**Walzel, S.** (2005). *Corporate Hospitality im Sport als Instrument im Geschäftsbeziehungsmanagement von Industriegüterunternehmen.* Unveröffentlichte Diplomarbeit. Köln: Deutsche Sporthochschule.

**Walzel, S.** (2010). Emotionales Kunden-Commitment: Corporate Hospitality im Sport. *Marketing Review St. Gallen, 3/2010,* 50-54.

**Warriner, K., Goyder, J., Gjertsen, H., Horner, P. & McSpureren, K.** (1996). Charities, no; lotteries, no; cash, yes. Main effects and interactions in a Canadian incentives experiment. *Public Opinion Quarterly, 60*(4), 542-562.

**Watson, J.** (1968). *Behaviorismus.* Frankfurt am Main: Kiepenheuer & Witsch.

**Weber, B.** (2011). Methoden der Neuroökonomie, in: M. Reimann & B. Weber (Hrsg.), *Neuroökonomie: Grundlagen, Methoden, Anwendungen* (S. 43-58). Wiesbaden: Gabler.

**Weber, N. & Hamacher, K.** (2009). Hospitality – Einladen erlaubt? *Sponsors, 4/2009,* 54-55.

**Weilguny, M.** (2004). Avaya und die Fußball WM 2006. *Sponsors, 8/2004,* 36-37.

**Weilguny, M.** (2008). T-Systems „Sponsoring inkognito". *Sponsors, 2/2008,* 14.

**Weiß, O.** (1999). *Einführung in die Sportsoziologie.* Wien: WUV.

**Weitz, B. A. & Bradford, K. D.** (1999). Personal Selling and Sales Management: A Relationhsip Marketing Perspective. *Journal of Academy of Marketing Science, 27*(2), 241-254.

**Wiedmann, K.-P.** (2004). Verhaltenswissenschaftliche Fundierung: Zur Begründung eines nach wie vor aktuellen Themas und Einordnung der vorliegenden Beiträge. In K.-P. Wiedemann (Hrsg.), *Fundierung des Marketing* (S. 3-30). Wiesbaden: Gabler.

**Wiedmann, K.-P., Bachmann, F. & Durst, T.** (2007). *Erfolgsfaktoren von Hospitality im Bereich des Sports – Ergebnisse einer empirischen Untersuchung.* Hannover: Schriftenreihe Marketing Management der Leibnitz Universität Hannover.

**Wiedmann, K.-P., Fombrun, C. J. & van Riel, C. B. M.** (2007). Reputationsanalyse mit dem Reputation Quotient. In M. Piwinger & A. Zerfaß (Hrsg.), *Handbuch Unternehmenskommunikation* (S. 321-337). Wiesbaden: Gabler.

**Williamson, O. E.** (1975). *Markets and Hierarchies. Analysis and Antitrust Implications.* New York: Free Press.

**Williamson, O. E.** (1985). *The Economic Institution of Capitalism.* New York: Free Press.

**Williamson, O. E.** (1991). Comparative Economic Organizations. The Analysis of Discrete Structural Alternatives. *Administrative Science Quarterly, 36*(2), 269-296.

**Wood, G.** (1995a). Ethics in Purchasing: The Practitioner's Experience. *A European Review, 4*(2), 95-101.

**Wood, G.** (1995b). Ehtics at the purchasing/sales interface: an international perspective. *International Marketing Review, 12*(4), 7-19.

**Woratschek, H.** (1999). Dienstleistungsqualität im Sport. In H.-D. Horch, J. Heydel & A. Sierau (Hrsg.), *Professionalisierung im Sportmanagement* (S. 196-219). Aachen: Meyer & Meyer.

**Wottawa, H. & Thierau, H.** (2003). *Lehrbuch Evaluation* (3. Aufl.). Bern: Huber.

**Zaltmann, G.** (2004). *How customers think. Essential Insights into the Mind of the Market.* Boston: Havard Business School Press.

**Zanger, C. & Drengner, J.** (1999). Erfolgskontrolle im Eventmarketing. *planung & analyse, 26*(6), 32-37.

**Zanger, C. & Drengner, J.** (2003). Die Eignung des Flow-Ansatzes zur Wirkungsanalyse von Marketing-Events. *Marketing ZFP, 25*(1), 25-40.

**Zanger, C. & Drengner, J.** (2009). Eventmarketing. In M. Bruhn, F.-R. Esch & T. Langner (Hrsg.), *Handbuch Kommunikation: Grundlagen, innovative Ansätze, praktische Umsetzung* (S. 195-213). Wiesbaden: Gabler.

**Zeithaml, V. A. & Parasuraman, A.** (2004). *Service Quality.* Cambridge: Marketing Science Institute.

**Zeithaml, V. A., Parasuraman, A. & Berry, L. L.** (1992). *Qualitätsservice. Was Ihre Kunden erwarten - was Sie leisten müssen.* Frankfurt: Campus.

**Zerfaß, A.** (2007). Unternehmenskommunikation Kommunikationsmanagement: Grundlagen, Wertschöpfung, Integration. In M. Piwinger & A. Zerfaß (Hrsg.), *Handbuch Unternehmenskommunikation* (S. 21-70). Wiesbaden: Gabler.

**Zerfaß, A. & Pfannenberg, J.** (2005). Kommunikations-Controlling: Neue Herausforderungen für das Management. In J. Pfannenberg & A. Zerfaß (Hrsg.), *Wertschöpfung durch Kommunikation* (S. 14-26). Frankfurt: F.A.Z.

**Zerfaß, A. & Piwinger, M.** (2007). Kommunikation als Werttreiber und Erfolgsfaktor. In M. Piwinger & A. Zerfaß (Hrsg.), *Handbuch Unternehmenskommunikation* (S. 5-16). Wiesbaden: Gabler.

**Zimmer, P.** (2000). *Commitment in Geschäftsbeziehungen.* Wiesbaden: DUV.